JN125851

|新版|

国際マーケティング講義

The Lecture on International Marketing

諸上茂登
Morokami Shigeto

深澤琢也
Hukazawa Takuya

鈴木仁里
Suzuki Nisato

［著］

同文舘出版

はしがき

　本書『新版　国際マーケティング講義』は，2013 年発刊の拙著『国際マーケティング講義』の後継書にあたるものである。旧版出版のあとの 10 年間における世界情勢はデジタル情報社会の進化，地球温暖化対策の厳格化，地政学的リスクの緊迫化などをはじめとする著しい変化があった。それらの外部環境の激変に適切に対応できなければ日本企業の存続が危うくなるのではないかとの懸念を抱いたと同時に，国際的なビジネス環境が大きく変化する時にはそこに新しいビジネス機会も存在することにも着目する必要があることから，旧版の大幅な増補を行うことにした。

　1990 年代はじめに日本の経済バブルが崩壊して以来，失われた 20 年と言われた中，日本の家電メーカーは凋落していったが，他方において自動車メーカーは世界に躍進した。旧版においては，両産業のパフォーマンスの差の主たる背景を両業界における世界的な産業構造と競争環境の変化に求めた。日本の家電メーカー，特に情報家電のセットメーカーは，世界の産業構造とビジネスアーキテクチャが激変し，その結果，新しい国際分業体制が成立したにもかかわらずそれへの適切な対応ができず大苦戦を強いられた。他方，その間，自動車産業は産業構造・競争環境が比較的に安定しており，また日本の自動車メーカーは製品や製造工程の継続的な改善を行い，レクサスなどの最高級ブランドの構築にも成功し，また世界に先駆けてハイブリッド車開発などの環境対応イノベーションにも成功して飛躍を遂げたことを観察した。そして，両産業内における個別企業のパフォーマンスの差異は，各企業が持つ経営資源の質量，とりわけ VRIO（市場価値があり，希少性があり，模倣困難性があり，組織的運用力があることを指す）を中心とする組織能力の優劣と，中長期的な市場・競争環境変化に対応する経営資源の再結合や再編成を含むダイナミックな組織能力（ダイナミック・ケイパビリティ）の差によって説明がつくものと考えた。組織戦略的な視点からは，経営幹部のマーケティング・イマジネーションを起点とする国際市場志向経営におけるマーケティング部門と製造部門の協働ないしコラボレーションの重要性をあら

ためて強調した。

　そのような旧版を出版して早くも10年という歳月が経った。筆者たちの国際マーケティング戦略を考える基本的な思考枠組みは変わらないが，その間に外部環境が大きく変化したので，この新版においてはそれらを反映する必要があった。ここでは，大きく変化した外部環境として主として次の3点を取り上げて，それらの国際マーケティング戦略への影響についての考察を加えている。その1つ目は，各種の情報技術が指数関数的な発展を見せて，デジタル情報社会が大きく進化したことである。その2つ目は，国連やEUなどがリードしてきた温室効果ガス削減の要請がこれまで以上の厳しさを増してきたことである。その3つ目は，地政学的リスクが緊迫化してきたことである。

　まず，1つ目の外部環境の大きな変化は，この10年において先端科学技術の著しい発展が見られたこと，特に情報関連技術の発展によってデジタル情報社会が大きく進化したことである。近年において，デジタル技術，情報通信（ICT）技術をはじめ，それに続くAI（人工知能），ロボット工学，ゲノム科学，バイオテクノロジー，3Dプリンティング，再生エネルギー技術，自動運転技術などの先端科学技術の著しい発展が見られたことが注目される。

　デジタル技術とインターネット環境の発展は，さまざまな物理的な物体をデジタル商品に変換した。また，オンラインプラットフォームの発展によって，オンラインショッピングが急増したばかりか，世界の各種オークションもオンライン化され，また，クラウド・ファンディング，人材クラウドソーシングなども活用できるようになった。さらに，3Dプリンティング技術は，自動車の主要パーツ，航空機のエンジン部品などを含む精密構造物の開発と製造も可能とさせた。これらは，従来の生産や販売，輸送システムなど，広範囲に及ぶ影響を与えている。それらの変化に加えて，オンラインプラットフォームで収集されデジタル化されたビッグデータや，IOTデバイスによってセンサー搭載の機器を繋いで収集される膨大なデータは，AIによる機械学習アルゴリズムを使って高精度な予測モデルの生成に用いられる。こうした予測モデルは広告会社をはじめとするマーケティング関連企業

のみならず，製造企業，物流企業などにも有償で提供されており，多くの経営戦略に革新的な変化をもたらしている。

　他方，通信インフラの改善により，消費者行動においても大きな変化がもたらされた。2010年代半ばには，インターネットが定額で安価に利用可能となり，また，4G回線によるさらなる高速モバイル通信が可能となった。消費者のショッピング行動の多くはスマートフォンなどのモバイル端末利用によるネットショッピング行動に変わった。また，SNSを通じた個人間のリアルタイムでの動画を含む大きな容量の情報発信・交換が非常に活発化し，またインフルエンサーが購買行動に与える影響力も大きくなった。そうした変化を反映して，広告企業は広告コミュニケーション手法の再検討と広告予算の従来メディアからインターネット広告へのシフトを進めてきている。本書では，以上のようなデジタル情報社会の進化による影響をできるだけ反映することを意図している。

　2つ目の外部環境の大きな変化は，温室効果ガス削減へのより厳しい対応が求められるようになったことである。この契機となったのは，2006年に当時の国連事務総長のコフィー・アナン氏が機関投資家の投資原則としてのPRI（Principles for Responsible Investment／責任投資原則）の中にESG（Environment, Social, Governance／環境，社会，企業統治）への配慮を組み込むべきだと提唱したことである。2015年には国連サミットでSDGs（Sustainable Development Goals／持続可能な開発目標）が採択され，また同年にはCOP21（気象変動枠組条約締約国会議）において「気候変動に関するパリ協定」が採択され，すべての主要温室効果ガスの排出国（途上国を含む）が削減に取り組み，21世紀後半には温室効果ガス排出を実質ゼロにするという長期目標が掲げられた。その後，機関投資家向けの温室効果ガス実質ゼロを目指すいくつかのイニシアティブが発足し，またSDGsの達成度については，OECDなどの国際機関からグローバルレベルでの評価報告書が公表され，各国政府は国ごとの進捗状況を国連機関に報告するようになった。企業レベルの測定や評価についても，複数の有力国際機関が参加したIMP（Impact Management Project）などが企業向けの指針を示しており，

民間の格付け会社などもそれらを踏まえた独自の企業ランキングを公表している。それらの評価レポートが金融機関や投資家による個別企業への投融資の判断に重要な影響を与えていることは想像に難くない。この様にして、企業は SDGs 達成に向けて本腰を入れて取り組み、金融・投資機関は ESG 投資を一層強く推奨するという関係が出来上がっていったのである。温室効果ガス、とりわけ CO2 が気象変動の主要因であることについては異論も存在するが、ともかく CO2 削減が世界共通の目標とされていることは間違いない。その流れは日本の多くの産業にも多大な影響を及ぼしている。とりわけ基幹産業である自動車産業への影響は非常に大きく、CO2 排出のない電気自動車（EV）化への大きな圧力となっている。本書では、日本、米国、ドイツ、中国などの自動車産業の対応の相違などについて最新の情報をフォローしている。

　3つ目の外部環境の大きな変化は、地政学的リスクの緊迫化であり、2022年に始まったロシアによるウクライナへの侵攻がその最たるものであるが、実は 21 世紀に入ってその他の地政学的リスクも大いに高まっている。2010年代に入ると、いわゆるアラブの春による中東の長期独裁政権の崩壊とイスラム過激派組織のテロの多発と欧州への難民の大量流入が起こり大きな政治問題化している。中国では 2013 年に習近平国家主席が誕生し、台湾問題がより先鋭化し、香港の統治問題も 2020 年には香港治安維持法の施行によって一国二制度の事実上の崩壊が起こった。欧州では、2016 年にイギリスの国民投票の結果、EU 離脱が決まり（2020 年に離脱完了）、またロシアのウクライナ侵攻を契機にエネルギーおよび安全保障の問題が深刻化している。米国では、2017 年に米国第一主義を掲げるトランプ政権が誕生し、翌年には米中の激しい貿易摩擦が始まった。さらに 2020 年にはコロナ・パンデミックが猛威を振るってマスクや医薬品、医療機器の提供についてさえ地政学的リスクが存在することが実感された。同年にバイデン政権が誕生したが、経済安全保障をめぐる米中摩擦が収まる気配は見られない。こうした地政学的リスクの緊迫化は、米国を中心とする自由主義陣営と中国やロシアとの間での貿易とサプライチェーンのデカップリングをもたらしつつある。その様

な中，日本企業は特に日中間のサプライチェーン関係の大幅な見直しを迫られている。

　以上のような近年における外部環境の大きな変化は，当然のことながら日本企業の現在および中長期の国際経営・国際マーケティング戦略の計画と実行に不可避な影響を与えるものである。旧版では日本企業の多くがしばしば「技術で優っているのに事業で負ける」と言われた背景を業界単位や事業単位で探ることに主眼を置いた。だが，今日では日本企業がそれらの激変する外部環境への対応を大きく誤ると，単に事業単位で負けるどころか，当該企業の存続そのものが危うくなると言わなければならないであろう。その反面，外部環境の変化の中に新しいビジネス機会が見え隠れしているのも事実である。これを見逃してはならないのである。

　本書では，国際政治力学の影響が避けられない，温室効果ガスの削減および地政学的リスクの問題に対する日本企業の対応の方向性を探りつつ，多くの日本企業がより広範囲に直接的な影響を受けているデジタル情報社会の進化が与えている影響を中心に旧版の増補を行っている。

　本書のもう1つの特徴は，お二人の新進気鋭の若手研究者が参加して新しい知見や情報を加えていただいたことにある。お二人とも編者の研究室出身であり，深澤琢也氏はグローバル・サービスマーケティングを，鈴木仁里氏は多国籍企業の研究開発と国際マーケティング・ケイパビリティ研究を専攻している。増補版の出版という地味な仕事であるにもかかわらず，貴重なお時間を割いて下さったお二人には感謝の気持ちでいっぱいである。

　また編集上の特徴としては，新しくすべての章末に主要3点の「まとめ」を挿入したこと，多くの章に最新の関連情報を取り入れた「コラム」を差し込んだことである。こうすることで読者が各章の要点を確認し，また最新の動向をフォローし易くなるように努めた。なお，各章の本文中に深澤琢也氏と鈴木仁里氏によっていくつかの最新事情の追加説明とデータの更新を行っていただいたことも記しておきたい。

　最後に，旧版につきましては長年にわたってお世話になった同文舘出版の

市川良之氏（同社元取締役編集局長）の温かい励ましを賜りましたが，本書の出版にあたっては同社編集局専門書編集部の青柳裕之氏から変わらぬ心強いご支援を賜りました。この場を借りてあらためて御礼を申し上げたい。

2023 年 12 月

編著者　諸上　茂登

目　次

新版

国際マーケティング講義

第1章

国際マーケティングの概念と進化モデル

1 国際マーケティングとは何か

　国際マーケティングは国際経営の基本戦略の1つであり，国境を越えて遂行されるマーケティング活動の総称として用いられてきた。

　そもそもマーケティングとは何か。コトラーによれば，「マーケティングとは市場に働きかけることであり，人間のニーズとウォンツを満たすために，潜在的な交換を現実のものとすることである。」そして，「マーケティング・マネジメントとは，組織体がその目的達成のため，最終市場との間に相互に利益となる交換その他の関係を創出，構築，維持する計画について，分析，企画，実行，コントロールを行うことである。」また，「マーケティング志向コンセプトとは，組織体の最も重要な課題がターゲット市場のニーズとウォンツを明確に把握し，組織体を適応させて競争企業より効果的かつ効率的にこれを満足させることである，というマネジメントの考え方である。[1]」近年ではこうしたマーケティングの捉え方に加えて，経営成果を上げるだけではなく，企業は地球環境保全と世界の貧困問題・雇用問題にも相応の責任を持たなければならないという，いわゆるトリプル・ボトムラインの経営思想がより広く受け入れられるようになっている。

　国際マーケティングとは，以上のようなマーケティングの理念と行動をベースとする国境を越えて遂行されるマーケティングに他ならない。

　今日，国際経営活動を行っている企業のマーケティングは，国際マーケティング，外国マーケティング，多国籍マーケティング，グローバル・マーケティングなどと呼ばれ，それらが代替的に用いられていることもある。しか

し，筆者はそれらを次のように区別して用いている。すなわち，国際マーケティングとは，その主体の組織や管理プロセスおよび活動範囲を問わず，国境を越えて遂行されるマーケティング諸活動の総称であり，最も広義な概念である[2]。

外国マーケティングは，本国以外の国で遂行されるマーケティング諸活動である[3]。多国籍マーケティングとは，多国籍企業を主体とするマルチ・ドメスティックなマーケティング諸活動を指すことが多い。グローバル・マーケティングとは，多数の子会社・経営ユニットを持ち，しかも，その経営者がグローバル規模での潜在的なシナジーを達成するために国境を越えた経営・マーケティング諸活動の調整と統合を目指すものである[4]。そこでは，もはや国内市場機会と外国市場機会の明確な区別はなされず，グローバルな企業全体の目的のために市場機会が相対的ないしポートフォリオ的に評価されることになる[5]。

以上のような諸定義を用いると，グローバル・マーケティングは国際マーケティングの1つの形態に過ぎないことになる。1990年代以降，グローバル・マーケティングという用語が国際マーケティングの主流と見なされてきたのは，経済，特に金融のグローバル化が進み，今後，世界がますますフラットな1つの統合市場を実現するに違いないと信じられていたという背景があったように思われる。しかし，2008年の世界的な金融危機以降，金融やその他の企業活動のグローバリゼーションに対する懐疑が深まっており，改めて国の役割や国境の重要性が再認識されている。その意味では，市場や経営のグローバル統合を強く意識したグローバル・マーケティングよりも，国境の存在や各国の政治，経済，文化の相違の重要性を大前提とする国際マーケティング概念への回帰が起きているともいえる。

いずれにせよ，競争がますます激化している今日の国際市場においては，経営理念としての市場志向ないしマーケティング志向が国際経営戦略全体の方向付けとベクトル合わせの役割を果たすことが期待されている。もちろん，マーケティングは，上述のような経営理念としての役割を果たすとともに，販売・流通機能を中核とする経営の機能分野を担うものである。近年では，特にマーケティング機能とその他の経営機能（研究開発，製造，ソーシ

2

ング，サービス活動等）とのシステマティックで一貫性のある連結が大きな
課題とされている[6]。

2 マーケティング・イマジネーションを起点とする市場志向経営

　マーケティングは，**図表1-1** に要約されているように，市場と技術のダイナミックな変化を鋭く感知する能力を持つ起業家のマーケティング・イマジネーションを起点とする，もの作りシステムとマーケティングシステムの統合的管理から生み出される，ターゲット市場への製品やサービスのオファリングを中核的な機能とする。

　ここで，マーケティング・イマジネーションとは，時代にあった新しい価値の気づきとそれを実現する新しいプロセスや競争モデルについてのアイデアであり，新しいビジネスモデルや事業戦略の構想である。それを実現するためには適切な生産およびマーケティングの統合的な仕組みがなければならない。技術力やもの作りの組織能力が優れているだけでは不十分である。生み出された製品やサービスの普及にも成功しなければならない。もの作りとマーケティングの優れた融合がなければならない。

図表1-1　マーケティング・イマジネーションを起点とする市場志向経営

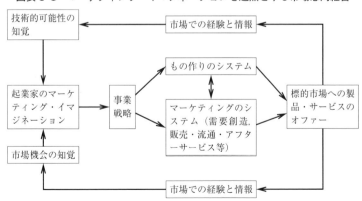

出所：Sanchez, R.［1999］Modular architectures in the marketing process, *Journal of Marketing*, 63 を参考にして筆者が作成。

近年の日本の消費者用エレクトロニクス製品（パソコン，DVD，液晶 TV など）の業界に典型的に見られるような，「技術で勝っても事業で負ける[7]」という事態は，起業家的マーケティング・イマジネーションの不足に原因があるか，それとも市場と技術の変化を感知して新しい事業戦略を構築し，実行する組織能力に問題がある可能性が高い。これは本書の基本的な問題意識の1つであり，各章でその解明と対策の提示を試みている。

　ここでは，まず，起業家のマーケティング・イマジネーションの重要性について述べておきたい。

　マーケティング・イマジネーションは，起業家（あるいは起業家的な才能を持つ経営者）の才能や感性に依存する部分が大きい。ダイアーらによる現代のイノベーティブ起業家 3,500 人超の調査によると，イノベーターの動機には2つの共通点があった[8]。すなわち，「現状を変えたい」と「変化を起こすために絶えずリスクテイキングをする」である。また彼らの多くが「世界を変える」を合い言葉とした。もちろん，世界を変えようというのであるから，長期的視野が持たれていることは疑う余地がない。

　ガロによると，スティーブ・ジョブズをはじめとする優れたイノベーターは意欲的なビジョンを持ってスタートしている[9]。そしてビジョンは具体的，簡潔，徹底的でなければならないという。例えば，

- スティーブ・ジョブズは「普通の人々にコンピュータを届ける」（A computer in the hands of everyday people）
- スターバックスのハワード・シュワルツは「職場でもなく家庭でもない第3の場所」（A third place between work and home）
- Google のサーゲイ・ブリンとラリー・ペイジは「1クリックで世界の情報へアクセス可能にする」（To provide access to the world's information in one click）
- クラウドコンピューティングのパイオニア，セールスフォース・ドットコムのマーク・ベニオフは「ソフトウェアの終焉」（The end of software）

などである。

　イノベーティブな起業家といえば，元気だった頃の日本にも，変革を求め，リスクをとり，世界を目指したソニー株式会社（以下，ソニー）の井深

大・盛田昭夫や本田技研工業株式会社（以下，ホンダ）の本田宗一郎・藤沢武夫がいたことが思い出される。いずれも優れた技術者とマーケターの組み合わせであったことも重要なポイントであろう。

　かつてのようなダイナミズムを喪失したように見える多くの日本企業にとって，ハングリーだった起業家精神への原点回帰を含めて，より大胆で革新的なマーケティング・イマジネーションを起点とする技術およびマーケティングのイノベーションを追求することが求められているのである。

3 国際マーケティングの進化モデル

　国際マーケティングを理解する上で，その進化について考察しておくことが必要である。なぜならば，国際マーケティングはその進化段階によって，戦略のフォーカスと主要課題が大きく異なってくるからである。

　ダグラス＝クレイグは国際マーケティングの3段階の進化モデルを提示している[10]。それは第1の初期参入段階，第2の現地市場拡張段階，第3のグローバル合理化段階からなる（**図表1-2**参照）。

　まず，国内ビジネスから第1の初期参入段階への引き金となる要因としては，国内市場の成熟化，顧客の外国市場への移動（例えば，組立メーカーの海外進出は部品メーカーにとっては顧客の海外移動である），リスクの国際的分散化の必要性，外国での低廉な労働力や低コスト生産の利用などの「比較優位」の活用，外国競争企業の本国市場への参入などである。そして，第1段階での意思決定では，どの国を選択するか，そこにどのような参入方式（例えば，輸出，ライセンシング，ジョイント・ベンチャー，完全所有子会社設立など）で入るかの決定，どのタイミングと順序で参入するか，等が優先順位の高い決定事項である。

　この段階で企業が外国市場で競争できるのはなぜであろうか。その競争優位の源泉が，国内での優れた生産技術や製品，ブランド，マーチャンダイジング能力などである。特に，既存の製品・サービスを外国市場に販売することで国内工場の追加的な量産が可能となり，一層の「規模の経済」を獲得できることが重要である。

図表 1-2　国際マーケティングの進化モデル

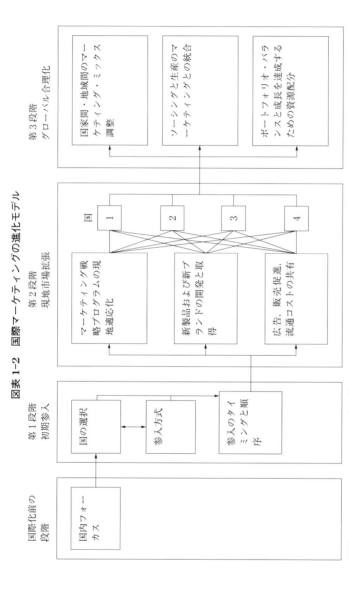

出所：Douglas, S.P. and C.S. Craig [1995] *Global Marketing Strategy*, McGraw-Hill.

6

　第 2 段階の現地市場拡張段階への移行の引き金になるのは，現地市場の成長，現地での一層の競争への対応を迫られるようになり，また，現地経営者の創意とやる気を助長し，さまざまな現地資源のより有効な活用を図ろうとすることなどである。それらを各市場の現実的な境界・障壁（輸送システム，メディア網，流通システム，金融システム等）による諸制約の下で実施する必要があるとき，それらは国ベースのまたはマルチ・ドメスティックな戦略の計画と展開を導くことになる。現地市場の拡張は，主にマーケティング・プログラムの現地適応化（製品の修正・バリエーション追加など），現地向け新製品開発，他国で成功した製品の導入，新市場セグメント開発などによって進められる。この段階での企業の競争優位の源泉は，進出国における生産施設，流通施設，ブランド，企業イメージ，マーケティング技術などをより多くの製品間・事業間で共有しうる優位性，すなわち「範囲の経済」の活用である。

　第 3 のグローバル合理化段階への移行の引き金となるのは，進出各国市場でのビジネスのパッチワーク的な展開ないし分断化傾向，また諸努力の重複などによるコスト非効率に直面した多国籍企業が，各国でのアイデアと経験の相互移転によるグローバル学習の機会に気づき，また，グローバル顧客（多国籍製造企業や多国籍サービス企業など）の出現，グローバル競争の激化への対処に迫られることなどである。そして，グローバル・マーケティング展開のためのインフラストラクチャ（国際交通，情報・通信技術など）の発展がそれを後押しする。

　第 3 段階では，グローバルレベルでの利益の最大化，最適ポートフォリオ・バランスの達成と成長を目指して，国家間，地域間のマーケティング・ミックスの調整，ソーシングおよび生産のマーケティングとの統合化などが実施される。ここでのグローバル戦略開発の 1 つの大きな目標は，グローバルな効率性と現地適応性という 2 つの競争優位の同時達成である。この段階での企業の競争優位の源泉は，グローバルな視点と規模で調整や統合が行われる調達，生産，ロジスティクスにおける「規模の経済性」や製品事業分野や地理的範囲を超えた R&D，生産ノウハウ，流通チャネル，ブランド，経営知識などの共有化による「範囲の経済」やそれらの「シナジー効果」であ

る。

　上述のようなダグラス＝クレイグによる比較優位，規模の経済性，範囲の経済性に加えて，多国籍企業が持ちうる競争優位の源泉として，グローバルなネットワークから得られる「連結の経済性」，そして多数の国や地域に埋め込まれている人間関係，文化，技能，ノウハウを学習することで獲得できる「埋め込みの力」[11] の活用が挙げられる。それらをフルに活用できる多国籍企業は大きな競争優位を獲得できる可能性がある。

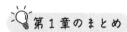 第1章のまとめ

① 国際マーケティングとは

　マーケティングとは企業が市場志向性を持ってマーケットに働きかけることであり，顧客のニーズとウォンツを競合企業よりもより良く満たすことで競争優位を獲得し，存続と成長を図るという考え方であり，またその実践法である。国際マーケティングは，国境を越えて遂行される国際経営において，市場志向性という経営理念の下に，各国・地域のターゲット市場の顧客に対する適応性と革新性を持ってマーケットに働きかけることである。近年では，企業は従来の経営成果だけではなく，地球環境保全と世界の貧困問題・雇用問題にも相応の責任を持たなければならないという経営思想が定着してきている。

② 競争力のある事業

　競争力のある事業は，優れたマーケティング・イマジネーションを起点とすることが多い。それは起業家や経営トップが思い描く経営のアイデアや目標から駆動される。彼らはその実現に向けて世界の市場動向と利用可能な新技術についての鋭い感知能力を持たなければならない。マーケティング・イマジネーションは具体的な事業戦略に落とし込まれるが，そこではもの作りシステムとマーケティングシステムの協働と統合的な管理が必要となる。従来のエリート・エンジニアたちが主張しがちな独善的な技術優位論では決して事業は成功しない。

③　国際マーケティングの進化

　企業の国際化，多国籍化の進展に伴って国際マーケティングは進化する。代表的な進化モデルの第1段階は外国市場への初期参入段階であり，母国の現有製品やサービスをベースに，どの国を選択するか，そこにどのような参入方式で入るかの決定，どのタイミングと順序で参入するかなどの意思決定が重要である。第2段階は現地市場拡張段階であり，マーケティング・プログラムの現地適応化，現地向け新製品開発，他国で成功した製品の導入，新市場セグメント開発などが重要となる。第3段階はグローバル合理化段階であり，グローバルレベルでの利益の最大化，国家間，地域間のマーケティング・ミックスの調整，ソーシングおよび生産のマーケティングとの統合化などが大きな課題となる。それぞれの段階において直面する諸環境に応じて，国際企業の競争優位の源泉となりうる比較優位，規模の経済性，範囲の経済性，連結の経済性をどのように組織的に組み合わせて活用するかがポイントとなる。

【注】

1　Kotler, P.［1980］*Marketing Management: Analysis, Planning and Control*, 4th ed., Prentice-Hall, Inc.（村田昭治監修［1983］『マーケティング・マネジメント（第4版）』プレジデント社。）

2　Toyne, B. and Peter G.P. Walters［1989］*Global Marketing Management: A Strategic Perspective*, Allyn and Bacon. および諸上茂登［1986］「多国籍企業のマーケティング戦略」根本孝・諸上茂登編著『国際経営論』学文社，第2部所収。

3　Toyne 他［1989］前掲書。

4　Douglas, S.P. and C.S. Craig［1995］*Global Marketing Strategy*, McGraw-Hill.

5　Toyne 他［1989］前掲書。

6　国際マーケティング概念ならびに分析視点の歴史的変遷については，次の拙著を参照されたい。諸上茂登［2012］『国際マーケティング論の系譜と新展開』同文舘出版。

7　妹尾堅一郎［2009］『技術で勝る日本が，なぜ事業で負けるのか』ダイヤモンド社。

8　Gregersen, H.B., C.M. Christensen and J.H. Dyer［2009］The Innovator's DNA,

Harvard Business Review, December.（関美和訳［2010］「イノベーターの DNA ―5 つの『発見力』を開発する法」『DIAMOND ハーバード・ビジネス・レビュー』ダイヤモンド社，2010 年 4 月号。）

9 Gallo, C.［2010］*Innovation Secrets of Steve Jobs*, McGraw-Hill.（井口耕二 訳 ［2011］『スティーブ・ジョブズ　脅威のイノベーション』日経 BP。）

10 Douglas, S.P. and C.S. Craig［1995］*Global Marketing Strategy*, McGraw-Hill.

11 安室憲一［2012］『多国籍企業と地域経済―「埋め込みの力」』お茶の水書房。

Column 1-1

マーケティング・イマジネーションに不可欠なイノベーターの能力は先天的か，後天的か？

　市場志向経営の起点は起業家のマーケティング・イマジネーションである。それは時代にあった新しい価値の気づきとそれを実現する新しいプロセスや競争モデルについてのアイデアであり，新しいビジネスモデルや事業戦略の構想である。そのようなイマジネーション力を持つ人は何らかの生来の能力や感性を持つ者だけに限られるものだろうか？

　イノベーション研究の権威者のクリステンセン教授らは米国シリコンバレーを中心に約3,500人以上の有名なイノベーターの特性についての調査を行っている（Gregersen *et al.* 2009）。その結果，彼らは共通して「現状を変えたい」と意識しており，「絶えずリスクテイキングする」という行動特性を有する。そして新しい価値やビジネスを発見するのに次の5つの力を発揮しているという。すなわち，「関連付ける力」「質問力」「観察力」「実験力」「人脈力」である。関連付ける力とは，それぞれ異なった分野から生じた，一見無関係に思える疑問や問題，アイデアをうまく結びつける能力である。これがイノベーターのDNAの核心であるという。質問力とは，もっともらしい常識や当たり前を絶えず疑う能力である。観察力とは，一般的な現象，とりわけ潜在顧客の行動を精査する力である。実験力とは，試作品を制作・販売するなど，新しいアイデアを試してみる能力である。人脈力とは，多種多様な人脈を通じてアイデアを見出す能力である。彼らはつとめて異国を訪れ，また異分野の人たちと接触する。

　マーケティング・イマジネーション力やビジネスチャンスの発見力は生来の才能や感性に依存する部分も大きいが，上記5つの行動をつとめて採用すればよいということならば，後天的にも育成や自己啓発が可能であると考えてよいであろう。

　ところで，新しいビジネスの発想力や実現力を持つための自己啓発や意図的な開発，育成の可能性については，近年において発展が目覚ましいポジティブ心理学が大変参考になる。ポジティブ心理学，特にポジティブ組織行動研究では，さまざまな状況下において，人間のポジティブな心理状態がポジティブな態度や行

動を引き起こすことを成功者の逸話や経験談だけによるのではなく，より厳格な
エビデンスに基づいて科学的に証明してきた。企業やさまざまな組織の個人やチ
ームにおける望ましい業績（職務満足，コミットメント，ウェルビーイング／幸
福などの望ましい態度と行動（組織市民行動）），そして成果（自己評価，上司評
価，仕事の創造性や売上増など）の向上に効果があることが科学的に実証されて
きたことから，ポジティブな心理状態のソースは企業や組織の重要な「心理的資
本（Psychological Capital）」と呼ばれるようになっている（Avey *et al.*
2011）。

　心理的資本のソースは多様なものが存在するが，その中核的要素は 4 つであ
ると指摘されている。ルーサンス（Luthans *et al.* 2015）によれば，それは人
の Hope，Efficacy，Resilience，Optimism の 4 要素（頭文字をとって
HERO と呼ばれる）である。「心理的資本とは，個人のポジティブな心理状態
で，（1）Efficacy とは挑戦的なタスクを成功させるために必要な努力を行う自
信や効力感があること，（2）Optimism とは現在や将来の成功に対してポジテ
ィブな帰属を行うこと，（3）Hope とは根気よく目標に向かい，成功するために
必要なら，目標への道筋を変えること，（4）Resilience とは問題や困難に悩ま
されても成功するために，耐え，すぐさま回復し，時には元の状態以上になるこ
と。」これらの 4 つの心理状態を合計 24 項目の心理的資本尺度（短縮版 12 項
目）で測定する。

　この学派の主張で特に注目されることは，そうしたポジティビティの発生要因
ないし先行要因の理解の仕方である。ルーサンスは，「持って生まれた資質（つ
まり生物的な特性）と育ち（つまり文化的なインプットや学習，開発）はポジテ
ィビティの約半分を説明できる。一方，ポジティビティの最大 40％は，意図的
な開発と自己コントロールによる啓発の余地がある。…残る 10％だけは，コン
トロールできない環境状況によるものとして残される。」と主張している。つま
り心理的資本は，この 40％の部分に該当しうると考えられているのである。そ
して心理的資本は比較的短期間のトレーニング・プログラムや OJT，短時間か
つかなり焦点を絞り込んだマイクロ介入などによって開発されたり向上したりで
きるとされ，さまざまな場面での実験と介入効果の縦断的研究によって参加者の
心理的資本や業績が変化することが確認されているのである。さらに，国際経営

の面では，多国籍企業リーダーが有する心理的資本はそのグローバル・マインド
セット（さまざまなグローバル需要に対応する心理的柔軟性やグローバルな戦略
的ビジネス志向など）にも強い正の影響を与えていることが示唆されている
（Story *et al.* 2014）。今後の日本企業の人的資源管理においても，こうした心
理的資本の活用と開発がより盛んになることが予測される。

【コラム 1-1　参考文献】

Avey, James B., Rebecca J. Reichard, Fred Luthans and Ketan H. Mhatre [2011]
　　Meta-Analysis of the Impact of Positive Psychological Capital on Employee
　　Attitudes, Behaviors, and Performance, *Human Resource Development*
　　Quarterly, 22 (2).
Gregersen, H.B., C.M. Christensen and J.H. Dyer [2009] The Innovator's DNA,
　　Harvard Business Review, December.（関美和訳 [2010]「イノベーターの DNA―5
　　つの『発見力』を開発する法」『DIAMOND ハーバード・ビジネス・レビュー』ダイヤモン
　　ド社，2010 年 4 月号。）
Luthans, Fred, Carolyn M., Youssef-Morgan and Bruce J. Avolio [2015] *Psychological*
　　Capital and Beyond, Oxford University Press.（開本浩矢・加納郁也・井川浩輔・高階
　　利徳・厨子直之訳 [2020]『こころの資本』中央経済社。）
Story, Joana S.P., John E. Barbuto Jr., Fred Luthans and James A. Bovaird [2014]
　　Meeting the Challenges of Effective International HRM: Analysis of the
　　Antecedents of Global Mindset, *Human Resource Management*, 53 (1).

第2章

グローバリゼーションの現実

1 グローバリゼーションの進展

　世界各国の輸出総額は 1995 年の約 5 兆ドルから 2018 年にはほぼ 4 倍の約 19 兆ドルにまで拡大している[1]。

　図表 2-1 に示しているように，UNCTAD（国連貿易開発会議）の *World Investment Report 2021*[2] によると，世界の対外直接投資総額（名目金額）では，1990 年の約 2400 億ドルから近年のピークの 2017 年には約 1 兆 6000 億ドルに拡大している。対外直接投資残高は 1990 年の約 2 兆 3000 億ドルから 2020 年には約 39 兆 2000 億ドルに拡大している。

　また図表 2-2 に見るように，多国籍企業が持つ世界全体の海外子会社の売上は 1990 年の約 7 兆 6000 億ドルから 2018 年の約 33 兆 2000 億ドルに拡大し，同期間の海外子会社の総資産は約 7 兆 3000 億ドルから約 110 兆 2000 億ドルに拡大している。同じく，従業員数は約 3100 万人から約 8600 万人に増加している。

図表 2-1　世界の対外直接投資の推移

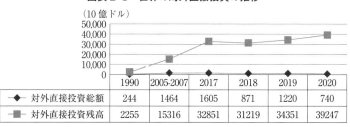

（10 億ドル）

	1990	2005-2007	2017	2018	2019	2020
◆ 対外直接投資総額	244	1464	1605	871	1220	740
■ 対外直接投資残高	2255	15316	32851	31219	34351	39247

出所：UNCTAD［2021］World Investment Report 2021, Table 1.9 をもとに筆者作成。

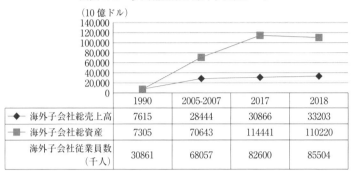

図表 2-2　多国籍企業の海外子会社データ

（10 億ドル）

	1990	2005-2007	2017	2018
海外子会社総売上高	7615	28444	30866	33203
海外子会社総資産	7305	70643	114441	110220
海外子会社従業員数 （千人）	30861	68057	82600	85504

注：2005 ～ 2007 年度表記は，2008 年の経済危機以前の平均値。
出所：UNCTAD［2021］World Investment Report 2021, Table 1.9 をもとに筆者作成。

　このように世界各国の貿易・直接投資関係は大きく拡大しており，その背景には経済と市場，そして企業活動の急速なグローバル化がある。グローバリゼーションの進展は世界経済の発展につながったのであるが，その一方で世界各国における貧富の格差の拡大，先進国中間層の没落傾向や自然環境悪化を招いたことも疑いようのない不都合な真実である。すなわち，グローバリゼーションによる経済発展と自然環境および社会環境の持続可能性（サステナビリティ）の調和が大きな課題となっているのである。こうした大きな政治経済的諸問題への対処は，国際経営や国際マーケティングの経営課題を考えるにあたっても避けて通ることは許されないであろう。

2 グローバル化よりもリージョナル化がより現実的

　前述のように経済，市場，企業活動のグローバリゼーションは大きく進展しているが，もちろん各国の国家主権や国境の影響がなくなったわけではない。これから先も，世界全体が 1 つのフラットで均質的な世界になるという単純な見方は間違っているであろう。現実の世界市場は，国や地域による文化的，制度的，地理的，経済的な隔たりが大きく，たとえ巨大な多国籍企業といえども，それらへの適切な対応なしには世界の現地市場で存続も成長も

期待できないのである。各国や EU のような地域行政体はさまざまな市場規制を課する国家主権ないし地域主権を持ち，市場の世界的な統合化に歯止めをかける自由を有している。もちろん，当該の国家や地域に有利に働くのであれば部分的な市場統合を進展させるであろう。これが現実の世界の話である。ハーバード大学のゲマワット教授はこうした各国の市場規制と部分的なグローバル市場統合が併存する状態をセミ・グローバリゼーションと呼んでいる。そして，現実の世界市場では依然として国による文化的，制度的，地理的，経済的な隔たりが重要であることから，それらの隔たりを調整，克服，活用することが企業にとっての戦略的な課題であるという[3]（詳しくは本書第 6 章参照）。

　より現実的なセミ・グローバリゼーションの世界を前提に考えると，事業をアジア太平洋，北米，欧州などにバランスよくグローバル展開している企業が意外に少ないことは驚くに値しないことになろう。ラグマン＝ヴァーベク，ラグマン[4]によると，2001 年のフォーチュン誌 500 社のうちの 380 社のデータ分析から，真にグローバルな市場プレゼンスを持った企業（北米，欧州，アジア太平洋にあるそれぞれの本社地域の売上高が 50％以下で，しかも，それら 3 つの地域の各々で少なくとも 20％の売上高を占めている）は，わずか 9 社であった（IBM，ソニー，フィリップス，ノキア，インテル，キヤノン，コカ・コーラ，フレクストロニクス，LVMH）。同様に，2001 年から 2004 年のデータで見ても，フォーチュン誌の世界の大企業 500 社の大多数（85 〜 89％）は売上高と資産の両方において本国地域中心であることが確認されている（本国地域の資産平均は 78 〜 79％，売上高平均は 77 〜 78％）。このことは多くの多国籍企業にとっても本国での競争優位を他の地域で展開することがそれほど容易ではないこと，それぞれの地域が特有の制度や経営課題を持つこと，地域別アプローチないし現地適応化アプローチが重要であることなどを示唆している。もちろん，主要な投資対象が近隣地域であっても，生産拠点の拙速な海外移転は国内雇用や当該産業の国内生産性に大きな影響を及ぼして産業の空洞化をもたらす危険があることは十分に留意しておかなければならない。

3 日本企業のグローバル化の実態

(1) 日本の貿易と直接投資の概要

　日本企業のグローバル化の諸指標も前述のようなセミ・グローバリゼーションの現実をよく表している。その概要を先に述べておくと，日本企業の国際ビジネスの主要な地域はアジアである。製造業の業種別では輸送機械，電気機械，化学などがメジャーな国際ビジネス領域となっている。

　まず，日本の貿易の地域分布から，日本企業による国際ビジネスのアジア地域への偏りの傾向が確認できる。直近の2021年度の地域別輸出総額（**図表2-3**）で見ると，総額83.1兆円のうちアジア48.2兆円（58%），北米15.7兆円（18.9%），西欧8.9兆円（10.7%），中南米3.1兆円（3.7%），大洋州2.2兆円（2.6%），中東2.1兆円（2.5%），中東欧・ロシア等1.9兆円（2.3%），アフリカ1.1兆円（1.3%）である。次に，地域別輸入総額（**図表2-4**）では総額84.9兆円のうちアジア41.1兆円（48.4%），西欧10.9兆円（12.8%），北米10.4兆円（12.2%），中東8.5兆円（10%），大洋州6.4兆円（7.5%），中南米3.7兆円（4.4%），中東欧・ロシア等2.4兆円（2.8%），アフリカ1.5兆円（1.8%）である。なお，2021年度の日本の最大の輸出相手国は中国であり輸出額は18兆円（21.7%）に上り，輸入も中国からが最大であり，輸入額は20.4兆円（24%）である[5]。

　次に，日本の対外直接投資について見よう（**図表2-5**）。2021年度末の対外直接投資残高（資産）は総額1兆9870億ドルであり，北米6830億ドル（34.4%），アジア5620億ドル（28.3%），欧州5340億ドル（26.9%），中南米1020億ドル（5.1%），大洋州930億ドル（4.7%），東欧・ロシア100億ドル（0.5%），中東60億ドル（0.3%），アフリカ60億ドル（0.3%）という分布となっている。2000年から2020年の間に日本の直接投資残高は全世界で約7.1倍に増加しているが，主要投資先の北米の残高は4.6倍，アジアは11.2倍（うち中国は16.5倍），欧州は9.7倍に伸びている[6]。

図表 2-3　日本の地域別輸出総額（2021 年度）

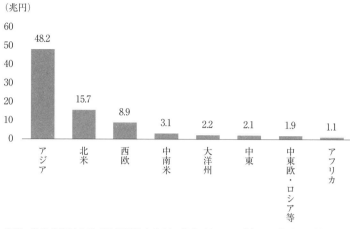

出所：財務省貿易統計「地域別輸出入額の推移（年ベース）」より抜粋して筆者が作図。

図表 2-4　日本の地域別輸入総額（2021 年度）

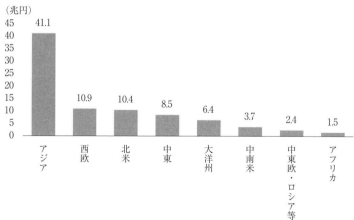

出所：財務省貿易統計「地域別輸出入額の推移（年ベース）」より抜粋して筆者が作図。

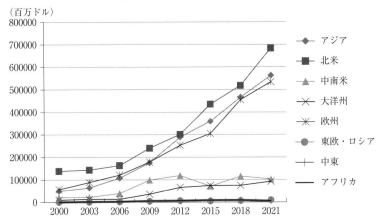

図表 2-5　日本の対外直接投資残高

（百万ドル）

凡例：
- ◆ アジア
- ■ 北米
- ▲ 中南米
- ✕ 大洋州
- ✳ 欧州
- ● 東欧・ロシア
- ＋ 中東
- ― アフリカ

出所：日本貿易振興機構（JETRO）「直接投資統計」（2022 年）より抜粋して筆者が作図。

(2) 日系現地法人の実態

　上述のような日本の対外直接投資においては日系現地企業が重要な機能を担っている。ここでは経済産業省の海外事業活動基本調査（2019 年度実績）[7] に基づいて，日系現地企業（海外子会社＝日本側出資比率 10％以上の外国法人，海外孫会社＝海外子会社が 50％超の出資）のおよその実態について見ておこう。

　2019 年度末における調査対象（7,318 社の本社企業）が有する現地法人数は 2 万 5,693 社（製造業 1 万 1,199 社，非製造業 1 万 4,494 社）であり，全産業に占める割合は製造業が 43.6％，非製造業が 56.4％である。地域別に見ると，最も多いのがアジアの 67.6％（うち中国 29.7％，ASEAN28.5％）であり，次いで，北米が 12.7％，欧州が 10.9％などである。

　2019 年度の現地法人売上高を見ると，アジアが筆頭であり 116 兆 2000 億円，次いで北米が 88 兆円，欧州が 37 兆 7000 億円と続いている。主な製造業種の売上高を見ると，輸送機械がダントツの首位（62 兆 7000 億円）であり，次いで電気機械（11 兆 4000 億円），化学（9 兆 1000 億円）と続いている。すなわち，現地法人数もその現地売上高もアジアが群を抜いて多いので

ある。

　次に，2019年度の調査対象の本社企業の海外生産比率を見ておくと，製造業全体では23.4％であり，主な業種別には輸送機械が44.2％，情報通信機械が28.7％，汎用機械が28.2％，鉄鋼が20％，化学が18％である。輸送機械の海外生産比率の高さが際立っている。

　他方，個別企業ベースで見ると，販売と生産のグローバル化が驚くほど進展している企業も存在する。例えば，トヨタ自動車株式会社（以下，トヨタ）[8]は直近の2021年度には約951万台をグローバル販売（国内販売＋海外販売）しているが，そのうちの約85％が海外販売であり，海外販売の主要地域別の割合を見ると，アジアが約39％（中国約24％），北米が約32％，欧州が約13％である。また，2021年度の国内生産，海外生産を合わせたグローバル生産は約857万台であり，そのうち海外生産が約581万台（約68％）を占めた。海外生産の主要地域別の割合は，アジアが約49％（中国約29％），北米が約31％，欧州が約12％である。

　日産自動車株式会社（以下，日産）[9]は2021年度に約382万台をグローバル販売しているが，そのうちの約89％が海外販売であった。海外販売先の主要地域の割合は，中国が約35％，北米が約31％，欧州が約10％である。グローバル生産は約339万台でうち海外生産が約87％を占めた。海外生産の主要地域別割合は，中国が約45％，北米が約32％，欧州が約7％である。

　ホンダ[10]は2021年度に約414万台の四輪車のグローバル生産を行っているが，そのうちの約85％が海外生産である。海外生産の主要地域別生産の割合は，アジアが約51％（中国約39％），北米が約31％（米国約20％）である。海外販売比率は約87％である。

　以上のように，日本の主要な自動車会社は販売も生産もすでに驚くほどグローバル化しているのである。そして，特に中国シフトが顕著である。

4 セミ・グローバリゼーションの現実の下での 国際マーケティング

(1) 地政学的リスク

　前述のように，グローバリゼーションの現実は世界各国を巻き込んだ一律のグローバル化が進行しているのではなく，ゲマワットがいうセミ・グローバリゼーションの状態であったといっていいであろう。

　ただし，現在，このセミ・グローバリゼーションも激変期を迎えている。昨今の中国，ロシアなどの全体主義国家による国家運営やロシアのウクライナ侵略の現実を見ると，それらの国家との貿易や投資が自由主義陣営の諸国や企業にとって大きなカントリーリスクを孕んでいることが懸念される。そこで自由主義諸国はそれらの専制国家とのデカップリングを急速に進めようとしており，まさに新冷戦時代に突入しようとしているのである。そこでは従来のセミ・グローバリゼーションの基本構造も大きく変わるであろう。自由主義諸国の多くの企業は全体主義国家への投資抑制や事業撤退を進め，また既存のサプライチェーンの抜本的な再構築を進めることになるであろう。それは当然のことながら国際経営やマーケティングにも大きな影響をもたらすことになる。

　たしかに，自由主義諸国においてもこれまでの経済と市場そして企業活動のグローバル化による負の側面として，国家間，国内における著しい貧富の格差や自然環境破壊の問題が生じている。そうしたマクロ的な問題の改善は大変に重い課題である。だが，われわれにはミクロ的にも企業活動を通じてそれらへの相応の対処ができる望みがある。少なくともその1つは多くの企業による社会的責任の一層の自覚が見られ，またそれへの戦略的対処法が広く議論され共有され始めていることであり，その2つ目は先端的な科学技術の指数関数的な発展が企業と社会にもたらす潜在的なベネフィットの大きさである。

(2) 経営思想の潮流の変化

　1つ目の変化は，経営思想の潮流の変化である。21世紀に入る頃には，企業の経営規範のあり方にも重要な変化が見られるようになった。すなわち，企業は利潤追求だけでなく，雇用問題や環境問題などの社会的責任をこれまで以上に負うべきであるという経営思想が広まった。いわゆるトリプル・ボトムライン[11]の経営思想である。そして今日のESG（Environment, Social, Governance：環境，社会，企業管理体制）[12]重視の経営や国連のSDGs（Sustainable Development Goals：持続可能な開発目標）[13]などの行動目標と連なっている。こうした行動目標の国際的な共有はすでに各国の産業に対して多大な影響を及ぼしつつある。とりわけ，近年の脱炭素化ないしカーボンニュートラルの推進という欧州発の多分にイデオロギー的な要素を含む国際的潮流は自動車産業，エネルギー産業，素材産業など多くの産業にきわめて大きな影響を及ぼしている。

　他方，発展途上国と最貧国を含む地球規模のSDGsとパリ協定の気候変動対策の目標達成には莫大なコストがかかると言われている（少なくとも年間200兆円）。それを先進諸国のODA[14]（2014年の政府開発援助の総額は約18兆円）で賄うことは到底不可能であり，気候変動対策の民間資金（同年，約23兆円）を合計しても約41兆円であり，グローバル社会は明らかに巨額の資金不足に陥っているのである[15]。

　この地球規模での巨額の資金不足を埋める手段の1つとして，グローバルタックスという考え方がある。「地球を1つの国家と見なして地球規模で税制を敷く」という施策である。グローバルタックスとしては炭素取引税，航空券連帯税，金融取引税などが議論されている[16]。しかし，超国家的機関による地球規模での徴税と税の再配分は簡単なことではない。また，目下の世界の政治経済状況において，企業や資産家によるタックス・ヘイブン（課税回避地）利用の制限や廃止もあまり現実的ではないであろう。そうだとすると，巨額の資金不足を埋める手段としては，ESGやSDGsの達成に貢献する民間企業の持続可能なビジネスモデルが期待されることになる。その1つがハーバード大学のポーター教授が提唱しているCSV（creating shared value)[17] という，企業と社会の共通価値の発見と事業化を目指すビジネスモデルである。それは企業が貧困問題や気候変動問題などに積極的に貢献しながら収益を上げるというビジネスである。

(3) 先端科学技術の変化

　2つ目の変化は，先端科学技術の急速な発展である。デジタル技術，情報通信（ICT）技術の進歩をはじめ，それに続く AI，ロボット工学，ゲノム科学，バイオテクノロジー，3D プリンティング，再生エネルギー技術，自動運転技術などの先端科学技術の著しい発展が見られる。ジェレミー・リスキンのような未来学者は，こうした先端技術の指数関数的発展が各分野の限界コストをゼロに近づけて，ほとんどの製品やサービスのコストと価格を劇的に下げることになり，人類は物やサービスの不足がない潤沢な社会を享受する可能性があるという[18]。しかし，先端技術の発展による悲観的な未来を予測する学者も少なくない。AI やロボット技術の発展によりこれまでの多くの業務はロボットに取って代わられて，一般的労働者の失業が大量に発生し，資本や専門的知識を持つ者と持たない者との所得格差がますます大きくなることを予測するのである[19]。いずれにせよ，先端技術導入の真に豊かな社会的活用は各国の社会制度設計の知恵にかかってくるであろう。

　ともあれ，すでに現時点においても，これらの先端技術を戦略的に活用することに成功する企業は，従来のビジネスのゲームチェンジャーとなるような決定的な競争ポジションを獲得する可能性がある。ここでは国際マーケティングに関連する事項を少しだけ紹介しておきたい。

　まず，今日の先端科学技術の急速な発展は，近年のデジタル化と情報通信技術の飛躍的進歩をベースとしていると考えられる。マッキンゼー・グローバル研究所（以下，MGI）は，こうした技術変化の多くの共通項が「デジタル化された無限の情報」であると看破している。「デジタル化は情報を発見し，取引を行い，共有するコストをほぼゼロにしてしまった」[20] のである。ここでは MGI の指摘を参考にして国際マーケティングと直接的に関係する技術とビジネスモデルのいくつかについて見よう。

　身近な例から挙げると，デジタル社会の到来によって物理的な物体をバー

チャルな品物に変換する技術が現れたことで製品の製造や物流に大きな変化がもたらされていることである。例えばデジタル化は CD や DVD のほとんどを，そして印刷媒体の多くを駆逐してきたことは周知の事実である。さらにデジタル化とインターネットの普及があいまって，オンライン・プラットフォームのビジネスが大きく発展した。例えば，Amazon は単なるオンライン書店ではなく電子書籍販売のリーダーとなり，今やその強力なプラットフォームによるビジネス交渉力を武器にして小売業のみならず配送と物流，そしてさまざまなマーケティング・プラットフォームの世界的リーダーとなっていることも周知のとおりである。デジタル化とインターネットの普及はAmazon だけでなくさまざまなオンライン・プラットフォームを出現させており，世界中の個人や起業家による世界の諸市場への参入障壁を大きく下げている。オンライン・プラットフォームを利用すれば，国境を越えたショッピングはもちろん各種オークションにも参加が可能であり，クラウドファンディング，人材クラウドソーシングなども活用できる。

　また，近年における 3D プリンティング技術の急速な発展は，さまざまな製造物の生産や販売，輸送システムなどに劇的な影響を与えようとしている。3D プリンティング技術の発展は目覚ましく，すでに自動車の主要パーツ，航空機のエンジン部品，コンクリート製の住宅や橋梁，義足・義手，医療用の内臓模型，シューズ，その他多くの製品の開発と製造を可能としている。また，消費者は 3D プリンターで作製可能なジュエリー，玩具，インテリア小物，各種道具などを 3D プリンティングのオンライン・プラットフォームにて電子ファイルの形で購入できる。こうした新しい技術とプラットフォームは，既存の生産および流通・物流システムを大きく変革して製品価格を破壊するラディカルイノベーションになる可能性がある。例えば，Amazon はすでに 2015 年に 3D プリンティング技術のビジネスモデル特許を取得している。オンライン注文を受けてすぐに STL ファイル（3D プリンティング業界で最もよく使用されているファイルフォーマット）を商品届け先に一番近い移動式 3D プリンター搭載のトラックに送信して，トラック内で造形して完成品を注文者に届けるというモデルである。これが実現すれば，客先がどんなに遠方であっても外国でも商品の物理的な輸送は物流のエ

ンドユーザーへの最後の区間（ラスト・ワンマイルと呼ばれる）以外が無用となり，時間とコストの劇的な短縮ができるし，在庫保有の必要もなくなる。ちなみに，国際輸送については，オランダの大手金融グループ「ING」が，2040年には世界貿易の40％が3Dプリンティング技術により削られるとのセンセーショナルな報告書をまとめている[21]。さらに，3Dプリンティングは戦争，疫病流行，天災などによるサプライチェーンの寸断による部品や製品の供給混乱への対応手段の1つとしても注目されてきている[22]。

先述のような先端科学技術の急速な発展が国際経営や国際マーケティングの革新や成長にとって非常に重要な要素であることは言うまでもないが，未解決の問題点も少なくない。その中でもGAFA（Google，Amazon，Facebook，Apple）をはじめとする情報関連のビッグテック企業による膨大な顧客情報の収集とその商業的利用というプライバシー問題と独占禁止法上の問題が深刻な懸念を持たれている。今日の情報経済社会ではわれわれの個人データはほぼ丸裸にされて各種の商業利用に供されているといっていい状態であると言われている[23]。ちなみに，2018年の5月，Google（現Alphabet）やFacebook（現Meta）などはEUのGDPR（General Data Protection Regulation：一般データ保護規則[24]）違反で提訴されている。情報プライバシー保護については次第に改善の兆しを見せてはいるが，依然として深刻な問題であり，これに関連する多くの企業や業界の真剣かつ迅速な改善努力が必要である。さらに，近年において，GAFAなどの国際寡占的プラットフォーマーによる競争抑制行為や市場支配行為がEUや米国の司法当局のより厳しい調査や提訴の対象となっていることも指摘しておかなければならない[25]。

(4) 国家戦略と企業戦略の再構築の必要性

第二次世界大戦以降，日本は，良くも悪くも，パックスアメリカーナ（いわゆる米国による平和）体制の下で，ひたすら経済成長を追うばかりで，自国の安全保障にはかなり無頓着であったといえよう。1990年代以降には，政府も企業も新自由主義的なグローバリズムの正当性への過信があったとしか思えないような勢いでグローバリゼーションを推し進めてきた。しかし，

近年の日本においては，過度なグローバリゼーションの負の側面がますます明らかになっており，また近隣諸国からの脅威に晒されており，従来の国家戦略および企業戦略の大幅な見直しを迫られている。当面，企業レベルではサプライチェーンにおける中国への依存リスクが大きな懸念材料となっている。しかし，多くの場合，これまでの中国関連ビジネスを毀損・喪失することの損失は甚だ莫大であり，また専制主義国からのビジネス撤退は手続き的にもそれほど容易なことではない。その実行には企業の大きな覚悟を要し，また日本政府による中国拠点からの本国回帰や他の国への移転についての支援策も必要となろう。

　以上のようなことから，日本政府はグローバリズム信仰を脱して，セミ・グローバリゼーションの現実と地政学的リスクの大きさを直視して，日本の国民経済の発展にこれまで以上に重きを置いた国家戦略を早急に構築する必要があろう。他方，日本企業にはグローバリゼーションの大波に流されるばかりでなく，自らの企業益と国益とのバランスを維持しながらの経営活動を行うことが望まれる。また，今日の新しい経営思想に沿って企業価値と社会価値を同時に高めることができる持続可能性の高いビジネスの開発・展開に努めることが求められる。さらに，最先端技術の積極的な探索と活用が新しく豊かなビジネスチャンスを与える可能性にも着目し，そこに果敢にチャレンジしていくことが求められよう。

　ところで，以上で見てきたようなグローバリゼーションの現実は，市場や経営のグローバル統合化の利点を強く意識したグローバル・マーケティングから，各国の国家主権が厳然と存在し，時に大きく相対立する中で，国境を越えることの重々しさ，難しさを大前提とする国際マーケティングへの回帰を促すものである。そして従来のグローバル・マーケティング論から国際マーケティング論への回帰の必要性を強く示唆するものである。

第2章のまとめ

① グローバリゼーションの進展

　グローバリゼーションの進展は，世界各国の輸出入総額，世界の対外直接投資総額，対外直接投資残高，そして世界の多国籍企業子会社の売上高，総資産，従業員数がそれぞれ過去20年から30年の間に大幅に増加していることなどから推定しうる。しかし，グローバリゼーションの進展によって各国の国家主権や国境の影響がなくなったわけではなく，現実的には国際市場の部分的な統合化と各国による市場規制が併存するセミ・グローバリゼーションが起きているのである。そして，世界の大企業の売上高と資産の配置状況には本国地域への偏りが見られ，実際にはグローバル化というよりも，リージョナル化の傾向が強い。

　こうしたグローバル化の進展は世界経済の発展につながったのではあるが，その一方で世界各国における貧富の格差の拡大，先進国中間層の没落傾向や自然環境悪化を招いたことも事実である。こうした諸問題への対処は，国際経営や国際マーケティングの経営課題を考えるにあたっても避けて通ることは許されない。

② 日本企業のグローバル化の実態

　日本の貿易と直接投資の地域分布から，日本企業による国際ビジネスのアジア地域への偏りの傾向が確認できる。近年の日本企業の国際ビジネスの主要な地域もアジア（特に中国）への偏りが顕著である。製造業の業種別では輸送機械，電気機械，化学などがメジャーな国際ビジネス領域となっている。

　日系企業の現地法人数と現地法人売上高を見ると，いずれもアジアが筆頭である。また，海外生産比率を業種別に見ると，輸送機械の高さが際立っている。

　さらに，個別企業レベルで見ると，販売と生産のグローバル化が驚くほど進展している企業も存在する。例えば，トヨタ，日産，ホンダの海外販売比率はいずれも85％を超えている。海外生産比率も70～80％台に上っ

28

ている。そして，販売，生産ともに中国依存が顕著である。

③　セミ・グローバリゼーションの現実と今日の地政学的リスクへの対応

　グローバリゼーションの現実は，世界各国を巻き込んだ一律のグローバル化が進行しているのではなく，各国の主権の下での諸規制を伴うセミ・グローバリゼーションの状態である。近年までそうした構造は比較的安定的であったが，今日，そのセミ・グローバリゼーションも激変期を迎えている。すなわち，中国，ロシアなどの専制国家の力による拡張主義的な国家運営は，自由主義陣営の諸国や企業にとって大きなカントリーリスクとなっている。自由主義諸国はそれらの専制国家とのデカップリングを急速に進めようとしており，旧社会主義圏を含むこれまでのグローバリゼーションの大波に乗って構築されてきたサプライチェーンの抜本的な見直しと再構築を進めている。

　他方，自由主義諸国においてもこれまでのグローバル化の進展による負の側面として，著しい貧富の格差や失業，自然環境破壊の問題などが生じている。そうしたマクロ的な問題の改善は大変に重い課題であるが，自由主義圏内ではそれらの改善の兆しも見えている。企業努力による問題の対処の望みとして次の2つがある。その1つには多くの企業に社会的責任の一層の自覚が見られることがあり，その2つ目には先端的な科学技術の指数関数的な発展による潜在的なベネフィットの大きさがある。

　以上のようなことから，日本政府にはグローバリズム信仰を脱して，セミ・グローバリゼーションの現実と地政学的リスクの大きさを直視して，国民経済，安全保障への配慮に重きを置いた国家戦略を早急に構築することが要請される。日本企業には，自らの企業益と国益とのバランスの維持に一層留意することが求められるであろう。

【注】

1　一般財団法人国際貿易投資研究所「国際比較統計　世界各国の輸出額―上位

60」（2020 年 4 月 6 日）https://iti.or.jp/statistics/ics/tradestat（最終アクセス 2022 年 8 月 29 日）

2 UNCTAD［2021］World Investment Report 2021, Table I.9. Selected indicators of FDI and international production, 2020 and selected years. https://unctad.org/system/files/official-document/wir2021_en.pdf（最終アクセス 2022 年 8 月 29 日）

3 ゲマワット，P（望月衛訳）［2009］『コークの味は国ごとに違うべきか』文藝春秋。

4 ラグマン＝ヴァーベク，Rugman, Alan M. and Alain Verbeke［2004］A perspective on the regional and global strategies of multinational enterprises, *Journal of International Business Studies*, 35（1）．ラグマン，Rugman, Alan M.［2005］*The regional multinationals*, Cambridge University Press.

5 財務省貿易統計「地域別輸出入額の推移（年ベース）」https://www.customs.go.jp/toukei/suii/html/data/y1.pdf（最終アクセス 2023 年 2 月 26 日）

6 日本貿易振興機構（JETRO）HP「直接投資統計」https://www.jetro.go.jp/world/japan/stats/fdi.html（最終アクセス 2022 年 9 月 25 日）

7 経済産業省『第 50 回海外事業活動基本調査概要　2019 年度実績（2020 年 9 月 1 日調査）』https://www.meti.go.jp/press/2021/07/20210730011/20210730011-1.pdf（最終アクセス 2022 年 11 月 24 日）

8 トヨタ自動車 HP「2021 年度　販売・生産・輸出実績」https://global.toyota/jp/company/profile/production-sales-figures/202203.html（最終アクセス 2022 年 11 月 24 日）

9 日産自動車 HP「2022 年 3 月度および 2021 年 4 月〜 2022 年 3 月累計生産・販売・輸出実績（速報）」https://global.nissannews.com/ja-JP/releases/release-7ebb95089347447d4df73e32040e71ac-220427-01-j（最終アクセス 2022 年 11 月 24 日）

10 本田技研 HP「2021 年度および 2022 年 3 月度　四輪車生産・販売・輸出実績」https://www.honda.co.jp/news/2022/c220427.html（最終アクセス 2022 年 11 月 24 日）

11 1997 年にジョン・エルキントンによって提唱され，その後 CSR レポートの国際基準（GRI ガイドライン）にも反映された概念。Elkington, John［1997］*Cannibals with Forks: The Triple Bottom Line of 21st Century Business*, Capstone Publishing Limited.

12 経済産業省 HP「ESG 投資」https://www.meti.go.jp/policy/energy_environment/global_warming/esg_investment.html（最終アクセス 2022 年 8 月 29 日）

13 外務省 HP「Japan SDGs Action Platform」https://www.mofa.go.jp/mofaj/gaiko/oda/sdgs/index.html（最終アクセス 2022 年 8 月 29 日）

14 ODA（Official Development Assistance）。政府開発援助を意味する。開発途上国の社会・経済の開発に向けた支援活動の 1 つで，政府が開発途上国に行う資金・技術面での協力のことを指す。

15　上村雄彦「『グローバル・タックス』が世界を変える！―富の再配分と持続可能な世界の実現に向けて」SYNODOS（2016年9月8日）https://synodos.jp/opinion/international/17878/（最終アクセス2022年5月27日）

16　上村雄彦「『グローバル・タックス』が世界を変える！―富の再配分と持続可能な世界の実現に向けて」SYNODOS（2016年9月8日）https://synodos.jp/opinion/international/17878/（最終アクセス2022年5月27日）

17　ポーター，Porter, M.E. and M.R. Kramer [2006] Strategy and Society: The Link Between Competitive Advantage and Corporate Social Responsibility, *Harvard Business Review*, December.

18　リスキン，ジェレミー（柴田裕之訳）[2015]『限界コストゼロ社会―モノのインターネットと共有型経済の台頭』NHK出版。

19　Brynjolfsson, E. and A. McAfee [2014] *The Second Machine Age: Work, Progress, and Prosperity in a Time of Brilliant Technologies*, W.W. Norton & Company.（村井章子訳 [2016]『ザ・セカンド・マシン・エイジ』日経BP。），Ford, M. [2015] *Rise of the Robots: Technology and the Thread of a Jobless Future*, Basic Books.（松本剛史訳 [2016]『ロボットの脅威―人に仕事がなくなる日』日本経済新聞社。）

20　Dobbs, R., J. Manyika and J. Woetzel [2015] *No Ordinary Disruption: The Four Global Forces Breaking*, Public Affairs.（吉良直人訳 [2017]『マッキンゼーが予測する未来』ダイヤモンド社。）

21　GEMBA「【慶應義塾大学・田中浩也教授インタビュー】物流が通信に置き換わる？"効率化"と"価値向上"で3Dプリンタが暮らしを豊かに」（2019年10月7日）https://gemba-pi.jp/post-199369，および3DP id.arts「Amazonは3Dプリンタ搭載トラックで商品を配達？」（2015年3月4日）https://idarts.co.jp/3dp/amazon-3d-printing-car（最終アクセス2022年8月29日）

22　Financial Times「戦争で変わる事業モデル」（日本経済新聞，2022年3月25日）。村山恵一「3D印刷に3つの潜在力」（日本経済新聞朝刊，2022年6月23日）。

23　城田真琴 [2015]『パーソナルデータの衝撃――一生を丸裸にされる「情報経済が始まった」』ダイヤモンド社。

24　日本貿易振興機構（JETRO）ブリュッセル事務所 [2016]「EU一般データ保護規則（GDPR）に関わる実務ハンドブック（入門編）」https://www.jetro.go.jp/world/reports/2016/01/dcfcebc8265a8943.html（最終アクセス2022年8月30日）

25　日本経済新聞電子版「欧州議会、『GAFA規制案』を承認―違反なら巨額罰金も」（2022年1月24日）https://www.nikkei.com/article/DGXZQOCB243OI0U2A120C2000000/（最終アクセス2022年8月30日）

第3章

世界的な産業・競争構造の激変

1 競争構造変化の背景

　1990年代は世界的な政治経済体制，競争構造が激変した時代であった。政治経済体制の大きな変化としてソ連の解体と市場経済化，鄧小平の「南巡講和」以降の中国の改革開放，市場経済化，外資誘致の加速があった。これによって日米欧の多国籍企業は中国，中欧，東欧，ロシアへの低賃金労働力を活用する企業進出が漸次的に可能となった。また，欧州連合（EU）条約の締結とその後の地域拡大と統合強化の動きがあった。さらに，1990年代には情報通信（ICT）産業の飛躍的な発展をみて，インターネットを介する世界的なICTネットワークが比較的に低コストで実現可能となったことが世界の産業・競争構造を大きく変化させることになった。

　日本では1990年代の初めにバブル崩壊があり，その後20年にも及ぶデフレを経験した。その間，日本の家電メーカーや電子機器メーカーは長い不況に陥り，部材メーカーや装置メーカーは外国企業，特に韓国企業と台湾企業，そして中国企業にも部材や製造装置の販売先を求めた。リストラにあったエンジニアの一部は彼らにリクルートされ，技術移転の有力な源泉の1つとなった。また，日本製の製造装置を大規模に導入したエレクトロニクス製品の製造受託（OEM[1]）企業の大きな成長も見られた。

　そして，1990年代にはそれまでコンピュータ産業を中心に起きていたモジュラー化現象がコンピュータの処理技術の向上や材料科学の発展とあいまって自動車産業，金融サービス産業などにおいても本格化し，モジュラー化の大発展期に突入したと言われた[2]。情報産業においては，米国における

1990年代末期からのいわゆるITバブル（.com bubble）が2001年にはじけて，英語圏で賃金が安いアイルランドにIT関連の投資が増加し，また，インドへのコンピュータ・ソフト関連の投資が大幅に増加した。

こうして1990年代のエレクトロニクス産業を中心とする世界と日本の産業・競争構造の激変期の舞台装置が揃ったのである。旧社会主義国が日米欧の多国籍企業にとっての低コスト生産拠点として台頭したこと，その後2000年代に入ると中国やインドは大消費国としても期待されるようになり，さらに多くの外国企業を呼び込むことになった。中国をはじめとする投資受け入れ国はしたたかな国家技術戦略に基づいて技術交渉を自国に有利なように導いている。その結果，日米欧の多国籍企業による技術移転は次第に先端技術分野にも及ぶようになり，部材メーカーや装置メーカーもその流れに乗って彼らの製品を通しておしみなく技術やノウハウを移転，販売するようになった。

また，1990年代以降，エレクトロニクス産業を中心にプラットフォーム企業が台頭して国際市場構造と競争構造に大きな変化をもたらした。例えば，コンピュータ産業においてはインテルが自らの中核技術分野は秘匿するがCPU（中央演算装置）はモジュラー化して，周辺機器とのインターフェース規格は戦略的にオープン標準化したので一定の技術があればどこで誰が製造してもつなげば動くことになる，いわゆるプラットフォーム戦略を積極的に展開した。その結果，台湾，韓国などの発展途上国企業の補完財産業への参入を大いに促進した。こうした国際産業構造の転換によって，新しい国際分業体制が成立し，コンピュータ産業の大幅な低コスト化と劇的な市場拡大が推し進められた[3]。

2 日本のエレクトロニクス産業は苦戦

先述のような1990年代における世界の産業・競争構造の激変の中，日本のエレクトロニクス産業は大いに苦戦し，自動車産業は善戦している。日本はバブル崩壊後に長期にわたるデフレを経験するが，もちろんすべての日本産業がいわゆる失われた20年を経験したわけではない。

　日本のエレクトロニクス産業，特にエレクトロニクス消費財の完成品メーカーは1990年代の産業・競争構造の激変に対する戦略的対応が遅れたこともあり，ノートPCや薄型TVのシェアを大幅に落とし，現在もそれらの事業は存亡の危機に立たされている。同時期に日本の半導体（DRAM）や薄型パネルディスプレイ（FPD）なども大きくシェアを落としているが，ここではパソコンと薄型TVの世界シェアの推移から日本のエレクトロニクス製品の苦戦ぶりを確認しておこう。

（1）パソコンの世界シェアの推移

　まず，パソコンの世界シェアの推移を見よう（**図表3-1**）。1990年代半ば頃まではIBMとCompaq（以下，コンパック）が2強であったが，その後，Dell（以下，デル）が新しい個客対応（One to One）の直販ビジネスモデルによって急速に追い上げて，2001年には世界一のシェアを獲得した。同年にコンパックを買収したヒューレット・パッカード（以下，HP）が翌年には世界一となったが，すぐにデルが1位に返り咲き2006年までその地位を保った。しかし，デルは2005年をピークに次第に勢いを失って，HPが

図表3-1　パソコン世界シェア推移（タブレット型は含まない）

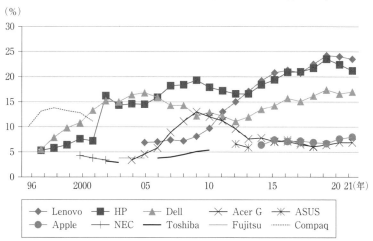

出所：IDC調査資料参照。

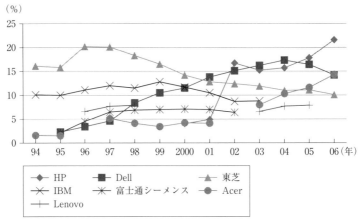

図表 3-2　世界のノート PC のシェア推移（推定値）

出所：IDC 調査等の資料参照。

2007 年より 2012 年まで世界一の座についている。2005 年には中国の
Lenovo（以下，レノボ）が IBM からパソコン事業を買収しており，2013 年
には世界シェアトップに躍り出て現在に至っている。その間，2 位 HP，3
位デルという順序であった。他方，日本のパソコンメーカーは 2000 年代初
めまでは NEC，東芝，富士通がそれぞれ世界の 3 〜 4％程度のシェアをと
ってきたが，NEC は 2011 年に，そして富士通は 2018 年にそれぞれ実質上
のレノボ傘下に入った。2020 年には，東芝も台湾の鴻海（以下，ホンハイ）
に買収されているシャープに PC 事業の全株式を売却してデスクトップ PC
およびノート PC 事業から完全に撤退した。ここに日本 PC メーカーの落日
を見たのである。
　ただし，パソコン世界シェアのデータからノート型パソコンのそれだけを
取り出してその推移を見ると，**図表 3-2** のように，1990 年代に東芝のノー
ト型の隆盛期が存在していたことを確認できる。東芝は基盤設計から組立ま
での総合的な技術力を活かして 1990 年代に 7 年連続でノート型 PC の世界
一のシェアを占めてきたのである。しかし，2001 年にはデルによる海外委
託生産と直販の低コストのビジネスモデルによってその地位を奪われた。そ
の後もシェアを落とし続けて，現在では既述のようにノートパソコン事業か

らも撤退している。また，PC製品としてタブレット型（iPadなど）を含めた統計では，Appleはすでに2011年第4四半期に世界シェアの首位となっていることも付言しておきたい[4]。直近のデータ（2022年第1四半期）ではタブレット型を含むPCの世界シェアは首位がAppleで18.8％，2位がレノボ17.8％，3位がHP13.4％，4位がデル11.7％，5位がサムスン7.4％である[5]。

(2) テレビの世界シェアの推移

次に，近年の薄型テレビ出荷台数の世界シェアの推移[6]（**図表3-3**）であるが，2005年頃までは液晶TVはシャープとソニーが，プラズマTVはパナソニックが世界をリードしてきた。しかし，同図表のように，2006年以降，サムスン電子（以下，サムスン）とLGエレクトロニクス（以下，LG）が圧倒的な強さを発揮しており，日本勢は一様に大きくシェアを落とした。パナソニックは2014年にプラズマTV事業から撤退し（液晶TVは残した），シャープは2016年に台湾系のホンハイに買収された。東芝のテレビ事業は2018年に中国のハイセンスに売却された。同年，日立製作所もTV事

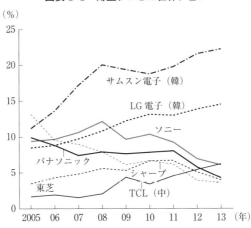

図表3-3　薄型テレビの世界シェア

出所：東洋経済online「どうなる？パナ，シャープ，東芝のテレビ事業」（2015年2月16日）。

業から撤退した。主要な日の丸 TV メーカーのうち，残るのは「規模を負わず違いを追う[7]」というソニーとパナソニックだけとなった。ちなみに，直近の世界シェアを見ると，2020 年には 1 位韓国・サムスン（22.2%），2 位中国・TCL（10.9%），3 位韓国・LG（10.8%），4 位中国・ハイセンス（8.2%），5 位中国・シャオミ（5.7%）である[8]。

3 自動車産業は善戦

　日本のエレクトロニクス産業が苦戦を強いられている頃，日本経済新聞の社説（2004 年 1 月 13 日）に日本の自動車産業に関する興味深い論稿が載せられた。その論題は「日本車の躍進と米ビッグスリー[9]の凋落」というものであり，過去 10 年間，日本メーカーの生産性はさらに高まり，車の改善（故障しにくさ，品質の良さ，燃費効率の良さ，環境対応技術など）も進んで，日本の自動車産業は「失われた 10 年」ではなく「飛躍の 10 年」となったと指摘したのである。

　実際に，2008 年にはトヨタが GM を追い越して世界最大の販売台数を誇るようになった。しかし，業界首位となったトヨタに対する米国の風当たりは強く，2009 年 11 月からの米国での一連のリコール問題（根拠のはっきりしないものを含む）が発生した。さらに，2011 年 3 月の東日本大震災，同年 10 月のタイ洪水の影響で減産を強いられ，2011 年の世界新車販売台数は GM，フォルクスワーゲンに次ぐ 3 位に後退した。しかし，2012 年の世界販売台数で GM を上回って首位に返り咲いている。そして 2021 年には米国市場での新車販売でも初の首位を獲得した[10]。

　ちなみに，日本の自動車メーカーの生産台数は 2007 年に海外生産が国内生産を追い越している。2015 年の実績では全世界の自動車生産台数が約9080 万台で，日系自動車メーカーの国内・海外生産台数を合わせたグローバル生産台数が約 2737 万台であり，世界の自動車生産の約 30% を占めた。なお，2020 年にはコロナ禍の影響で全世界の生産台数は 15.8% 減となったが，日系自動車メーカーのグローバル生産台数は世界生産の約 30% を維持して世界首位となった[11]。

　上述のように日系自動車メーカーは世界に冠たる地位を築いてきたが，昨今では世界が脱炭素化（carbon neutral）に向けて大きくシフトする中にあって，日系メーカーの EV 化戦略のあり方が注目されている。実は CO_2 が地球温暖化とどのくらい関わっているかについては否定的なものも含めてさまざまな見解が存在する。しかし，EU を主要な発信源とする脱炭素化の動きはすでに時代の不可逆的な潮流のようなものになっており，内燃機関の自動車を得意としてきた日本の自動車産業に重大な影響を与えようとしていることは間違いない（最新の動向は【コラム 3】参照）。

4 世界的な競争構造変化を考えるヒント

(1) ポーターの 5 つの競争要因モデル

　上述のように，エレクトロニクス産業と自動車産業は，前者が苦戦をしており，後者が善戦をしているという好対照をなしている。次に，その背景や要因をポーターの 5 つの競争要因モデルに求めることにしよう[12]。結論を先取りして言うと，1990 年代以降，エレクトロニクス産業には産業・競争構造に急激かつ大きな変化があり業界レベルでの脅威水準が高まったが，日本のセットメーカーはそれに対応しきれなかったこと，他方，自動車産業にはそれほど劇的な産業・競争構造の変化がなく，日本の自動車メーカーは独自の優位性を活かしてきたといえよう。

　ポーターは，業界レベルでの競争水準すなわち業界が直面する脅威水準に影響を与える可能性がある 5 つの要因を指摘している。**図表 3-4** は，ポーターの有名な 5 つの競争要因モデルから業界レベルでの脅威水準を推定するフレームを表している。次の 5 つの脅威水準が低いほど，利益の上がりやすい業界である。すなわち①新規参入の脅威，②競合の脅威，③代替品の脅威，④供給者の脅威，⑤購入者の脅威である。

　①の新規参入の脅威は，既存企業が次のような優位性を持つ場合には高くない。すなわち新規企業が参入するにあたって既存企業が持つ a. 規模の経済，b. 製品差別化，c. 規模に無関係なコスト優位（自社独自の占有技術，ノ

図表 3-4　ポーターの「5 つの競争要因」モデル

出所：バーニー，ジェイ・B（岡田正大訳）[2003]『企業戦略
論─競争優位の構築と持続─基本編』ダイヤモンド社，
120 頁。

ウハウ，原材料への有利なアクセス，有利な地理的ロケーション，学習曲線
によるコスト優位など）が重要な参入障壁となる場合である。そして，d.
新規参入を思いとどまらせるような既存企業による差別化投資や規模拡大投
資を意味する意図的抑止行動をとる場合や，e. 政府による参入規制も脅威水
準を下げることになる。

　②の競合の脅威は，次のような業界特性がある場合に高くなる。a. 競合
企業が多数存在する，b. それぞれの競合企業が同規模で，市場への影響力も
同程度である，c. 業界の市場成長率が低い，d. 製品差別化が難しい，e. 生産
能力の増強単位が大きい。

　③の代替品の脅威は，競合企業から提供される代替品・サービスが自社の
製品・サービスとほぼ同じ顧客ニーズを，異なる方法で満たす場合に高くな
る。

　④の供給者（サプライヤー）の脅威は，次のような業界特性がある場合に
高くなる。a. 供給者の業界が少数の企業で支配されている，b. 供給者の販
売する製品がユニークか，あるいは高度に差別化されている，c. 供給者が代
替の脅威に晒されていない，d. 供給者が前方向への垂直統合をする恐れが
ある，e. 供給者にとって自社が重要な顧客ではない。

　⑤の購入者の脅威は，次のような業界特性がある場合に高くなる。a. 自
社の購入者が少数しかいない，b. 自社から購入者に販売される製品は差別化
されておらず標準品である，c. 購入者に販売される製品価格が，購入者の最
終コストに占める大きな割合となっている，d. 購入者が高い経済的利得を

得ていない，e. 購入者が後方垂直統合をする恐れがある。

(2) エレクトロニクス産業と自動車産業の脅威水準

　次に，ポーターの5つの競争要因分析を援用して，エレクトロニクス産業
と自動車産業の脅威水準を見ることにしよう。

　日本のセットメーカーを中心として消費者用エレクトロニクス業界につい
て見ると，上述⑤の購入者の脅威は，不特定多数の消費者に販売するのでそ
れほど高くない。しかし，それ以外の4つの脅威水準は1990年代以降，確
実に高まったといえよう。

　①の新規参入の脅威については，規模の経済は相変わらず重要な要因であ
るが，ライバルメーカー同士のものも含めて複数メーカーから製造委託を受
ける大規模なOEM（設計段階から参画するODM[13]も存在）業界が発達し
たので，セットメーカー内部の製造過程での規模の経済は競争優位の源泉に
はなりにくくなっている。また，製品差別化であるが，Apple の iPod，
iPhone，iPad のように非常に優れたデザイン性を誇っていても，Google が
開発した Android のような汎用ソフト，主要な部材，中間財が入手しやす
い状況ではすぐに模倣品が現れる。そこで，新規参入の脅威は高まったとい
える。

　②の競合の脅威はパソコンでは中国企業（レノボなど）や台湾企業（エイ
サーなど），そして，薄型テレビや携帯電話では韓国企業（サムスンや LG）
などが躍進しており競合の脅威は大いに高まった。

　③の代替品の脅威も高まっている。例えば，ソニーのウォークマンは
Apple の iPod や iPhone によって代替されたといっても過言ではないであろ
う。日本製のスマートフォンもその多くが国内市場では Apple 人気
（iPhone シェアが約45％）に圧倒され，海外市場はサムスンと Apple によ
って席巻されている。

　④の供給者（サプライヤー）の脅威は，基幹ソフトや基幹部品について高
まった。例えばパソコン業界ではいわゆるウィンテル（Wintel：Windows
と Intel の合成）すなわちマイクロソフトの OS とインテルの CPU が長い間
独占的な地位を占めて完成品メーカーに対して非常に大きな供給者の脅威を

与えてきたことはよく知られている。

次に，自動車産業について見ると，①の新規参入の脅威はそれほど高くなかった。1990 年代からメジャー・プレイヤーはほとんど変わっていない。エンジン車では現代自動車がシェアを伸ばしてきたことが目立った変化である。ただし，2003 年には電気自動車（EV：Electric Vehicle）で米国のテスラモーターズ（Tesla Motors, Inc.，以下，テスラ）が新規参入して来た。同社はその先進的イメージとカーボンニュートラルの波に乗って，まだ生産規模は大きくないが，投資家の期待を集めて 2020 年には株式時価総額の驚異的な高騰を記録している（生産台数はトヨタの約 30 分の 1 だが時価総額はトヨタを大きく超えた）。さらに，近い将来，異業種から Google や Apple が自律的な自動運転車の開発に本格的に参入してくる可能性もある。ソニーとホンダが共同出資するソニー・ホンダモビリティもここに参入を予定している。これまでの新規参入の脅威はそれほど高くなかったが，今後は高度なエンジン技術が必要でなく，また全体の部品点数が半減し組立も容易化している EV については，中国 EV メーカーをはじめとする新規参入の脅威がより高くなるであろう。

②の競合の脅威は常に存在し，現在においてもトヨタ，GM，フォルクスワーゲンなどが世界販売台数で首位争いを演じている。今後は主要メーカーの間の EV の開発・販売競争が注目される[14]。また，EV の高級ブランドを確立した米国のテスラと中国の BYD をはじめとする数多くの EV メーカーの動向にも目が離せないであろう。

③の代替品の脅威としては，近い将来，ガソリンエンジン車などの内燃機関車に対して，脱炭素化という世界の潮流に乗って，EV がより大きな代替品の脅威となることが予想される。ただし，これまでのグローバル生産台数が多いメジャー・プレイヤー間の EV 開発・販売競争が中心になると予想される。ここにテスラと中国の EV（BYD など）が勢いよく参入してきているのが現状である。

④の供給者（サプライヤー）の脅威は次第に大きくなることが予想される。例えば，EV とプラグインハイブリッド車の重要部品であるリチウムイオン電池メーカーの影響力が大きくなっている。車載用電池ではパナソニッ

図表3-5　平均利益率が高い業界と低い業界

新規参入，競合，代替品，供給者，購入者からの脅威が
● 高いレベルの脅威：完全競争に近い業界
　　　業界平均利益率が低い（例：繊維業界）

　　　　パソコン組立加工業界
　　　　……………………………
　　　　……………………………
　　　　自動車組立加工業界

　　　　　　　　　　　　　　　　中間に位置するが，ビジネス
　　　　　　　　　　　　　　　　のアーキテクチャや採用する
　　　　　　　　　　　　　　　　ビジネス・モデルにも依存す
　　　　　　　　　　　　　　　　る

● 脅威が大きくない：不完全競争業界
　　　業界平均利益率が高い（例：製薬業界）

出所：バーニー［2003］前掲書，152-157頁を参照して筆者作
　　　成。

クやソニーなどの日系メーカーが先行していたが，直近データ（2020年）
では，韓国メーカー（LG化学，サムスンSDI等）の世界市場シェアは37.1
％であり，中国勢（CATLやBYD等）が35.8％と拮抗している。日本勢
（パナソニック等）はかなり劣勢であり20.4％を占めているに過ぎない[15]。
日本製のバッテリーは，第一線の技術者たちの評価によると，安全性や品質
の取り組みは世界一であるが中国，韓国製と比べ価格が高すぎると言われて
いる[16]。なお，今後は「全固体電池」が安全性，航続距離，充電時間などか
らバッテリー市場のゲームチェンジャーとなる可能性がある。
　⑤の購入者の脅威レベルは，自家用車については基本的に高くない。
　以上のように，ポーターの5要因モデルを使用すれば，業界ごとのおよそ
の脅威水準の推定ができる。より一般化して表現すれば，新規参入の脅威，
競合の脅威，代替品の脅威，供給者の脅威，購入者の脅威が小さい業界ほど
業界の平均利益率が高く，それらの脅威が大きいほど平均利益率が低い。実
際に，それらの5つの脅威水準が総じて低い業界である製薬業界は平均利益
率が高く，それらの脅威水準が総じて高い繊維業界では平均利益率が低
い[17]。先に見たパソコンのメーカーなどの消費者用エレクトロニクス業界と
自動車業界はそれらの中間に位置付けられるが，それらの業界における産
業・競争構造をより深く理解するためには，次章で見るような産業アーキテ
クチャの相違について知る必要がある。

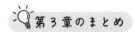第3章のまとめ

① 世界的な競争構造変化の特徴

　1990年代は世界的な政治経済体制，競争構造が激変した時代であった。旧社会主義国の市場経済化があった。これによって日米欧の多国籍企業は中国，中欧，東欧，ロシアへの低賃金労働力を活用する企業進出が増加し，欧州連合（EU）の地域拡大と統合強化の動きがあった。さらに，情報通信（ICT）技術と製品・部品のモジュラー化現象の飛躍的な進展を見た。こうしたことで世界的なコスト競争の激化が起こり，いわゆる大競争時代になった。他方，日本ではバブル崩壊があり，20年以上にも及ぶデフレを経験した。その間，日本の家電メーカーや電子機器メーカーは長い不況に陥り，部材メーカーや装置メーカーは韓国企業，台湾企業，中国企業などに部材や製造装置の販売先を求めた。また，エレクトロニクス産業を中心に米国企業をはじめとするプラットフォーム企業が台頭して新しい国際分業体制が成立し，台湾を中心とする海外製造受託（OEM）企業の大きな成長が見られた。また，今世紀に入ると，中国やインドは低コスト製造拠点としてだけでなく大消費国としても注目されるようになり，さらに多くの外国企業を呼び込むことになった。中国はしたたかな国家技術戦略に基づいて，日米欧の多国籍企業からの技術導入が先端的分野にも及ぶようになった。

② 日本企業のエレクトロニクス産業の苦戦と自動車産業の善戦

　日本のエレクトロニクス産業，特にエレクトロニクス消費財の完成品メーカーは1990年代の産業・競争構造の激変に対する戦略的対応が遅れて，ノートPCや薄型TVなどのシェアを大幅に落とし，現在もそれらの事業は存亡の危機に立たされている。なお，高度技術を有する日本の部材メーカーと装置メーカーは現在のところグローバル・サプライヤーとしての地位を維持している。

　他方，日本の自動車産業は，1990年代以降も堅調な成長を遂げてきた。日本の自動車メーカーの生産台数はすでに2007年に海外生産が国内生産

を追い越している。日系自動車メーカーの国内・海外生産台数を合わせたグローバル生産台数は世界の自動車生産のおよそ30％を占めてきた。2008年にはトヨタがGMを追い越して世界最大の販売台数を誇るようになった。このように日系企業は世界に冠たる地位を築いてきたが，昨今では世界が脱炭素化に向けて大きくシフトする中にあって，日系メーカーのEV化戦略のあり方が注目されている。

③　ポーターの競争要因分析モデルで見るエレクトロニクス産業と自動車産業

ポーターは，業界レベルでの競争水準すなわち業界が直面する脅威水準に影響を与える可能性がある5つの要因を指摘している。次の5つの脅威水準が低いほど，利益の上がりやすい業界である。すなわち①新規参入の脅威，②競合の脅威，③代替品の脅威，④供給者の脅威，⑤購入者の脅威である。

日本のセットメーカー視点を中心として消費者用エレクトロニクス業界について見ると，1990年代以降，①～④のすべての脅威水準が確実に高まった。⑤の購入者の脅威水準は不特定多数の消費者を対象とするためにそれほど高まっていない。

次に，自動車産業について見ると，①新規参入の脅威はそれほど高くなく，1990年代からメジャー・プレイヤーはほとんど変わっていない。②競合の脅威は常に存在し，現在においてもトヨタ，GM，フォルクスワーゲンなどが世界販売台数で首位争いを演じている。③代替品の脅威としては，ガソリンエンジン車などの内燃機関車に対して，脱炭素化という世界の潮流に乗って，EVがより大きな代替品の脅威となることが予想される。④供給者（サプライヤー）の脅威は，車載用電池分野を中心に大きくなることが予想される。⑤購入者の脅威レベルは，自家用車については基本的に高くない。

【注】

1 OEM（Original Equipment Manufacturing）。メーカーが自社のブランド製品を他社に製造してもらうこと。

2 Baldwin and Clark［1997］Managing in an Age of Modularity, *Harvard Business Review*, Sep-Oct.（安藤晴彦訳「モジュラー化時代の経営」青木昌彦・安藤晴彦編著［2001］『モジュール—新しい産業アーキテクチャの本質』東洋経済新報社。）

3 小川紘一［2009］『国際標準化と事業戦略』白桃書房。立本博文［2017］『プラットフォーム企業のグローバル戦略』有斐閣。

4 Canalys "Press release 2011/113"（2011 年 11 月 21 日）https://canalys-prod-public.s3.eu-west-1.amazonaws.com/static/press_release/2011/canalys-q4-pc-shipment.pdf, Canalys "Press release 2013/054"（2013 年 2 月 6 日）https://www.canalys.com/newsroom/one-six-pcs-shipped-q4-2012-was-ipad

5 Canalys "PC Analysis, May 2022". Canalys "PC market pulse: Q1 2022".

6 東洋経済 online「どうなる？パナ，シャープ，東芝のテレビ事業」（2015 年 2 月 16 日）https://toyokeizai.net/articles/-/60674（最終アクセス 2023 年 8 月 3 日）

7 東洋経済 online「テレビメーカー　最後の宴」https://toyokeizai.net/list/member-features/61558c52776561209d010000（2021 年 10 月 6 日）（最終アクセス 2023 年 7 月 29 日）

8 公益財団法人矢野恒太記念会［2021］『世界国勢調査図絵 2021/22 第 32 版』。

9 米国の 3 大自動車メーカーと言われたゼネラル・モーターズ（以下，GM），フォード，クライスラーの 3 社のこと。

10 Marklines.com「自動車販売台数速報 米国 2021 年」（2022 年 1 月 5 日）https://www.marklines.com/ja/statistics/flash_sales/automotive-sales-in-usa-by-month-2021，産経新聞電子版「トヨタ，米新車販売首位 21 年 GM 抜く」（2022 年 1 月 5 日）https://www.sankei.com/article/20220105-J2LRTDNZ2VMAFHCJPMSD3FGWMM/

11 日本自動車工業会資料。

12 Porter, M.E.［1980］*Competitive Strategy*, Free Press.（土岐坤・小野寺武夫・中辻万治訳［1989］『グローバル企業の競争戦略』ダイヤモンド社。）ここではバーニー，ジェイ・B（岡田正大訳）［2003］『企業戦略—競争優位の構築と持続—基本編』ダイヤモンド社も参照。

13 ODM（Original Design Manufacturing）。主として台湾や中国などの企業に多く見られ，製造する製品の設計から製品開発までを請け負う企業を指す。

14 トヨタは EV 開発と共に，ガソリン車を含めたオールラウンドな世界供給体制を目指すことを発表している。日本経済新聞電子版「トヨタ，EV 投資 4 兆円 世界販売目標 8 割増 350 万台 2030 年までに」（2021 年 12 月 15 日）https://www.nikkei.com/article/DGKKZO78448220V11C21A2MM8000/（最終アクセス 2023

年 8 月 2 日）

15　Net IB News（2020 年 9 月 20 日）およびロイター記事（2019 年 9 月 30 日），
　　NNA ASIA 記事（2020 年 1 月 6 日）。

16　ダイヤモンド・オンライン「日本の電池メーカーが世界で負ける決定的な理由，
　　元パナ・ソニーの日本人開発者が喝破」（2022 年 1 月 26 日）https://diamond.jp/
　　articles/-/293265（最終アクセス 2023 年 8 月 1 日）

17　バーニー，ジェイ・B（岡田正大訳）［2003］『企業戦略論―競争優位の構築と
　　持続―基本編』ダイヤモンド社，152-157 頁参照。

EUと米国のEV政策の見直し

　2023年の3月と4月にEVの生産と販売に関して大きなニュースが飛び込んできた。3月にはEUが2035年までにエンジン車の新車販売をすべて禁止するという従来の方針を撤回した。4月には米国が従来のEVの購買奨励のための税控除政策を大きく見直し，米国メーカー11車種だけに適用し日欧韓のメーカーを対象除外とすると発表した。

　まず，EUの政策転換である。EUは地球温暖化を食い止めるべく，そして国際政治経済における発言力強化と利益誘導の観点からも，カーボンニュートラル（脱炭素化）促進の方向で世界の旗振り役でありルールメーカーであることを誇りとしてきたようである。しかし，2023年3月28日にEUは2035年に内燃機関（エンジン）車の新車販売をすべて禁止するという方針を事実上撤回した。エンジンを搭載した新車販売の禁止は2022年10月にEUの主要機関で合意に達していたが，ドイツが土壇場で反対に転じ，合成燃料利用車を例外的に容認することで最終合意した。ドイツが反対論を展開したのは，自国の自動車産業の保護が目的であった。すなわち，合成燃料利用車の容認によって，従来の内燃機関車の技術やガソリンスタンドなどのインフラをそのまま活かすことが可能となり，全面的なEVへの移行によって失われる内燃機関車関連の雇用や工場の維持に道を残すためであった。EUとしては今後もEV化促進を進める方針は堅持するということではあるが，今回の合意はドイツだけではなくイタリアなどの従来の自動車産業およびそのサプライチェーンを保護することになるより現実的な修正であろう。日本の自動車産業界からもひとまず安堵の声が上がっている。

　合成燃料は水素と炭素を化学反応させて作る。再生可能エネルギー由来の電気で水を電気分解して水素を作り，化学プラントなどから回収した二酸化炭素と合成して石油代替燃料にする。合成燃料もエンジンでの燃焼時に二酸化炭素を排出するが，合成時に使用した回収CO_2と相殺するので全体としてCO_2排出ゼロと見なされる。ただし，現状では合成燃料の生産量はまだわずかであり，生産コストは非常に高く1リットル10ドル（約1300円）程度と見られており，この先に本格的な量産が始まり，また今後の再生可能エネルギー価格の下落を織り込

んでも，リッター当たり2ドル程度（約260円）になると予想されている。さらに，合成燃料利用に関する制度設計はまだ緒についたばかりであり，既存のガソリンなどに合成燃料を何パーセント混合すれば CO_2 排出を実質ゼロと見なせるのか，また削減効果の企業間での分配についても今後の議論に待たなければならない。なお，EUはバイオ燃料についてはなぜかそれを適用除外とする方針を発表している。それは日米の方がEUよりもバイオ燃料の開発と実用化が進んでいるからだという憶測も飛んでいる。

　次に，米国の政策転換である。2023年4月17日に米国バイデン政権は，2022年に成立した歳出・歳入法に基づきEV1台の購入につき最大7500ドル（約100万円）の税控除を得られる税優遇政策を大きく見直し，米国メーカーの11車種（テスラ2車種，GM6車種，フォード3車種）だけに適用し，北米での組立を行っている日欧韓メーカーのEVはすべて対象除外とすることを発表した。後者は車載電池の部品や電池に使う希少金属の調達の条件をクリアできなかったためと見られている。日欧韓メーカーは優遇税を受けるためにEVの北米生産を急ぎ，また車載電池の部品と重要鉱物の調達網の見直しを迫られることになろう。なお，近年，BYDをはじめグローバル化を加速中の中国EVは，たとえ北米で製造・組立を行ったとしても，米国にとっての安全保障上の懸念によりEV税優遇から外されることになろう。

　以上見てきたように，EUは土壇場でドイツの反対に押されてEV推進政策のルールチェンジを行った。米国も政治的意図を持ってかなり露骨な排外的なルールチェンジを発表した。中国は内燃機関技術が不得意ということもあり，カーボンニュートラルの波にうまく乗ってEV生産に邁進し，中国のBYDは先頭を走るテスラを抑えてEV世界一の地位を固めようとしている。このように各国，各地域は自国の利害を中心に据えて動いているのである。日本はどうであろうか。日本を代表するトヨタは世界的なEV傾斜の動向を注視しそれへの積極的な対応策を打ち出しながらも，地域の事情に応じてエンジン車，ハイブリッド車，プラグインハイブリッド車，EV，燃料電池車（FCV）など全方位戦略を採用するものと見られている。こうした競争のグローバルアリーナ（闘技場）において，残念ながら日本はルールメーカーにもルールチェンジャーにもなれずルールフォロワーの地位に甘んじているようにも見える。日本は確固とした国家戦略を持って

国を挙げて基幹産業の自動車産業をしたたかに守り支援する体制構築を急がなければならないであろう。

【コラム 3-1　参考文献】

FINANCIAL TIMES「社説　ドイツ，EU の内燃機関禁止案に急ブレーキ」(2023 年 3 月 9 日)，日本経済新聞電子版 (2023 年 3 月 10 日) 掲載。https://www.nikkei.com/article/DGXZQOCB122ST0S3A210C2000000/ (最終アクセス 2023 年 4 月 22 日)

JETRO 地域・分析レポート「中国，新エネルギー車を中心に自動車輸出が急拡大」(2023 年 3 月 16 日) https://www.jetro.go.jp/biz/areareports/2023/83e7b593ae7af479.html (最終アクセス 2023 年 4 月 22 日)

The Economist「ドイツ，EU 新車規制に土壇場反旗」(2023 年 3 月 11 日)，日本経済新聞電子版 (2023 年 3 月 14 日) 掲載。https://www.nikkei.com/article/DGXZQOCB120H80S3A310C2000000/ (最終アクセス 2023 年 4 月 22 日)

日本経済新聞電子版「EU がエンジン車容認　高価格の合成燃料，利用は限定的か」(2023 年 3 月 26 日) https://www.nikkei.com/article/DGXZQOGR254FK0V20C23A3000000/ (最終アクセス 2023 年 4 月 22 日)

日本経済新聞電子版「EU，妥協のエンジン車維持　ドイツが国内産業に配慮」(2023 年 3 月 29 日) https://www.nikkei.com/article/DGXZQOUA2805O0Y3A320C2000000/ (最終アクセス 2023 年 4 月 22 日)

日本経済新聞電子版「EU がエンジン車容認へ　販売条件の『合成燃料』とは？」(2023 年 3 月 29 日) https://www.nikkei.com/article/DGXZQOUC290SV0Z20C23A3000000/ (最終アクセス 2023 年 4 月 22 日)

日本経済新聞電子版「合成燃料，ホンダ・ポルシェが先行　生産コストなど課題」(2023 年 3 月 29 日) https://www.nikkei.com/article/DGXZQOGR28B6l0Y3A320C2000000/ (最終アクセス 2023 年 4 月 22 日)

日本経済新聞電子版「トヨタ佐藤社長『EV 有用性理解』『豊田会長役割大きい』新体制方針説明会タイムライン」(2023 年 4 月 7 日) https://www.nikkei.com/article/DGXZQOFD0728F0X00C23A4000000/ (最終アクセス 2023 年 4 月 22 日)

日本経済新聞電子版「米 EV の税優遇，米 3 社 11 車種のみ　日欧韓すべて対象外に」(2023 年 4 月 18 日) https://www.nikkei.com/article/DGXZQOGN17CCA0X10C23A4000000/ (最終アクセス 2023 年 4 月 22 日)

日本経済新聞電子版「社説　日本車は EV シフトを覚悟すべきだ」(2023 年 4 月 21 日) https://www.nikkei.com/article/DGKKZO70374170Q3A420C2EA1000/?type=my#AAAUgjQwMA (最終アクセス 2023 年 4 月 22 日)

第 **4** 章

日本企業の競争力：ビジネス・アーキテクチャ論からの示唆

1 インテグラル（擦り合わせ）型とモジュラー（組み合わせ）型

　ポーターの5つの競争要因を応用すれば当該の業界が全体としてどの程度の競争の脅威を受けているかについておよそのことがつかめる。しかし，同一業界での個別企業間や企業グループ間の差異はつかみにくい。そこに製品・工程のアーキテクチャ（基本的設計構想）という概念を導入することで個別企業間や企業グループ間の差異が見えてくることが多い。

　製品・工程のアーキテクチャとは，どのようにして製品を構成部品や工程に分解し，そこに製品機能を配分し，それによって必要となる部品・工程間のインターフェース（継ぎ手の部分）をいかに設計・調整するかに関する基本的な設計構想のことである[1]。

　その1つの代表的な分け方として，モジュラー型とインテグラル型がある。インテグラル型製品は，いくつかの基本技術を擦り合わせて作る製品であり，擦り合わせの部分に独特のノウハウがある。モジュール製品は，標準部品を組み合わせて作る製品であり，組み合わせ自体に特別のノウハウはない[2]。

　もう1つの分け方として，複数企業間の連携関係がオープン（開放的）型であるか，クローズド（閉鎖的）型であるかという基準がある。横軸にインテグラル型とモジュラー型をとり，縦軸にオープン型とクローズド型をとってマトリックスを作ると，**図表4-1** のようになる。

　そこではクローズド／インテグラル型，クローズド／モジュラー型，オープン／モジュラー型が識別されている。「クローズド／インテグラル型」製

図表 4-1　ビジネス・アーキテクチャの分類

製品・工程のアーキテクチャ

	インテグラル	モジュラー
クローズド	自動車 オートバイ 小型家電	汎用コンピュータ 工作機械 レゴ（おもちゃ）
オープン		パソコン パッケージソフト 自転車

（複数企業間の連携関係）

出所：藤本隆宏・武石彰・青島矢一編［2001］『ビジネス・アーキテクチャ』有斐閣，6 頁。

品は，構成要素間の相互依存性が高く，部品・工程間の緊密な相互調整ないし微調整が必要な「擦り合わせ」型製品であり，セダン型乗用車，オートバイがその代表である。

「クローズド／モジュラー型」製品は，部品がモジュラー化していてもそれらのインターフェースが 1 社内で閉じている製品で，「社内共通部品の寄せ集め設計」が可能であり，モジュール部品の取り換えによって製品のグレードアップも可能である。かつての IBM360 シリーズのような汎用コンピュータや標準型工作機械がその代表例である。

「オープン／モジュラー型」の製品は，自社ないしグループ企業の枠を越えた「業界標準部品の寄せ集め設計」が可能であり，パソコンやパッケージソフトがその代表例である。

複数企業間の連携関係がオープン型であり，製品・工程アーキテクチャがインテグラル型は考えにくいので上記の 3 つのタイプのビジネス・アーキテクチャが識別されているわけである。

総じていえば，日本企業は伝統的に「擦り合わせ型」の「クローズド／インテグラル型」製品で高い競争力を維持してきたということができる。日系自動車メーカーがまだ国際競争力が強いのはこの「クローズド／インテグラル型」を維持できたからであろう。他方，米国企業は製品企画をはじめとするビジネス企画とマーケティングを得意とし，もの作りは自社の枠を越えた

「寄せ集め設計」の「オープン／モジュラー型」製品で強いと言われている。
HPやデルのパソコンの強さの源泉の1つとなっている。

② 日本企業はオープン／モジュラー型で苦戦をしている

　上述のビジネス・アーキテクチャの分類でいうと，日本企業は業界標準部品の寄せ集め設計が可能なオープン／モジュラー型で苦戦していることが多い。世界的に業界標準化されていれば，部品開発・製造の効率の良い国際分業が可能となり開発スピードもコストも下げることが可能となる。しかし，これまでクローズドでインテグラルな自前主義的な製品開発を得意としてきた日本企業は，1990年代から起きたその流れにうまく乗れなかった。パソコン，DVD，携帯電話，薄型テレビなどがその典型といえよう。国内市場が比較的に大きかったので国内向けの高機能製品開発競争に邁進し，世界市場に向かう努力を惜しんできたとも解釈できる。その結果，携帯電話などはガラパゴス化してきたとも揶揄される。その間，オープン／モジュラー型の利点をよりうまく活かしてきた企業，パソコンではデル，HP，エイサー，レノボなどが，スマートフォンではApple，サムスンなどが，薄型テレビではサムスン，LGなどが大きくシェアを伸ばしてきたのである。ただし，日本の部材メーカーと装置メーカーは，世界のセットメーカーへの販売に励んで大きな利益を上げてきたことも忘れてはいけない。つまり日本企業は国際市場において完成品セットメーカーとしては大苦戦を強いられてきたが，部材のグローバル・サプライヤーとしては大きく伸びてきたのである。

　パソコン業界などでは1990年代のオープン／モジュラー型への流れの中で，製造の外部委託への提案がなされるようになった。**図表4-2**は，その時代に台湾のエイサーのスタン・シー（施振榮）会長が日本のPCセットメーカーに提示して，彼らへの製造委託をすすめた有名なスマイル・カーブ[3]である。スマイル・カーブではパソコンの製造過程での付加価値は低いのでそれを台湾に委託して，日本企業は付加価値の高い得意分野の研究開発やマーケティング，サービス・保全で利益をとったらどうかという提案であった。当時のこうした動きへの日本企業の反応は決して大きくなく，また機敏

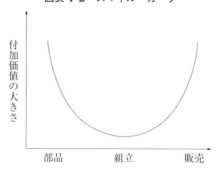

図表 4-2　スマイル・カーブ

付加価値の大きさ

部品　　　組立　　　販売

出所：シー，スタン［1998］『エイサー電脳の挑
　　　戦』経済界，242 頁，図 6 を筆者が単純化
　　　して作成。

でもなかった。しかし，その後，2000 年代に入ると製造受託サービス企業
（OEM）への依存度は急速に高まっていった。こういう提案が可能となった
のはパソコン業界のオープン／モジュラー型化が進展してきたからに他なら
ない。この流れを戦略的に活用することを含めて，パソコンのグローバル・
ブランドとしてのビジネスモデルを構築できなかった日本の完成品メーカー
にとっては，スマイル・カーブは自前主義の日本企業モデルの終わりの始ま
りを示唆する恐怖のスマイル・カーブ[4] であったのかもしれない。

3 もの作りとマーケティングの市場適合

　オープン・エコノミー化とモジュラー化が進展した今日，もの作りとマー
ケティングを中心に見たビジネスの基本的な戦略タイプは，次の 4 つに分類
することができるであろう。そして，いずれの戦略タイプにおいても，それ
ぞれもの作りとマーケティングの戦略的な融合を伴う市場適合がなければビ
ジネスは成功しないであろう。

　図表 4-3 の横軸は，もの作りの 2 タイプ（クローズド／インテグラル型
とオープン／モジュラー型），縦軸はマーケティングの 2 タイプ（上位市場
標的型と中・低位市場標的型）の 2×2 のマトリックスである。マトリック

日本企業の競争力：ビジネス・アーキテクチャ論からの示唆　第4章

図表4-3　ビジネス（もの作り / マーケティング）の基本的なタイポロジー

マーケティングの基本タイプ		オープン／モジュラー型	クローズド／インテグラル型
	上位市場標的型	タイプ I 差別化重視の組み合わせ型ビジネス	タイプ II 差別化重視の擦り合わせ型ビジネス
	中・低位市場標的型	タイプ III コスト重視の組み合わせ型ビジネス	タイプ IV コスト重視の擦り合わせ型ビジネス

もの作りの基本タイプ

出所：筆者作成。

スの上半分の上位市場標的型というマーケティング戦略タイプは，顧客がより高品質，高性能，高差別化，機能的・感性的な面白さやユニーク性を求め，それらに対して追加的対価を払う用意がある顧客を擁する上位市場を標的とし，製品差別化戦略とブランド戦略を重視する。

　下半分の中・低位市場標的型は，高度な製品差別化戦略よりも低コスト戦略を重視する。ここでは開発，調達，製造，在庫，流通にかかるコストの削減と同時に，品質改善，利便性の向上やデリバリーの速さと正確さの確保などが重視される，実用性志向のQCD（Quality, Cost, Delivery）[5]の追求が行われる。

　もし，それぞれの中間型を入れると3×3のマトリックスとなる。現実的には中間型も多く，特にもの作りの側面では，クローズド／インテグラル型とオープン／モジュラー型のそれぞれの利点を戦略的に同時にどう取り込むかが勝負どころとなる。例えば，インテルは内インテグラル，外モジュラーと言われるように，CPUのコア領域をクローズド／インテグラル型で堅守しながら，完成品は世界に外販可能なオープン／モジュラー型に仕上げている。また，マーケティング対象市場を3分割するのであれば，新たな特異カテゴリーとしてBOP（Base of the Pyramid）[6]市場標的型を導入することも

意味があろう。しかし，ここでは説明を容易にするために，単純化して 2 × 2 のマトリックスで典型的なタイプを中心に検討することにしたい。

タイプ I は差別化重視の組み合わせ型ビジネスである。上位市場に対して，機能的・感性的な面白さやユニーク性を強く訴求するビジネスであるが，もの作りはオープン／モジュラー型を中心に対応するというタイプである。

これは Apple の iPod，iPhone，iPad に代表されるような洗練されたユニークなデザイン，使いやすさ，面白さ，ブランドの確立などを徹底的に追求することで創造される差別化製品の提供である。このタイプのビジネスではもの作りへの強いこだわりが見られるが，1990 年代以前のような自前主義の垂直型ビジネスではない。日本，韓国，欧州などから高機能部品・部材ならびに標準部品を調達して，台湾系を中心とする OEM 企業に製造委託を行う，コスト効率の高い国際水平分業的なネットワーク・ビジネスである。ブランド力と完成品の差別化の度合いが強いので競合製品と比べ高価格設定が可能である。上述のような Apple 製品は世界的にヒットし，高い利益率の獲得と大量販売（高利多売）に成功している。

また，近年の任天堂は，ゲームの面白さの創造，操作性の向上を独自のコア・コンピタンスとしながら，自前主義にこだわることなく，ソフト開発のオープン化と標準部品の積極的採用によってコストを抑えることに成功している。Apple のビジネスと多くの共通点を見出すことができる。

タイプ II は差別化重視の擦り合わせ型ビジネスである。高級品・本物志向の強い上級市場に対して，擦り合わせ型のもの作りで製品を提供しようとするタイプのビジネスである。

このタイプはイタリアやフランスの高級ブランドの衣料品，化粧品，バッグ類，メルセデス・ベンツや BMW の上位車種，フェラーリ，ポルシェ，そしてトヨタのレクサスなどのビジネスに共通するものであり，差別化重視の製品を擦り合わせ型のもの作りで提供するビジネスである。各国の高所得者層にターゲットを絞った独自の差別化製品の開発と販売を基本戦略とするものであり，自国中心のもの作りを基本として，高級ブランド，高級チャネル構築・維持に多くのコストをかける。もちろん高い販売価格が設定され，

希少価値を維持するために供給量のコントロールを行うことも珍しくない。日本企業の多くはまだこのタイプのビジネスには不慣れである。

　タイプⅢはコスト重視の組み合わせ型ビジネスである。実用性志向の強い中・低位市場の顧客にオープン／モジュラー型のもの作りで対応するタイプのビジネスである。

　このタイプはオープン・エコノミー化，モジュラー化が進んだ現代産業の多くに見られる，コスト重視の国際的な組み合わせ型のビジネスである。現在のパソコン産業がその典型である。業界標準部品の組み合わせ能力，調達力によるコスト優位を競争力の主たる源泉とする。デルやHP，エイサー，レノボなどに見られるように，生産拠点は中国をはじめ，コストの安い新興国立地を中心とする。生産のみならず近年では開発も含めて台湾系のOEM，ODMに委託してしまうことが多い。従来，自前主義にこだわってきた日本のPCメーカーも近年ではOEM，ODMをより積極的に活用するビジネス展開にシフトしている。このタイプのビジネスは，薄利多売でコスト／パフォーマンスの徹底追求を行わなくては生き残りが難しい。

　タイプⅣはコスト重視の擦り合わせ型ビジネスである。実用性志向の強い中・低位市場の顧客をターゲットとして，擦り合わせ型のもの作りで勝負するタイプのビジネスである。

　このタイプは日本の自動車産業に典型的に見られる，品質とコスト重視の擦り合わせ型もの作りをベースとするビジネスである。日本の自動車産業は基本的にクローズド／インテグラルな産業構造にあり，またハイブリッド車，EV等の革新的な環境対応車開発の成功もあって国際的競争力はまだ健在である。

　日本の家電企業の多くも，かつてはタイプⅣに属し，少なくとも1980年代末までは，高品質と低コストを実現してきたので非常に強い国際競争力を持っていた。だが，家電，PC産業などが1990年代に大きな転機を迎えたことはすでに本書の前段で見てきたとおりである。産業のオープン・モジュラー化の流れが従来の日本企業の強みを削いでしまったといっていいであろう。

　なお，ここで提示したビジネスの基本的なタイポロジー（**図表4-3**）を

ベースとして，本書の後段において，日本企業の生き残りのポジショニングについて検討している。そこでは既述のもの作りの2タイプ（クローズド／インテグラル型とオープン／モジュラー型）の中間領域にプラットフォーム戦略などに見られるもの作りのミックス戦略タイプを加えて，日本企業の国際マーケティングの新しい方向性について検討を加えている（本書第6章第5節を参照されたい）。

4 日本の情報家電はグローバル・サプライヤーとして生き残れるか？

産業のセクターを分析単位とすると，日本の製造企業の国際競争力はもはや川下の最終製品よりも川中の部品，川上の部材にあることがわかる。例えば，**図表4-4** は，情報家電産業[7]の川上―川中―川下の状況を表している。

情報家電には液晶テレビ，プラズマテレビ，デジタルカメラなどが含まれ，先述のような大苦戦を強いられている。しかし，他方において，最終品のセットメーカーの苦境を尻目に電子部品と部材の日本メーカーおよび装置メーカーは世界的な存在感を示してきた。**図表4-4** に見るように，2005年度の経済産業省の『ものづくり白書』によると，当時の日本の情報家電セットメーカーは，世界の最終製品の27％のシェアを占めており，電子部品の51％，電子部材の65％をシェア，そして製造装置の54％を占めており際立った存在であった[8]。

より具体的に近年における情報家電産業の牽引役となっているスマートフォン業界の部品構成を見ると，日本企業が川上および川中においてなお強い競争力を維持していたことがわかる。すなわち，スマートフォンの完成品販売では Apple とサムスンが圧倒的なシェアを誇っているが，**図表4-5** に見るように，それらの製品に使用されている部品や材料の多くは日本メーカーが提供しているのである[9]。例えば，2011年のデータ（**図表4-5**）によれば，村田製作所はスマホ内部の基盤に並ぶ電子部品に電気を素早く供給する蓄電部品「積層セラミックコンデンサー（MLCC）」の35％，電波から必要な信号だけ取り出す「SAW（表面弾性波）フィルター」の約40％，無線LANモジュールの約50％の世界首位シェアを誇っている。旭化成はスマホ

図表4-4　情報家電産業の川上―川中―川下の状況

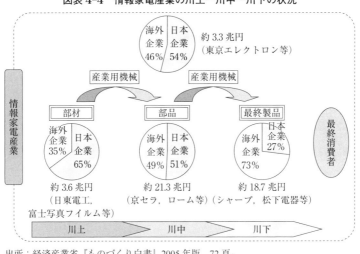

出所：経済産業省『ものづくり白書』2005年版，72頁。

が向いている方向を割り出す「電子コンパス」という部品で80％以上のシェアを持つ。京セラは電子の目にあたるCMOSセンサーなどの半導体と基盤をつなぐ台座となる「セラミックパッケージ」で70％以上のシェアを持つ。タツタ電線はプリント基板に貼って電磁波対策を施すための「電磁波シールドフィルム」で80％強のシェアを持つ。実はAppleのiPhoneもサムスンのギャラクシーも日本の部材メーカーや装置メーカーが支えてきたといえよう。

　しかし，別の見方をすれば，日本の最終製品のセットメーカーが国際競争力を失ったので，川上，川中に位置する日本企業はAppleやサムスンに依存せざるを得なくなったともいえる。また，日本の部材メーカーの彼らに対する交渉力はそれほど強くないと推察される。なぜならば，各々の部材のシェアは高くても，インテルのCPUのような代替が効かない基幹部品といえるものではないからである。さらに，巨大化した製造受託企業（OEM／ODM）も日本の部材メーカーに対して大きな交渉力を持つようになったと言われている。

　実際のところ，2020年発売のiPhone12の構成部品を「金額ベースのシェ

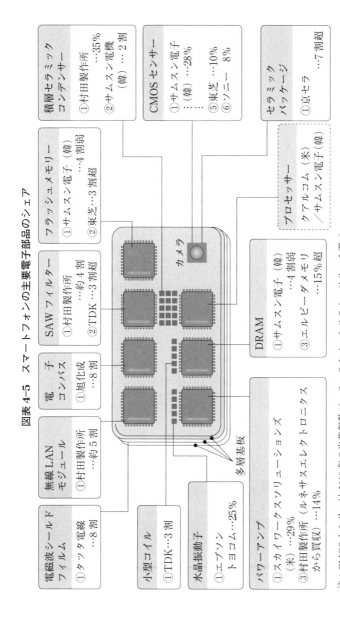

図表 4-5　スマートフォンの主要電子部品のシェア

電磁波シールドフィルム
①タツタ電線
　…8 割

無線 LAN モジュール
①村田製作所
　…約 5 割

電子コンパス
①旭化成
　…8 割

SAW フィルター
①村田製作所…約 4 割
②TDK…3 割超

フラッシュメモリー
①サムスン電子（韓）
　　　　…4 割弱
②東芝…3 割超

積層セラミックコンデンサー
①村田製作所
　　　　…35%
②サムスン電機
　（韓）…2 割

CMOS センサー
①サムスン電子
　（韓）…28%
　　：
⑤東芝…10%
⑥ソニー　8%

セラミックパッケージ
①京セラ…7 割超

プロセッサー
クアルコム（米）
／サムスン電子（韓）

DRAM
①サムスン電子（韓）
　　　　…4 割弱
③エルピーダメモリ
　　　　…15%超

小型コイル
①TDK…3 割

水晶振動子
①エプソン
　トヨコム…25%

パワーアンプ
①スカイワークスソリューションズ
　（米）…29%
③村田製作所（ルネサスエレクトロニクス
　から買収）…14%

カメラ

多層基板

注：CMOS センサーは 2010 年の出荷個数ベース。テクノ・システム・リサーチ調べ。
出所：日本経済新聞（2011 年 9 月 24 日）。

図表 4-6　iPhone12 の構成部品の国・地域別比較

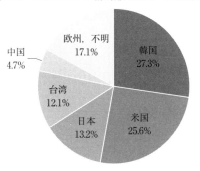

注：iPhone12 の原価（373 ドル）に占める
　　各国部品の割合。
出所：日本経済新聞電子版（2020 年 11 月
　　21 日）。

ア」で見ると，国・地域別（**図表 4-6**）では，韓国製が 27.3％，米国製が
25.6％，日本製が 13.2％となっており，iPhone11 と比べ，韓国製は 9.1 ポイ
ント上昇し日本製は 0.2％下がっている。韓国製の高価格部品の有機 EL パ
ネルが採用されたからである。ちなみに，採用されたサムスンの有機 EL パ
ネルは 1 台当たり 70 ドル，ソニーの CMOS（カメラ部品）は 7.4 ～ 7.9 ド
ルと推定されており，日本製のコンデンサー類は数社のものを合わせても数
ドル程度と推定されている[10]（**図表 4-7**）。

　これまで国際競争力があると言われてきた日本の部材メーカーも，今後は
よりしたたかな事業戦略の構築を目指さなければグローバルなサプライヤー
としての地位は決して安泰ではないであろう。そのグローバルな地位を維持
していくためには，業界のブレークスルーとなる画期的な新技術・新製品と
その効率的な製造方法の絶えざる開発投資が求められよう。

　ちなみに，今や韓国勢の後塵をはいしている有機 EL ディスプレイでは，
日本の JOLED（パナソニックとソニーの有機 EL 事業統合）は画期的な印
刷方式による 4K 有機 EL ディスプレイの量産化技術の開発に成功してお
り，その成果が期待されていた[11]。ところが，JOLED は 2023 年 3 月 27 日
に民事再生手続きを申請し事実上破綻してしまった（詳しくは【コラム 4】
参照）。

図表 4-7　iPhone12 の構成部品のメーカー別比較

部品名	メーカー名 (国・地域名)	推定価格
メイン半導体	アップル（米国）	40 ドル
DRAM	SK ハイニックス（韓国）	12.8 ドル
フラッシュメモリー	サムスン電子（韓国）	19.2 ドル
有機 EL	サムスンディスプレー（韓国）	70 ドル
CMOS（カメラ部品）	ソニー（日本）	7.4 ～ 7.9 ドル
コンデンサーなど	村田製作所（日本），太陽誘電（日本）	合計数ドル程度

出所：日本経済新聞電子版（2020 年 11 月 21 日）。

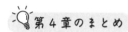 第 4 章のまとめ

① ビジネス・アーキテクチャの分類

　第 3 章で見たように，ポーターの 5 つの競争要因を応用すれば当該の業界が全体としてどの程度の競争の脅威を受けているかについておよそのことがつかめる。しかし，同一業界での個別企業間や企業グループ間の差異はつかみにくい。そこに製品・工程のアーキテクチャ（基本的設計構想）という概念を導入することで個別企業間や企業グループ間の差異が見えてくることが多い。

　その 1 つの代表的な分け方として，モジュラー型とインテグラル型がある。もう 1 つの分け方として，複数企業間の連携関係がオープン（開放的）型であるか，クローズド（閉鎖的）型であるかという基準がある。これらを組み合わせたマトリックスによって，クローズド／インテグラル型，クローズド／モジュラー型，オープン／モジュラー型という 3 つの主要アーキテクチャが識別される。

② 日・米企業の基本的なビジネス・タイポロジーの相違

　総じていえば，日本企業の多くは伝統的に「擦り合わせ型」の「クローズド／インテグラル型」製品で高い競争力を維持してきた。日系自動車メーカーの国際競争力が強いのはこの「クローズド／インテグラル型」を維

持できたからであろう。しかし，日本の家電，PC メーカーなどが大きな転機を迎えたことはすでに前章で見てきたとおりである。産業のオープン・モジュラー化の流れがこの日本企業の「クローズド／インテグラル型」の強みを削いでしまったといっていいであろう。他方，米国企業の多くは製品企画をはじめとするビジネス企画とマーケティングを得意とし，もの作りは自社の枠を越えた「寄せ集め設計」の「オープン／モジュラー型」製品で強い競争力を発揮してきた。米国の PC メーカーがその典型である。

③　日本の情報家電企業はグローバル・サプライヤーとして生き残るか？

　産業のセクターを分析単位とすると，日本の製造企業の国際競争力はもはや川下の最終製品よりも川中の部品，川上の部材にあることがわかる。今日，川下のセットメーカーが大苦戦を強いられていることはすでに見てきたとおりである。しかし，川中の部品と製造装置，そして川上のハイテク素材はまだ健在であると言われてきた。だが，近年では日本の部材メーカーも，そのグローバルなサプライヤーとしての地位は決して安泰ではなく，今後はよりしたたかな事業戦略の構築を目指さなければならない。そのグローバルな地位を確保していくためには，業界のブレークスルーとなる画期的な新技術・新製品とその効率的な製造方法の絶えざる開発投資が求められよう。

【注】

1　藤本隆宏・武石彰・青島矢一編［2001］『ビジネス・アーキテクチャ』有斐閣。藤本隆宏［2003］『能力構築競争』中公新書。
2　中村末広［2004］『ソニー中村研究所 経営は1・10・100』日本経済新聞社。
3　シー，スタン［1998］『エイサー電脳の挑戦』経済界。台湾エイサーのスタン・シー会長がこの図を描いたところ，社員が会社の方針が理解しやすく，喜んだので「スマイル・カーブ」と名付けたと言われている。
4　安室憲一［2003］『徹底検証　中国企業の競争力―「世界の工場」のビジネスモ

デル』日本経済新聞社。

5 QCD とは，品質（Quality），コスト（Cost），納期（Delivery）の頭文字をとっ
た用語である。製造業において不可欠な 3 要素。

6 世界の所得別人口構成ピラミッドでは最下層に位置付けられ，1 人当たり年間
所得が購買力平価で 3000 米ドル程度以下の低所得貧困層を指す。

7 情報家電とは，家庭電化製品のうち，インターネットやパソコンに接続する機
能を持つもの。インターネット家電ともいう。『IT 用語がわかる辞典』講談社。

8 経済産業省『ものづくり白書』2005 年版，72 頁。

9 日本経済新聞（2011 年 9 月 24 日）。

10 日本経済新聞電子版「iPhone12 分解してみた　韓国勢部品シェア躍進、日本と
差」https://www.nikkei.com/article/DGXMZO66514850Q0A121C2EA5000/（最終
アクセス 2020 年 11 月 21 日）。

11 これは有機 EL 製造を従来の蒸着方式から印刷方式に変えて発光素材を塗布す
る技術であり，大幅なコスト削減と多品種対応を可能にするものである。ただ
し，JOLED はすでに中国の TCL との資本業務提携を発表しており，技術流出
も懸念される（日本経済新聞電子版「JOLED、中国 TCL と資本提携」https://
www.nikkei.com/nkd/company/article/?DisplayType=1&ba=3&ng=DGKKZO6057
9590Z10C20A6FFN000&scode=6752 最終アクセス 2020 年 6 月 20 日）。こうし
た画期的技術については開発と流出防止策が同時に熟慮されなければならない
であろう。また国による技術保護政策の強化も必要であろう。

Column 4-1

日本の有機 EL 事業は国策企業では救えない!?

　有機 EL 事業を展開していた日本企業は優れた技術を保有しながらもその事業化において後発の韓国企業に大幅な後れをとって，また中国企業にも押されて来た。そこで日本政府の主導でソニー，パナソニック，東芝，日立製作所などが事業統合を行って競争力のある国策企業として復活しようとした。しかし，残念ながら国策企業の設立という起死回生策は頓挫しつつある。

　2015 年にパナソニックとソニーの有機 EL 事業を統合して発足した JOLED（株式会社ジェイオーレッド）が 2023 年 3 月 27 日に民事再生手続きを申請し事実上破綻したことが報じられた。日本の有機 EL 事業は技術開発こそ先行したが事業化では韓国のサムスン電子と LG ディスプレイに後れをとってきた。JOLED は既存の蒸着方式に替えてコストパフォーマンスの高い印刷方式という画期的な製造技術をもとに巻き返しを図るべく設立された。本書でもそれが日本の国策企業の 1 つとして大きな期待がかけられていたことを紹介した。だが，本書脱稿の前にその事業が頓挫したことがわかった。

　従来の製造方法である蒸着方式と比べ，印刷方式は生産コストを約 3 割削減できるとしていた。JOLED は 2017 年に製品化に成功し，2019 年には石川県能美市に生産工場を立ち上げたが，新型コロナ禍の影響もあり本格稼働が遅れて量産が始まったのは 2021 年になってからであった。JOLED に 56.8％出資する官民ファンド INCJ（旧産業革新機構）の勝又幹英社長は記者会見で次のように敗戦の弁を述べている。「世界に冠たる技術を製品化する段階まではできた。量産化のステージでは，2019 年頃はオントラック（順調）だった。量産を開始して，これを受注に結びつけ，出荷するという量産立ち上げに伴う操業上の課題の克服に時間がかかった。そこからのさらなる成長を INCJ の力で達成できなかった」と。実は，量産開始後にも生産状態が安定せず不良品率が高く製品単価も下がらなかったとの報道がある。量産化の生産体制がまだ確立していなかったといっていいであろう。新技術による製造の量産化ステージが直線的に進まず足踏みすることは決して珍しいことではなかろう。もう少し我慢することはできなかったのかとも思われるが，INCJ は関係者からこれ以上の追加出資が望めないと

いう判断をしたとのことである。JOLED は石川県と千葉県の工場の閉鎖に伴って，製造・販売部門の約 280 人を解雇し，技術・開発部門の約 100 人は JDI（株式会社ジャパンディスプレイ，2012 年，国の産業革新投資機構（JIC）主導でソニー，東芝，日立製作所のディスプレイ事業統合により設立された国策企業）が継承することになった。

　ショッキングなニュースはこれだけではなかった。そのすぐ後，2023 年 4 月 10 日には JDI までもが中国の大手ディスプレイ企業の恵科電子（HKC）との戦略提携を行い先端の生産技術を供与して中国で工場建設を行うことを発表したのである。JDI は有機 EL の幅広い先端技術を有しているが，設備投資の余力がなく大量生産によるコスト競争力を持つに至っておらず，9 期連続で最終赤字に陥っている。この提携発表の翌日に西村康稔経済産業相が先端技術流出に懸念を表明し，技術の適切な管理を要請した。だが，JDI はすでに前年 6 月の技術説明会にて同社が有するコア技術をオープンにしてパートナー企業とのアライアンスを進めていく方針を明言しており，政府の要請は遅きに失したようである。

　「技術で優っていても事業で負ける」といったことは過去 30 年間の日本のエレクトロニクス産業で少なからず見られた現象であった。戦略的な国際経営・マーケティングの視点からは，独自の新技術開発が世界の市場動向や競争環境に適合することが必須であることを改めて指摘しうるが，有機 EL 市場での競争においても日本企業の技術開発努力への偏重の弊害が見られるように思われる。技術革新のスピードが速い分野においては，技術的に先頭を走ることだけではなく，いち早く製品を市場導入して迅速に投資回収を行って，次の潤沢な投資余力を保有することが必要である。これまでの液晶，有機 EL パネルのどちらにおいても，韓国・台湾・中国勢は技術的に先行する日本企業と比べ遅れて市場参入したが，確立した技術と最新設備へのアクセスといった後発企業の優位性を享受しただけでなく，国家による手厚い支援もあり巨額の投資を継続することで日本企業を短期間のうちに抜き去っていった。その間に蓄えられた彼らの投資余力は豊富にあり，有機 EL パネル生産でも巨額の先行投資によって量産体制を確立し製品コストの引き下げに成功している。そして，彼らの市場開拓も日本企業と比べてスピーディーであった。

　JOLED と JDI のケースとも，ディスプレイ産業における日本企業の起死回生

を狙った戦略であった。しかし，その産業政策が国家戦略とりわけ経済安全保障政策も絡めたより明確で徹底したものでなかったことから，道半ばで頓挫してしまったように思われる。企業は，国の産業政策が曖昧なものであれば最後はグローバルな市場ルールに従うだけであろう。JDI が新技術のオープン化によるライセンス・ビジネスで生き残りを図ろうとしていることは企業経営的には理解できなくもない。市場と企業活動のグローバリゼーションに伴う企業益と国益の乖離現象の 1 つに過ぎないのである。JOLED の経営破綻と JDI の中国企業への技術供与の問題は，日の丸産業救済的な意味を持つ国策企業の設立とその支援策に抜本的な見直しが迫られていることを示唆している。

【コラム 4-1　参考文献】

北原洋明「オープン戦略に舵を切った JDI の 6 つの柱」（2022 年 6 月 24 日）https://news.mynavi.jp/techplus/article/20220624-2376643/（最終アクセス 2023 年 4 月 22 日）

産経新聞「JDI が中国企業と提携　生産技術供与」（2023 年 4 月 10 日）https://www.sankei.com/article/20230410-Y3EJ76HKWJLQPILUINMPNXPREI/（最終アクセス 2023 年 4 月 22 日）

時事ドットコムニュース「西村経産相，技術流出に懸念　JDI と中国大手の提携」（2023 年 4 月 11 日）https://www.jiji.com/jc/article?k=2023041100386&g=eco（最終アクセス 2023 年 4 月 22 日）

日本経済新聞電子版「JOLED，民事再生法申請　ソニーとパナの有機 EL 統合会社」（2023 年 3 月 27 日）https://www.nikkei.com/article/DGXZQOUC277RY0X20C23A3000000/（最終アクセス 2023 年 4 月 22 日）

日本経済新聞電子版「JOLED 破綻，日の丸ディスプレー阻んだ技術・市場・投資」（2023 年 3 月 28 日）https://www.nikkei.com/article/DGXZQOUC27A490X20C23A3000000/（最終アクセス 2023 年 4 月 22 日）

日本経済新聞電子版「JDI，次世代有機 EL で中国大手と提携大型パネル量産」（2023 年 4 月 10 日）https://www.nikkei.com/article/DGXZQOUC100OK0Q3A410C2000000/（最終アクセス 2023 年 4 月 22 日）

ニュースイッチ，日刊工業新聞「JDI が中国ディスプレーメーカーと提携，次世代有機 EL 事業の行方」（2023 年 4 月 12 日）https://newswitch.jp/p/36578（最終アクセス 2023 年 4 月 22 日）

ロイター「JDI，中国のディスプレーメーカー HKC と事業提携　将来的に『資本提携も』」（2023 年 4 月 10 日）https://jp.reuters.com/article/jdi-hkc-idJPKBN2W700D（最終アクセス 2023 年 4 月 22 日）

第5章

持続的競争力のある企業の条件

1 資源ベース論の示唆

　一般に同業界における個別企業の持続的な競争力の差異を説明する分析枠組みとして，バーニーら[1]の VRIO 分析が有効であると考えられている。

　すなわち，V は Value（価値）のことで，その企業の有形無形の経営資源およびそれに基づく市場提供物の経済価値が十分に大きいことを意味する。

　R は Rarity（希少性）であり，その価値ある経営資源が希少性を持つことである。そうした経営資源に基づく市場提供物と類似した製品やサービスの提供者がいないか，いてもごく少数であることを意味する。

　I は Inimitability（模倣困難性）であり，その企業が持つ経営資源，製品やサービス，ビジネスモデルが他社によって模倣されにくいということである。もし模倣しようとするとそれに多大なコストがかかることを意味する。

　O は Organization（組織）のことで，価値があり，希少性があり，模倣コストの大きい経営資源を活用するための組織力が伴っていなければならないことを意味する。

　これらの4つの条件が揃えばその企業には持続的な競争優位があると判断される。もちろん，市場や技術は動態的に変化するので現在の4つの条件充足が将来の成功を保証するものではなく，後で検討するようなダイナミックな変化対応能力が必要である。

2 企業のビジネスモデル選択

　先述のように，パソコン業界や情報家電業界を見ると，最終製品のセットメーカーと部材メーカーとでは日本メーカーのポジションや国際的な競争関係が大きく異なっている。

　ここでは1990年代にモジュラー化が大きく進展したパソコン業界の2000年代初期の頃のセットメーカー各社によるビジネスモデルの選択とその後の展開の特徴を見ておこう。

　1990年代後半の大きな特徴の1つはデルが躍進したことである。デルは従来の卸や小売店舗を通さずに顧客への直販（ないしダイレクトマーケティング）と，最新の部品ではなく時間の経過とともに低廉化した部品（多くは型落ち部品）の大量購入と高度なサプライチェーン・マネジメントによる低コストを実現し，また顧客ニーズに合わせてカスタマイズされた製品を提供することで大きく成長した。

　これは革新的なビジネスモデルであったことからコンパックとIBMを2強とする業界地図を塗り替えるほどのインパクトを持った。2強の業界リーダーたちが技術的にこのビジネスモデルを模倣することは部分的には可能であったと考えられるが，新しいビジネスモデルに大きく移行することは困難であった。従来の流通業者および顧客との関係維持の必要性（しがらみ）や技術的なプライドの高さがそれを抑制したと考えられる。デルは新興企業であるがゆえに過去のしがらみにとらわれることなく革新的ビジネスモデルを構築できたのである。**図表5-1** に示されているように，デルは川中の組立はOEMに委託して，主として川下の販売・サービス段階でのビジネス・イノベーションを起こしたといえよう。

　デルとまったく対照的な動きを見せたのはIBMである。彼らは川上の研究開発で圧倒的な強みを持ち，川下のサービス・保全にも優位性を持っていた。しかし，パソコン事業部は次第に収益を上げにくくなっており，2004年に中国のパソコン最大手のレノボ・グループ（聯想集団）にパソコン事業を売却した。IBMは自らの強みを最大限活かして企業顧客の個別の問題解

図表 5-1　パソコン業界の代表的なビジネスモデル（2000 年代初期の頃）

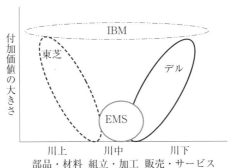

出所：筆者作成。

決ニーズに合わせた開発とサービス提供を軸とする「ソリューション・ビジネス」に特化した。**図表 5-1** ではこれを川上と川下の付加価値の高い部分だけを結んだ楕円で表している。

　東芝は 1990 年代にはポータブル PC の開発者として世界的な評価を受けてノート PC の世界のトップシェアをとっていたが，デルに急速に追い上げられ，ついに 2001 年に追い越されてしまった。川上の基盤設計や川中の実装技術などでは非常に高い評価を得ていたが，デルのビジネスモデルと比較すると高コスト体質であった。生産拠点の中国への移転やサプライチェーンの効率化にも取り組んだが，パソコンのコモディティ化の流れの中で苦戦を強いられて生産・販売台数シェアを下げ続けた。そしてついに，東芝は 2020 年までにすべての PC 事業株をシャープ（2016 年より台湾のホンハイ傘下）に売却して完全撤退している。

　なお，**図表 5-2** は，2000 年代以降のパソコン業界の展開，特に OEM ／ ODM の大拡張の様子を描いている。2001 年に HP はコンパックを買収することで規模を急拡大し，しばらくの間，デルとのシェア争いを演じていたが 2006 年以来トップの地位を確保しデルとの差を広げている。HP は規模の経済を獲得しただけではなく，非常に高度な SCM（サプライチェーン・マネジメント）を展開し，また，プリンター市場における支配的地位の獲得も功を奏して，PC メーカーのトップの地位を保っていた。しかし，2013 年

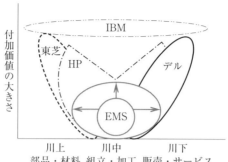

図表 5-2　EMS の大拡張（その後のパソコン業界の展開）

出所：筆者作成。

に中国のレノボが首位を奪い現在まで一貫してトップシェアを誇っている。

　他方，1990 年代における興味深い業界構造の変化には OEM（製造受託）企業，ODM（委託先設計による製造）企業の発展があった。台湾の廣達電脳（Quanta Computer はデル，HP，IBM，Apple，ゲートウェイ，シーメンス，日立などのノート PC の委託先），仁寶電脳（Compal Electronics はデル，HP 等の委託先），エイサー／緯創資通（Acer/Wistron は IBM，日立等の委託先。緯創は 2001 年に製造受託専門としてエイサーから分離）などの目覚ましい成長が見られた。彼らの発展を技術的に可能としたのはインテルによる CPU と PC 開発用の最新チップセットの外販であった。また，日本から大量に輸入された電子部品実装機と日本の PC メーカーによる生産技術指導も重要な要因であった。もちろん，それらを駆使しながら台湾企業がつけ加えた優位性も重要であり，特に設計作業のスピードの速さ，量産能力の高さ，発注企業が求める生産・流通過程での厳しいスケジュールへの対応能力の高さが特筆される[2]。さらに，台湾の投資政策（自動化設備投資などへの優遇税制）も OEM ／ ODM ビジネスの発展を支えた大きな要因の 1 つであった[3]。

　その結果，2003 年には世界のノート PC 生産の約 7 割を台湾企業が占めるに至っている。特に廣達電脳の成長は驚異的であり，同年には 1 社で世界のノート PC の 27％（968 万台）を供給するまでに至っている[4]。ちなみに，

2000年初頭におけるHPとデルはパソコン生産の100%をOEM／ODMに委託しており，中でも台湾企業にそれぞれ約9割を依存していた[5]。こうして見ると，1990年代後半以降におけるデル，HP，IBMの激しい競争を裏舞台で支えていたのは，実はその多くが台湾系のOEM／ODM企業群であったことがわかる。

　日本のPCメーカーも台湾ODMを活用したが，デルやHPはより積極的に，したたかに彼らを活用してきた。日系PCメーカーは自社の生産ノウハウを台湾のODMサプライヤーに供給していたので専属的な取引関係を求める傾向が強かった。他方，発注規模が桁違いに大きいデルやHPなどは複数のODM企業に発注することで，ODM間の競争環境を構築しながら大きなコスト優位と共にさまざまなビジネス交渉上の優位を獲得した。例えば，電子部品の発注権の確保，ODM企業側に部品の中間在庫負担をさせるVMI（Vender Managed Inventory[6]）の利用，ODM企業によるサービス提供範囲の拡大などを獲得したのである[7]。

❸ ダイナミック・ケイパビリティが求められる

　前述のように，1990年代に革新的なビジネスモデルで破竹の勢いで世界シェアを伸ばしてきたデルも2005年には成長がピークアウトしている。2007年以降，コンパックを買収したHPがパソコン市場の首位に君臨したが，HPやデルの地位は決して安泰なものではなかった。既述のように，2013年にはレノボが世界シェアトップに躍り出て現在に至っている。また，すでに2012年にはタブレット端末（AppleのiPadがその代表）を含めるとAppleが新しいリーディングカンパニーとして躍り出てきた。従来のPC（デスクトップ，ノートブック，ネットブック）とタブレット端末を1つの市場と捉えている英調査会社Canalysによると，2012年第2四半期の世界出荷台数は1億870万台であり，Appleが同年第1四半期に首位であったHPを抜いてトップとなった（1位Apple19.4%，2位HP12.5%，3位レノボ12.1%，4位エイサー9.8%，5位デル8.9%）[8]。同期のタブレット端末は前年同期比75%増の2400万台で全出荷台数の22%を占めた。直近の2021年

のデータでは，レノボ20.0%，Apple18.0%，HP14.8%，デル11.9%となっている[9]。

今後の予測をすることは難しいが，タブレット端末を含めたPC市場におけるリーディングカンパニーのApple以外にも，Googleのアンドロイド搭載のタブレット端末，マイクロソフトのOS搭載機などが健闘しており競争の一層の激化が起こるであろう。

上述のPC関連業界に見るような，激しく変化する技術と市場において企業に求められるのは，ダイナミックな組織能力（ダイナミック・ケイパビリティ）である。企業は価値を生み，希少性があり，模倣困難な経営資源とそれを運用する組織能力を備えなければならないが，近年では，それに加えて，ダイナミック・ケイパビリティを持たなければならないことが強調される。

ティース[10]は，持続的競争優位には独自の複製困難なダイナミック・ケイパビリティが必要であると説いている。ダイナミック・ケイパビリティとは，「急激に変化する環境に対応するために内的，外的な競争力を構築，統合，再配置する能力のこと」[11]である。ダイナミック・ケイパビリティの構成要素は，①機会・脅威を感知・形成する能力（センシング：社内外のR&Dの探索と活用，市場機会の把握など），②機会を活かす能力（シージング：カスタマーソリューション，ビジネスモデルの構築など），③企業の有形・無形資産を向上させ，結合・保護し，必要時には再構成することで競争力を維持する能力（リ・コンフィギュレーション）という3つの能力に分解しうる。

グローバルな激しい競争下にある経営においてダイナミック・ケイパビリティが重要であることは疑う余地のないところである。特に，技術変化と市場変化が激しく，モジュラー化，オープン・エコノミー化が進展した産業での経営においては，まさにグローバルな観点からのセンシング，シージング，リ・コンフィギュレーションが必要となる。グローバルレベルでのダイナミック・ケイパビリティの獲得は容易ではないであろう。だが，その重要性を認識し，それを組織能力として埋め込むことに成功した企業は長期的にその競争優位を持続させる可能性が増すと考えられる。

　本章で検討したような PC 関連領域において，今後，どの企業がダイナミック・ケイパビリティを発揮して，持続的な競争優位を獲得することになるのか，それともコモディティ化が進んで業界の魅力度が低下してしまうのか。これからも目が離せないであろう。

第5章のまとめ

①　資源ベース論

　前章でのポーターの5つの競争要因分析は，産業組織要因に注目した産業レベルでの競争力分析であった。それは同業界における個別企業レベルの競争力の違いを説明するものではなかった。本章での，資源ベース論は同業界における個別企業レベルの持続的な競争力の差異を説明する有効な分析枠組みである。バーニーらの VRIO 分析がその代表である。VRIO の V は Value（価値）のことで，その企業の有形無形の経営資源およびそれに基づく市場提供物の経済価値が十分に大きいことを意味する。R は Rarity（希少性）であり，その価値ある経営資源が希少性を持つことである。そうした経営資源に基づく市場提供物と類似した製品やサービスの提供者がいないか，いてもごく少数であることを意味する。I は Inimitability（模倣困難性）であり，その企業が持つ経営資源，製品やサービス，ビジネスモデルが他社によって模倣されにくいということである。もし模倣しようとするとそれに多大なコストがかかることを意味する。O は Organization（組織）のことで，価値があり，希少性があり，模倣コストの大きい経営資源を活用するための組織力が伴っていなければならないことを意味する。これらの4つの条件が揃えばその企業には持続的な競争優位があると判断される。これらの諸要件の達成の度合いは個別企業によって，要件ごとに，またそれらの組み合わせによっても異なっている。したがって個別企業レベルの競争力の差異を説明しうることになる。

②　企業のビジネスモデル選択

　これまで見てきたように，個別企業の競争力は，それが属する業界の構

造と個別企業が有する経営資源とその活用能力に依存するが，もう1つ，個別企業のビジネスモデルの選択にも大きく依存する。PC業界の事例では，デルが新しいビジネスモデル（低コストでカスタマイズされた，ダイレクトマーケティング）で同業界に風穴を開けた。IBMは，それと対照的に自らの強みを最大限活かして企業顧客の個別の問題解決ニーズに合わせた開発とサービス提供を軸とする付加価値の高いソリューション・ビジネスに特化した。他方，東芝はノート型で高度技術を誇っていたが高コスト体質であり，デルのビジネスモデルやその後の中国レノボなどの低コストモデルに大苦戦を強いられた。

③ ダイナミック・ケイパビリティ

　市場や技術は動態的に変化するので，現在のVRIOの4つの条件充足が将来の成功を保証するものではない。PC業界のような激しく変化する技術と市場において企業に求められるのは，ダイナミックな組織能力（ダイナミック・ケイパビリティ）である。ダイナミック・ケイパビリティとは，「急激に変化する環境に対応するために内的，外的な競争力を構築，統合，再配置する能力のこと」である。ダイナミック・ケイパビリティの構成要素は，①機会・脅威を感知・形成する能力（センシング），②機会を活かす能力（シージング），③企業の有形・無形資産を向上させ，結合・保護し，必要時には再構成することで競争力を維持する能力（リ・コンフィギュレーション）という3つの能力に分解しうる。今日のように，モジュラー化，オープン・エコノミー化がグローバルに進展した産業では，グローバルな観点からのダイナミック・ケイパビリティの確保が不可欠となる。

【注】

1　バーニー，ジェイ・B（岡田正大訳）［2003］『企業戦略論—競争優位の構築と持続—基本編』ダイヤモンド社。

2　川上桃子 [2004]「台湾パーソナル・コンピュータ産業の成長要因─ODM 受注者としての優位性の所在」今井健一・川上桃子編『東アジア情報機器産業の発展プロセス』アジア経済研究所，第 1 章所収。

3　立本博文 [2007]「1990 年代にエレクトロニクス産業に新モデルを提示した台湾─プラットフォームビジネスを支える ODM ビジネス」『赤門マネジメント・レビュー』第 6 巻第 10 号。

4　川上 [2004] 前掲書。

5　川上 [2004] 前掲書。現在でも Apple の iPhone の生産のほぼ全量を台湾企業（ホンハイ，ペガトロン）が担っており，サーバーも世界の 9 割は台湾勢（ホンハイ，コンパルなど）が作り，パソコンも 8 割強を台湾勢が（クアンタ，コンパルなど），半導体も 6 割強を台湾勢（TSMC，UMC）が作っている。日本経済新聞電子版「世界の PC・スマホ生産担う台湾，部品不足で作れず」（2021 年 5 月 18 日）https://www.nikkei.com/article/DGXZQOGM12CTH0S1A510C2000000/（最終アクセス 2023 年 11 月 25 日）

6　「納入業者在庫管理方式」のこと。顧客の在庫情報，出荷・販売情報を納入業者と共有し，納入業者側が在庫管理・補充を行う方式。

7　立本 [2007]。

8　Canalys "Press release, 31 July 2012."

9　Canalys "Half a billion PCs and tablets shipped worldwide in 2021," https://www.canalys.com/newsroom/worldwide-PC-shipments-2021（最終アクセス 2023 年 8 月 1 日）

10　Teece, D.J., G. Pisano and A. Shuen [1997] Dynamic capabilities and strategic management, *Strategic Management Journal*, 18（7），pp.509-533., Teece, D. J. [2007] Explicating Dynamic Capabilities of（Sustainable）Enterprise Performance, *Strategic Management Journal*, 28（13）.（渡部直樹訳「ダイナミックケイパビリティの解明」渡部直樹編著『ケイパビリティの組織論・戦略論』中央経済社，第 1 章所収。）

11　Teece, et al. [1997] 前掲稿，p.516.

デルと HP は大胆な自己改革に生き残りをかけた

　起業家マイケル・デル氏は 1984 年にテキサス大学の寮でコンピュータ事業を立ち上げて以来今年で満 40 年となる。デル氏は受注生産したパソコンを顧客に直送するモデルで躍進を遂げ，1988 年には NASDAQ に上場し，社名をデル・コンピュータとした。2001 年にはパソコンの世界シェアで首位となった。デルの強みは巧みなサプライチェーン管理にあった。だが，パソコンは次第にコモディティ化して，またライバル企業もデルの効率的なサプライチェーンをまねたので競争優位は薄れていった。スマートフォンも普及期を迎えつつあった。

　そして，2005 年にはデルのパソコンの世界シェアはピークアウトしている。2007 年にデル氏は「直販は革新的だが，宗教ではない」というメールを世界の従業員に送ったという。その頃，店頭販売を始めるなど軌道修正に乗り出すも，そのまま勢いを失った。

　しかし，デル氏はしぶとかった。デル株を買取り非公開化して再起を図った。目先の利益にこだわる株主から逃れ，巨額買収の道を開くためであった。デルはストレージ大手の EMC と仮想化ソフト大手の VMware（ヴイエムウェア）などを買収・統合して，パソコンに頼らずサーバー，ストレージ，クラウド，セキュリティを幅広く扱う会社に "変態（transform）" して，2018 年にはデル・テクノロジーズとして再び上場している。

　さらに，デル氏はこの先もさらなる "変態" を厭わない経営姿勢を示している。同氏はすでに AI 社会のインフラに照準を合わせているようである。同氏曰く「産業革命はモーターと電力，情報の時代にはインターネットが基礎的技術であった。これからは人工知能（AI）だ。使いこなす人間の生産性は 10 ～ 20% 上がる」。「AI にはデータが必要で，データはストレージに保存する。AI には先進的な計算能力が欠かせず，サーバーがいる。われわれはそういうインフラを提供する」と。そして「真の変革とはゴールのないレースだ！」と。

　ちなみに，2021 年度のデル・テクノロジーズの売上高は約 1012 億ドルであり，事業構成は，法人向けパソコン 47.6%，サーバー 18.7%，ストレージ 17.2%，個人向けパソコン 16.6% となっている。

　ところで，デルの主要なライバルの HP はどのような進路をとったか。彼らも大きく変態して今日に至っている。だが，それはデルとは真逆ともいえる方向での変態であった。

　HP は 2015 年に PC・プリンター部門（HP Inc.）とエンタープライズ部門（Hewlett Packard Enterprise：HPE）の 2 社に分割された。HP Inc. は個人向け PC とプリンター事業を継承し，HPE は企業向けのシステム，サービス，ソフトウェア，クラウド事業を展開することになった。HP は分社化前には個人向け PC とプリンター事業と企業向けの諸事業との間の内部調整がほとんどできておらず，特に 2011 年の企業向けのインフラソフトメーカーの英 Autonomy の巨額買収の後にあっては 1 つの組織体として維持することが困難になったと言われている。HP は 2001 年のコンパックの吸収合併以降，2015 年の分社化に至るまでの間に，政策の相違や葛藤から CEO が 4 人も交代している。

　ちなみに，2021 年度の HP Inc. の世界全体での売上は約 635 億ドルで，内訳はパーソナルシステムズ（デスクトップ PC，ノート PC，ワークステーションなど）が 68.3%，プリンティングが 31.7% となっている。HPE の売上は約 278 億ドルで，その内訳はサーバー 43.3%，ストレージ 16.8%，金融サービス 12.2%，ネットワーク機器 11.8%，人工知能 10.9%，その他 4.9% である。

　いずれにせよ，激しく変化する時代のニーズ，市場機会と脅威を鋭く見抜き，リスクをとって大胆な自己改革を続けること以外に生き残る術はないのであろう。日本企業もそのようなダイナミック・ケイパビリティが問われているのである。

【コラム 5-1　参考文献】

＊デルの変遷については，日本経済新聞本社コメンテーターの村山恵一氏がマイケル・デル氏へのインタビューをもとに執筆したコラム「起業家デル氏，しぶとく 40 年　居場所を守る変身の経営」（日本経済新聞電子版 2023 年 3 月 3 日）を要約して引用した。https://www.nikkei.com/article/DGXZQOCD178JB0X10C23A2000000/（最終アクセス 2023 年 4 月 22 日）

ディールラボ（Deallab）社「デルの市場シェア・業績推移・売上構成・株価の分析」参照。https://deallab.info/tag/dell/（最終アクセス 2023 年 4 月 22 日）

ディールラボ社「HP の市場シェア・業績推移・売上構成・株価の分析」https://deallab.info/

tag/hp/（最終アクセス 2023 年 4 月 22 日）

村山恵一「デル再上場と退屈な会社」日本経済新聞（2018 年 8 月 10 日）https://www.
nikkei.com/article/DGXMZO34010960Z00C18A8TCR000/（最終アクセス 2023 年 8
月 3 日）

Column 5-2

ホンダとの協働事業に見るソニーのダイナミック・ケイパビリティ

　環境の変化を素早く察知し，自社の戦略や製品開発に適切に反映させて新たな事業の開拓をし続ける上で必要なダイナミック・ケイパビリティを存分に発揮する日本企業の登場に期待したい。

　例えば，ソニーはこれまでエレクトロニクス業界において世界市場で確固たる地位を築いてきた企業である。しかしながら，近年では特定分野においてはApple，サムスンなどの競合企業の勢いに押され気味である。

　このような状況の中，新たなビジネス環境の変化，すなわちEV化シフトを視野に，自動車が電気とソフトウェアで動く未来を予測し，その未来に向けて社外の経営資源と自社の資源の融合を目指すビジョンを掲げ，自動車産業という異業種事業への挑戦を試みるソニーに世間から大きな注目が集まっている。

　具体的な活動として，ホンダとのEVにおける協働事業の推進が挙げられる。ソニーは，ホンダとモビリティ分野における戦略的提携を実現させ，高付加価値のEV開発と販売，サービスの提供を行うべく，ソニー・ホンダモビリティ株式会社（Sony Honda Mobility Inc.）を設立させた。

　これまでソニーは創業時から継承されてきた「人命に関わる事業はやらない」という不文律を守り続けてきたが，このホンダとの合意はそれを超える可能性がある。その背景には，ソニーの本格的なEV事業への参画と自社の事業の革新と再構築への強い意思が働いている事だろう。ソニーのモビリティ市場への進出に対するその強い意思は，EVの試作機「VISION-S」の開発と公開で明らかにされた試作機の枠を超えたその完成度の高さにも表れていた。

　このソニーの本気の姿勢は自動車産業のみにとどまらず，世界の全産業に大きな衝撃を与えた。昨今の欧州や国連を起点としたカーボンニュートラル推進の波が日本を含めて世界に及んでいる中で，日本を代表するエレクトロニクス企業であるソニ　の，自社の伝統的な不文律を破ってまで求めた新たな自社の競争優位の構築に向けた今回の変革と実行の背景にはダイナミック・ケイパビリティがおおいに発揮されていることだろう。

【コラム 5-2　参考文献】

東洋経済 online「不文律を破って本腰を入れる自動車ビジネス」（2018 年 10 月 19 日）
　　https://toyokeizai.net/articles/-/566786（最終アクセス 2023 年 7 月 16 日）
本田技研工業株式会社 HP「ソニーと Honda，モビリティ事業を行う新会社「ソニー・ホンダ
　　モビリティ株式会社」の設立に関する合弁契約を締結」（2023 年 6 月 16 日）https://
　　global.honda/jp/news/2022/c220616.html（最終アクセス 2023 年 7 月 16 日）

第 **6** 章

国際マーケティング戦略の基本

1 グローバル・マーケティングから国際マーケティングへの回帰

　国境を越えて遂行されるのが国際マーケティングの特徴であるが，1980年代末まで世界経済の大部分を日米欧の先進諸国経済が占めており，トライアド・パワーすなわち世界経済の3極支配体制ができていた。1990年代に入り旧社会主義国が市場経済に本格参入して，エレクトロニクス産業をはじめさまざまな産業においてもモジュラー化が進み，ICTの飛躍的発展とあいまって，世界の経済構造，競争構造に大きな変化がもたらされてきたことはすでに見てきたとおりである。この時代に先進国経済の成熟化，成長の鈍化傾向がより顕著となり，1980年代末には発展著しいアジアNIES（台湾，韓国，香港，シンガポール）への関心が高まり，1990年代末から，とりわけ今世紀に入ってからはBRICs（ブラジル，ロシア，インド，中国）の市場開拓が先進国企業および発展途上国企業にとっての大きな課題とされてきた。BRICS（2011年より南アフリカ［S］が加わり5カ国の枠組みとなった）の発展と共に世界経済に占める日米欧経済の相対的な地位低下が見られ，世界は経済力のみならず，政治力も含めて多極化してきた。

　その間，企業と市場のグローバル化が進展し，国境をまたいで資金がほぼ自由に行き来するようになった。こうした金融市場に見られるようなグローバリゼーションが近い将来において製造業やサービス業の世界にまで拡張するものと多くの人々が信じてきた。各国の規制緩和も進んできた。たしかに，一部では雇用の不安定化，所得格差の拡大をもたらしている等の理由でグローバリゼーションへの反対運動もあったが，今世紀に入っても世界はお

おむね経済学のシカゴ学派が推奨するような新自由主義的なグローバリゼーションの方向に向かっていたといっていいであろう。

　ところが，世界の人々は 2008 年のリーマンショックを契機とする金融危機と大不況を経験し，またギリシャの財政破綻をはじめとする EU の経済危機を経験する中で，金融のグローバリゼーションを典型とするような新自由主義の先行きに大きな懐疑を持つようになった。各国は新たな金融規制の必要性について具体的な検討に入っているし，各国内の雇用問題や所得格差の拡大についても，「市場の失敗」を認めざるを得なくなっている。つまり，これまで自由主義国家の多くは政府による個人や市場への介入を最低限にして，ほとんどの経済調整機能を自由な市場メカニズムに任せて経済の効率化と発展を図ろうとしてきた。しかし，それが必ずしも理想的ではないことを再認識したのである。グローバリゼーションの流れの中で，多くの人々や企業は漠然としてではあるが，あたかも世界がいつかは均質的なフラットな世界になるという世界観を持ったのである。そして国際金融資本や多くの多国籍企業は自らの活動にとって都合がいいように各国の関係当局に対して一層の規制緩和を働きかけて可能な限りグローバリゼーションを推し進めようとしてきた。だが，新自由主義的なグローバリゼーションの推進は，国境を越える市場活動の自由度を高めたが，世界中での貧富の格差を著しく拡大し，先進国の中間所得層を没落させる圧力となった。EU の混乱，米国における保護主義台頭，英国の EU 離脱などの遠因もそこにあったと考えられる。他方，中国などの専制国家はグローバルな新自由主義体制をしたたかに利用して資本力と技術力を高めて軍拡を進めてきた。このように新自由主義は世界を不安定化し多極化する土台ともなったのである。

　そうした中，ハーバード大学のゲマワット教授は，「現実の世界」は，実際には部分的な市場統合と各国による市場規制とが併存している，「セミ・グローバルな世界」（World 3.0 とも呼ぶ）であると見る世界観を提示した。そこでは各国の国家主権や経済・社会・文化の独自性について改めて留意する必要があると共に，国際経営や国際マーケティングが国境を越えて遂行されることによる諸制約や諸機会についてより深く，そしてより戦略的に検討することの重要性を強調している[1]。有名な CAGE の距離（隔たり）の分析

がそれである。すなわち，各国・地域の文化的（Cultural），行政・制度的（Administrative），地理的（Geographic），経済的（Economic）な差異が与える影響と活用についての分析である。このような分析視点は，もともと国際経営論や国際マーケティング論の原点にあったものである。しかし，1990年代以降のグローバリゼーションの流れの中で，多くの企業や政財界が実際には国々のCAGEの差異や距離が依然として大きな問題であるにもかかわらず，それらを過小評価する傾向が強くなった。学界でも，この時期に国際経営論はグローバル経営論に，国際マーケティング論はグローバル・マーケティング論へと冠を変えられることが多くなった。

　ゲマワットの主張は，従来のグローバリズム幻想がCAGEの隔たりの軽視を生み，正しく現実を捉えることを阻害していることを示唆し，その弊害を乗り越えるための国際経営の枠組みを提案しているのである。まさにグローバル経営から国際経営へ，グローバル・マーケティングから国際マーケティングへの原点回帰の重要性を説いているのである。本章では，こうしたゲマワットによるセミ・グローバルな世界観に基づく企業の国際戦略を中心に学びたい。

2 現地適応化（Adaptation）

　ゲマワットによれば，現実のセミ・グローバルな世界への対応において，企業が検討するべき国際戦略には①現地適応化（Adaptation），②事業の集約化（Aggregation），③国ごとの差異をうまく活用する裁定戦略（Arbitrage）というAAA戦略がある。

　まず，現地適応化の問題であるが，これは国際マーケティングの基本的な問題の1つであり，本国でのマーケティング活動やその関連活動を現地市場に適応するようにどの程度修正を加えればよいかである。衣食住産業がその典型であるが，国別に文化，伝統，嗜好などが大きく異なる場合には，現地適応化が非常に重要な要素となる。他方，生産財やハイテク機器などは国別の差異はより少なく，国を越えた標準化，共通化が可能である場合が多い。もちろん，国際マーケティングの現地化または標準化といってもマーケティ

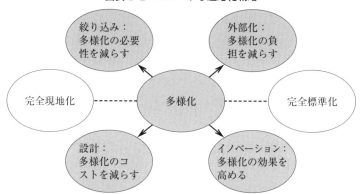

図表 6-1　スマートな適応化戦略

絞り込み：
多様化の必要
性を減らす

外部化：
多様化の負
担を減らす

完全現地化

多様化

完全標準化

設計：
多様化のコ
ストを減らす

イノベーション：
多様化の効果を
高める

出所：Ghemawat, P.［2007］*Redefining Global Strategy: Crossing Borders In A World Where Differences Still Matter*, Harvard Business Review Press.（望月衛訳［2009］『コークの味は国ごとに違うべきか』文藝春秋，179 頁。）

ングの諸要素のすべてを同じ方向に持っていくというのではなく，どちらにウェイトをかけるかの戦略的なバランスのとり方，ミックスの仕方の問題である。マーケティングの 4P のレベルの比較でいえば，一般的に，ブランドや製品（Product）の標準化のレベルが高く，価格（Price）や販売促進（Promotion），販売チャネル（Place）の現地適応化度がより高い傾向にある[2]。

　ゲマワットの立場は，各国・地域の文化的，行政・制度的，地理的，経済的な差異の重要性を再認識するべきというものであり，製品やサービスの国際的な標準化，共通化を行うことで経営効率を追求することよりも，むしろ現地市場への適応化戦略ないし多様化戦略の重要性をより強調することになる。しかし，さまざまな要素の市場適応化にはコストがかかる。そのコストを最小限に抑えながら，現地適応化の効果を最大限に引き出すというのがゲマワットの推奨する，より「スマートな適応化戦略」[3]である。

　図表 6-1 は，完全現地化と完全標準化の中間に位置付けられる，4 つの効率的ないし効果的な適応化戦略を表している[4]。

　第 1 に，適応化，多様化の必要性を減らす絞り込み戦略がある。すなわち，製品の絞り込み，地域的な絞り込み，垂直的な絞り込み，市場セグメン

トの絞り込みという戦略である。多様な製品サービスを国別や地域別に現地適応化することには多大なコストがかかる。そこでできるだけ製品を絞り込んだ上で，現地適応化を図るという戦略である。また，地理的な絞り込みも多様化の必要性を減らすのに有効である。自国の文化や価値基準と比較的に近い，限られた地域に焦点を当てて絞ることで，適応化，多様化の必要性を見極め，またそれを実行しやすくなるであろう。垂直的な絞り込みとは，垂直的なシステムのうちの特定の価値部分にビジネスを絞り込むことであり，例えば，完成品（レジャーボート）の輸出よりも，主要部品（そのエンジン）の輸出に事業を絞った方がビジネスを単純化できるという考え方である。市場セグメントの絞り込みとは，ターゲット顧客層の絞り込みであり，例えば，ディオールやアルマーニによる高所得者セグメント，ザラやH&Mによるファッション志向の強い中所得者セグメントへの絞り込みである。国家横断的にターゲット層を絞り込むことで，適応化の必要性を最小限にとどめることができる。

　第2に，事業の外部化戦略がある。これは意図的に事業を組織の外部に出すことで，適応化の際の内部的な負荷を軽減しようとする戦略である。外部化には，戦略的提携，フランチャイズ化，ユーザー側の適応とネットワーキングなどが含まれる。

　戦略的提携は，現地適応化や多様化に必要な現地知識，現地バリューチェーンへの接続，政界を含む現地コネクションを効率的に獲得し，適応への内部的負荷を軽減する補助ツールの1つとなる。フランチャイズ化も同様の効果を持つことが期待できる。

　ユーザー側の適応とネットワーキングとは，適応化や多様化にあたって，顧客や独立した第三者を巻き込む戦略である。より良い適応化を達成するために，ユーザー側に基本的な開発ガイドラインや開発キットを提供して，さまざまなユーザーの開発力，適応力を結集して利用する仕組みであり，ユーザー主導の開発とも呼ばれる。

　第3に，適応化，多様化のコストを減らす設計の工夫がある。そうした工夫には柔軟性，領域分割，規格化，モジュラー化が含まれる。

　ここでの柔軟性とは，異なる種類の製品を作ることに伴う固定費を抑制で

きる事業体制を意図的に構築するという考え方である。ゲマワットは，家電企業の例を挙げ，米国企業は1製品当たり100万台を生産することを目標とするような大規模垂直統合型の工場を持つことが多かったが，欧州のメーカーはより小規模で，工場の設計変更も比較的短期間で行われるような，規模よりも絶対的なコストの削減を重視してきたという。この点，日本の家電企業は，1990年代より大規模なベルトコンベアーを外して少人数の多能工から構成される多くの作業チームに分割したセル生産方式を生み出して，多様な製品ニーズや需要変動に柔軟に応えてきたことは特筆に値しよう。

領域分割とは，本社が持つシステムの統合部分と現地適応化部分との切り分けである。マクドナルドでは製品選択や広告キャンペーンの全体の約80％がグローバル・ルールに従い，20％が現地ルールに従っているという。こうすることで現地適応化の利点を活かしつつ全体としてのパフォーマンスを損なわないように工夫されているのである。

ここでの規格化とは，多様化コストを抑える規格化を意味しており，多様な製品やサービスを比較的少数の規格化された生産や流通のシステムによって提供することである。マクドナルドがメニューの拡充のために採用している一度に複数の料理を調理できる「コンビ・オーブン」等が事例として挙げられる。

モジュラー化とは，コンピュータ・システムをその典型とするような，「それぞれ独立に設計可能で，かつ，全体として統一的に機能するより小さなサブシステムによって複雑な製品や業務プロセスを構築することである」[5]。モジュラー化という設計の採用によって国際分業が進むので，部品コストが下がり，また，組み合わせの自由度から現地適応化，多様化のコストを抑えることが可能となる。

第4に，適応化，多様化の効果を高めるイノベーション戦略がある。その手段としては移転，現地化，再結合，変革がある。

移転は知識やノウハウの国際移転のことであり，企業は自国や進出先国での何らかのイノベーションの成功やその洞察を他の国に移転して使用または応用することができる。日本流にいうと知識やノウハウの国境を越えた横展開である。これにより現地適応化，多様化の効率と効果を高めることが可能

となる。

　ここでの現地化とは，現地発のイノベーションにもっと着目するという意味である。多国籍企業は高度な技術力や流通ネットワーク開発力を持つことが多いが，現地のニーズを発見して技術力やネットワーク力をより有効に活用することが可能となる。例えば，インドのヒンドゥスタン・ユニリーバは，手洗いの洗濯に適した棒状の洗剤，歯ブラシでなく指で使う歯磨き粉（インドの習慣），美白クリーム，独自のシャンプー兼ヘアオイル，単価の低い袋売りのシャンプーなどを開発して大きな成功を収めている。

　ここで再結合とは，親会社のビジネスモデルの要素を進出先国で発生する諸機会と合体することである。単に現地に適応するのではなく，現地の機会と資源との再結合によって現地適応化の効率と効果を高めようとするものである。移転や現地化の考え方と類似しており，いずれも親会社と現地子会社が持つ資源と組織能力の結合またはハイブリッド化による効率と効果の向上を目指すものである。

　それに対して，ここで変革とは，現地市場を変革することで現地適応化の必要性を最小限にしようとする手法である。マクドナルドやスターバックスが日本を含めて世界中に米国式の消費文化やライフスタイルを持ち込んで市場を変革したことがその典型である。

3　事業の集約化（Aggregation）

　集約とはさまざまなグループ分けの手段を用いて，国ごとの規模の経済よりも大きな規模の経済を作ろうとするものである。グループ分けのうち，最も重要なのが地域化であろう。国単位ではなく地域単位で事業を集約できれば経営の効率は高まると考えられる。

　第2章で見たように，実際に，ほとんどの多国籍企業は本国地域を中心に事業展開をしている。このことは多くの多国籍企業にとっても本国での競争優位を他の地域で展開することがそれほど容易ではなく，現地適応化アプローチまたは地域別アプローチが重要であることを示唆している[6]。

　現地適応化アプローチの重要性については前節で見たとおりである。ここ

では国別の適応化アプローチよりも大きな規模の経済を獲得する可能性がある事業の地域集約化について考えてみよう[7]。

地域集約化の方法としては，地域ハブ，地域での規格化，地域への委任，地域ネットワークなどがある。**図表6-2**のボックス1は本国（または特定地域）集中型，ボックス2は複数の地域独立型，ボックス3〜6がさまざまなタイプの地域集約化を表している[8]。ここでは，地域集約化の形態として，ボックス3の地域ハブについての考察から始めることにしよう。

ボックス3の「地域ハブ（拠点）」型は，それまでの国別に保有されていた経営資源やサービスのいくつかを企業の地域拠点やハブが共有することを意味する。それが有利に働く条件としては，①地域レベルでの規模の経済が得られること，②地域間の隔たりと比較して地域内の隔たりがほとんどないこと，③各地域レベルでのシェア争いの激化が見られることなどがある。地域ハブ型は，1990年代にトヨタが現地での競争対応と日本への依存度の軽減を目的に始めた，各地域での台数限定での地域限定モデルの生産・販売などがその典型とされる。しかし，各拠点が地域での適応化，多様化を高めていくと，費用がかかりすぎる恐れが生じ，そうした費用を多地域で共同して負担する機会を逃すリスクもある。

そこで，次にボックス4の「地域での規格化」戦略が検討されることになる。例えば，自動車産業では，地域を越えた共通の規格を採用することで設計コスト，技術，管理，調達，操業といった面でより大きな規模の経済を達成することが期待できる。なお，規格化は自動車産業の方が家電業界よりもうまく機能する。自動車製造業の方がずっと資本集約的，研究開発集約的であり，規模の経済が働くからである。

次の段階では，ボックス5の「地域への委任」が起こるかもしれない。すなわち，特定の地域がそれぞれ得意な特定製品の生産や特定の職務に特化し，多拠点にその製品やサービスを供給するようになるかもしれない。

しかし，地域間での過度な特殊化が起きると全体としての柔軟性を失う恐れもあるので，ボックス6の「地域ネットワーク」戦略による経営資源や組織能力の統合が必要となる。

ただし，ボックス1からボックス6までの基本形の展開の順序は，どの企

図表6-2　地域集約化

	1. 地域か本国か	2. 地域ポートフォリオ	3. 地域ハブ	4. 地域での規格化	5. 地域への委任	6. 地域ネットワーク
	本国の規模／位置	成長オプション、リスク軽減	地域のポジション	地域間での共有化	地域を越えて特化	地域間の統合

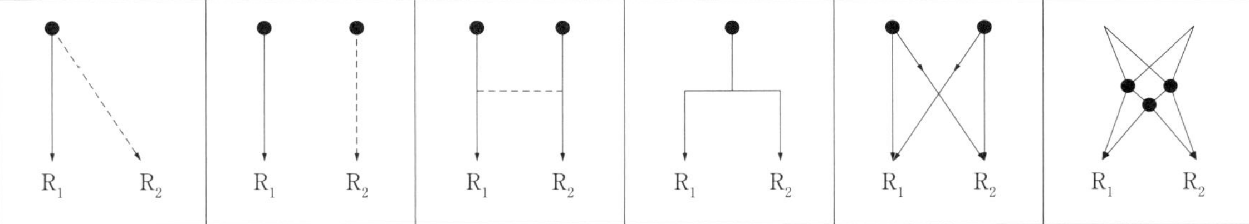

管理の問題がより複雑化
地域開発、支援、管理、調和

影響の範囲の減少

注：黒丸（●）は特徴の製品タイプ、R1、R2は別の地域を表している。
出所：Ghemawat [2007] 前掲訳書, 227頁。

業や事業においても同じではなく，当該企業の目標や戦略によっても異なることに留意しておかなければならない。

　ところで，事業の集約化は地理的な集約だけではない。地理以外の側面，すなわち，文化的，制度的，経済的な側面における隔たりも事業集約化の基準となりうる。

　文化的集約化では，言語に基づいて集約を行うことがよく見られる。たとえ地理的に距離があっても言語が通じる国や地域だけを対象に事業を集約化することで現地適応化の効率や効果を高めることがあるからだ。

　制度的な集約化は旧植民地関係にあった国では法律や習慣，さまざまなビジネス手続きが類似していることが多いので集約化の基準の1つとなりうる。

　経済的な集約化で最も顕著なのは，対先進国と対新興国のビジネスを分けてどちらか一方だけを相手にするとか，それぞれ別組織にして対応することがある。

　さらに販売経路や顧客の業種を集約化の基準にすることや，グローバル顧客を別組織で集約的に管理することもある。もちろん，事業内容を基準として集約化（例えば，グローバル事業部門）する事例も多い。

　以上，見てきたような集約化基準を複数同時に採用することも可能ではあるが，組織が複雑化して管理がより難しくなる。そこで集約化基準に優先順位をつけることも必要となるであろう。

4 裁定戦略（Arbitrage）

　裁定戦略とは，国ごとの差異を活用する手段である[9]。ゲマワットはその意味と全体的なイメージを明らかにするために，インドのソフトウェア開発大手のインフォシス創業者ナラヤナ・ムルティの次のような言葉を引用している。「グローバリゼーションとは，最もコスト効率が良いところで生産し，最も資金調達コストが安いところで資金を調達し，最も利益率の高いところで販売することだ。」

　労働コストの差異を活用するのは労働の裁定である。資本コストの差異を

92

活用するのが資本調達における裁定である。知識やノウハウの国ごとのばら
つきも経済的裁定の基盤となる。この他にも裁定の基盤はたくさん存在す
る。歴史に残る欧州とインドの間の香辛料の貿易は地理的な裁定である（当
初，欧州ではインド国内の数百倍の価格で売れたという）。地理的な裁定は
国際ビジネスにおいて最も古くから活用されてきたのである。当然のことな
がら，各国の税制・税率の差異や為替レートの差異も裁定戦略として活用さ
れる。タックス・ヘイブン（法人税率がゼロかあるいは非常に低く，かつ財
務内容の開示義務が緩やかな国）の活用やトランスファー・プライシング
（移転価格戦略のこと。多国籍企業が租税の回避や低減等を目的としてグル
ープ内で行う価格操作。）などもそれに含まれる。

　ゲマワットはこうした地理的，経済的な裁定基盤だけではなく，それをよ
り広く捉えて，各国のさまざまな文化，制度，地理，経済（CAGE）の差異
が裁定基盤となりうることを論証している。

　文化的な裁定には原産国イメージの効果などがあり，例えば，フランス文
化の海外でのイメージはオートクチュール，香水，ワイン，食品の海外販売
の成功の基盤となっている。もちろん，日本企業がこれまで築いてきた家
電，自動車，精密機械などの高品質イメージも文化的裁定の基盤となりうる
ものである。サービス業では日本人のホスピタリティや細やかな気配り能力
などが文化的裁定の基盤として有効であろう。

　制度的な裁定基盤には前述の税制・税率の差異も含まれるが，自由貿易協
定や輸出加工区の活用，望ましくない事例としては環境規制の緩やかな国の
活用も挙げられる。

　企業の裁定戦略は，上述のような裁定の基盤となりうる複数の要素の組み
合わせから構築されるのが普通であり，多様な裁定戦略が存在することにな
る。ゲマワットによれば，裁定は一時的な競争優位に終わることもあるが，
それでも実践する価値がある。もちろん，裁定戦略が会社独自の能力開発と
結びついた持続可能な競争優位に至るのが望ましく，そのためには長期的な
コミットメントが必要であると指摘している。

5 日本企業の国際マーケティングの新しい方向性

　本章では，これまでに国際マーケティング戦略の基本となる AAA 戦略を中心に考察してきた。次章以降において国際マーケティング戦略の個別領域を中心に議論することになる。ここでは，それに先立って，近年におけるコスト競争激化の圧力，オープン国際分業化への圧力を受けての日本企業の戦略転換の方向性について考察しておきたい。また，新興国市場開拓や BOP 市場開拓についても言及しておきたい。

(1) 日本企業の国際マーケティング戦略の今後の方向性：生き残りのポジショニング

　第 4 章（**図表 4-3**）では，1990 年代以降の国際マーケティングの基本的タイプとして，タイプ I （差別化重視の組み合わせ型），タイプ II （差別化重視の擦り合わせ型），タイプⅢ（コスト重視の組み合わせ型），タイプⅣ（コスト重視の擦り合わせ型）の 4 タイプを識別した。ここでは，新たにもの作りの基本タイプにクローズド・インテグラル型とオープン・モジュラー型の中間領域（それらの戦略的ミックス型）を導入した上で，日本企業の国際マーケティング戦略の今後の方向性ないし生き残りのポジショニングについて考えてみたい。

　従来の日本企業の得意とした基本タイプはタイプⅣ（コスト重視の擦り合わせ型）であった。しかし，1990 年代以降のオープンな国際分業化への圧力とローコスト化への圧力の中で，日本企業はパソコン，携帯電話，DVD，液晶パネルなどエレクトロニクス産業を中心に国際競争力を大きく落としてきた。これらのエレクトロニクス産業では，もの作りのモジュラー化と国際的なオープン標準化への戦略的対応がうまくできずに事実上の撤退に追い込まれた企業が少なくない。**図表 6-3** では，日本企業が国際産業構造の急激な転換に対応しきれず，結果的にタイプⅣからタイプⅢの方向への意図せざる移行が起きて敗退していったことを点線で表している。この領域ではコスト競争力のある韓国，台湾，中国の企業が大きくシェアを伸ばした。同時期

図表6-3　日本企業の生き残りのポジショニング

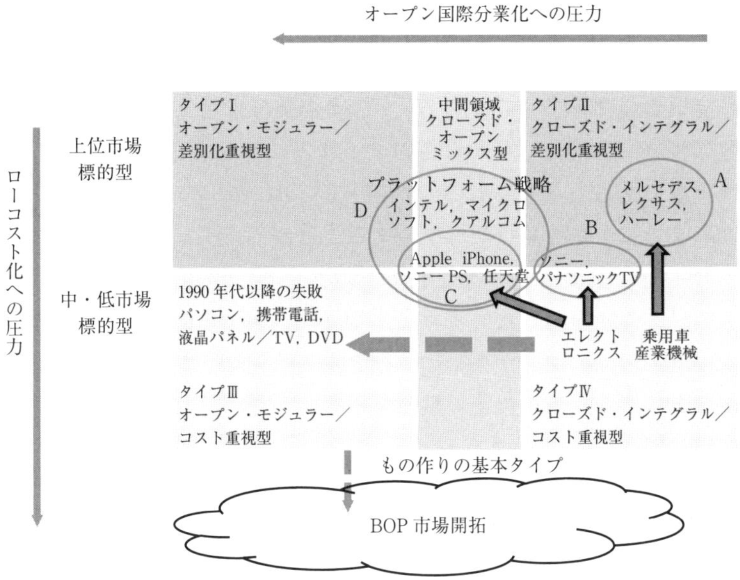

オープン国際分業化への圧力

ローコスト化への圧力

上位市場標的型

中・低市場標的型

タイプI
オープン・モジュラー／
差別化重視型

中間領域
クローズド・
オープン
ミックス型

タイプII
クローズド・インテグラル／
差別化重視型

プラットフォーム戦略
インテル，マイクロソフト，クアルコム　D

メルセデス，
レクサス，
ハーレー　A

Apple iPhone,
ソニー PS, 任天堂　C

ソニー，
パナソニックTV　B

1990年代以降の失敗
パソコン，携帯電話，
液晶パネル／TV, DVD

エレクトロニクス

乗用車
産業機械

タイプIII
オープン・モジュラー／
コスト重視型

タイプIV
クローズド・インテグラル／
コスト重視型

もの作りの基本タイプ

BOP市場開拓

出所：筆者作成。

に，米国のマイクロソフト，インテル，クアルコムなどはそれぞれパソコンのOSとCPU，携帯電話用半導体を各業界のプラットフォーム製品としてほぼ独占的に世界に供給する企業として莫大な利益を上げてきた。これらの米国企業はもの作りの基本タイプの中間領域（クローズド型とオープン型の戦略的ミックス型）に位置付けられている（**図表6-3**中のDグループ）。彼らは自らの中核部品のクローズド領域を固守しながら，周辺部品とのインターフェース規格を標準化してプラットフォーム製品として世界に拡販するという，クローズド領域とオープン領域の戦略的なミックスを採用した。そこにはプラットフォーム企業とアジアの補完財企業との広範で積極的な協業関係が存在していたのである[10]。

　他方，タイプIVに属する日本企業の乗用車や産業機械などは，オープンな国際標準化の圧力が弱く，得意な擦り合わせ型（インテグラル型）のもの作りを維持できていることから国際競争力はまだ健在である。目下の最大の課

題は世界で EV 化が進む中，EV の本格導入とガソリンエンジン車などの内燃機関車の生産・販売とのバランスのとり方であろう。トヨタはさまざまな環境や使用条件が存在する世界市場を睨んでそれらの両方に燃料電池車を含む全方位型の展開を予定している[11]。日本企業の乗用車や産業機械などは，強い国際競争力を維持しながらこのタイプⅣにとどまることができるのが 1 つの理想型であると考えられる。だが，EV 車については，高度なエンジン技術は不要でしかも部品点数も半減することから，タイプⅣからタイプⅢの方向への圧力が強まってくることが予測される。1990 年代以降のエレクトロニクス産業の轍を踏まないように，世界に通用する EV 車用のプラットフォーム技術・製品の開発が喫緊の課題となろう。すでに CASE[12] 関連の開発競争がさまざまな業界を越えて熾烈を極めており，それは容易なことではないことが予想される。

　次に，従来の典型的な日本企業のタイプⅣからのいくつかの戦略的なポジション移行の方向について考えてみたい。

　まずタイプⅣからタイプⅡへの移行である。**図表 6-3** 中の A グループへの移行が 1 つのオプションとして考えられる。これは上位市場向けのいわゆる高付加価値化の路線である。メルセデス・ベンツの高級車，二輪車ではハーレーダビッドソンなどが伝統的に位置しているところを目指すものである。トヨタのレクサスはこの市場セグメントの開拓に成功しているといっていいであろう。次に，同じくタイプⅣからタイプⅡへの移行を目指していると見られる日本企業にソニーの TV 事業とパナソニックの TV 事業がある。**図表 6-3** 中の B グループである。これらの TV 事業はタイプⅢに属する韓国や中国の企業との競争で市場から追い落とされることを避ける方向性を模索している。例えば，ソニーは「規模を追わない，違いを追う」「機能だけでなく感性に訴える商品」によって単価を上げる取り組みで生き残りを図ろうとしている。パナソニックは生産工場の絞り込みや中国企業への生産委託を進めながら，国内には付加価値の高い上位機種の生産を残すという選択をしている[13]。しかし，規模の経済性において大きな劣位にある両社は強力かつ持続可能な差別化要因を開発できなければ，再びかつての国際的なプレゼンスを回復することは難しいであろう。タイプⅣから差別化重視の高付加価

値戦略であるタイプⅡへの移行が本格的なものではなく中途半端なものになれば，規模の小さな市場セグメントでの生き残りを図る縮小均衡策で終わってしまう可能性がある。

　次に，**図表6-3**中のDグループへの移行である。これはプラットフォーム戦略への移行であり，エレクトロニクス産業ではマイクロソフト，インテル，クアルコムなどが広大な世界市場において独占的な地位をとった戦略ポジションである。GAFA（Google, Amazon, Facebook, Apple）もそれぞれの分野でこのような位置を占めている。残念ながら日本企業にはこのようなポジションをとっている企業はほとんどない。だが，上述のような企業にはスケールや影響力ではるかに及ばないがそのようなポジションを目指す日本企業は存在する（**図表6-3**中のC）。例えば，ソニーのプレイステーション（PS）ビジネスや任天堂のゲーム事業やヘルスケア事業は，自らのハードウェアをベースとして，外部企業による多様なソフト開発を積極的に促進するプラットフォーム企業となることを目指している[14]。トヨタもCASEやMaaS[15]関連の多様な事業においてプラットフォーム企業となることを標榜している。米国企業と比較して大きく出遅れていることは否めないが，日本企業においても生き残りをかけたプラットフォーム戦略の策定，またはクローズド領域とオープン領域の戦略的ミックスによって持続可能性が高いビジネスモデルの構築が求められる。

　さらに，近年著しい発展をみているIoT／ビッグデータ／AIを活用することでデータを使った新しいビジネス機会が広がっており，新しいプラットフォーム企業が強い影響力を持ちうるであろうことが指摘されている。立本によると，その仕組みは次のようなものである[16]。「さまざまなセンサーを搭載したIoTデバイスを用いてデータを収集し，ビッグデータを蓄積して条件に併せて抽出する。そして，AI（機械学習アルゴリズム）を使って，それらデータから学習済みモデルを作成する。学習済みモデルは高精度の予測モデルを実現して，スマート・マッチングを可能とする。」自動車関連産業でいえば，例えば自動車の走行データは自動走行や配車サービスの予測モデル構築のみならず，周辺サービス（宿泊や観光）とのマッチングにも大きなビジネスチャンスを生むと指摘されている。こうした仕組みの活用は，

GAFA をはじめとするビッグデータの蓄積システムを有する幅広い産業に
ほぼ共通する仕組みである。このようないわゆるデータドリブンな新しい産
業構造の出現はイノベーションの新しい源泉ともなりうるので，日本企業は
果敢にチャレンジしていかなければならないであろう。

(2) 新興国市場開拓について

　従来の日本企業による国際マーケティングの主たる対象領域は，世界の経
済ピラミッドから見ると上位層に偏っている。日本企業による国際マーケティ
ング領域の中心も**図表6-4**の如く，上位層（TOP：Top of the Pyramid,
世帯年所得が2万ドル以上かそれに近い所得層）を中心としてきたものであ
り，日，米，欧を中心とする TOP 向けの製品開発とマーケティングに専念
してきたのである。しかし，先進国の経済発展の停滞が見られる中，目覚ま
しい発展を見せている新興国（特に BRICS のブラジル，ロシア，インド，
中国，南アフリカや ASEAN10 諸国）の成長性の取り込みが大きな課題と
なっている。しかし，これまで先進国市場で成功してきた日本企業は，新興

図表6-4　従来の国際マーケティングの主対象

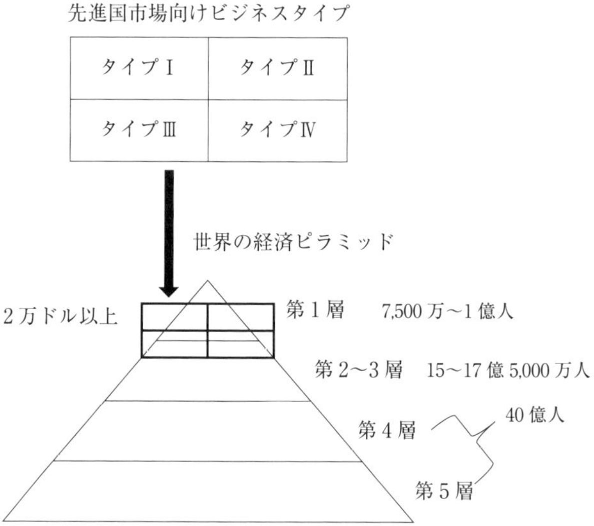

先進国市場向けビジネスタイプ

タイプI	タイプII
タイプIII	タイプIV

世界の経済ピラミッド

2万ドル以上　　　　　　　　　第1層　　7,500万～1億人

第2～3層　　15～17億5,000万人

40億人

第4層

第5層

出所：筆者作成。

国市場開拓には出遅れていると言わざるを得ない。先進国市場で蓄積されて
きた経営資源やマーケティング経験はピラミッドの中位層（MOP：Middle
of the Pyramid）の富裕層向けには有効である可能性が高いが，その下のボ
リュームゾーンに対しては有効性を疑っておかなければならないであろう。
富裕層とは基本的なニーズや購買行動が大きく異なる場合が多く，現地適応
化がより強く求められよう。特にボリュームゾーン向けの製品については富
裕層向けのフルスペックでは過剰品質となり，受容できない高価格と映って
しまう。そこでボリュームゾーン向けには受容される品質や機能についての
下方修正と廉価性の確保が必須であろう。そのためには生産方式やマーケテ
ィング方策の抜本的な見直しや組み替えが必要となることも少なくない。

　さらに，経済ピラミッドのより低い下位層（BOP：Bottom〈or Base〉of
the Pyramid）には膨大な人口と潜在的市場がある。そこには世界人口の 72
％が存在するが世帯年所得は 1,500 ドル以下である。BOP 市場開拓には，
これまでとは大きく異なった考え方とアプローチが必要となるであろう[17]。
より詳しくは本書第 14 章で検討している。

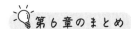
第6章のまとめ

①　国際マーケティングへの回帰

　1990 年代以降のグローバリゼーションの流れの中で，多くの人々や企
業は漠然としてではあるが，あたかも世界がいつかは均質的でフラット
な，そして希望的には民主主義的な世界になるという世界観を持った。国
際金融資本や多くの多国籍企業は各国の関係当局に対して一層の規制緩和
を働きかけて可能な限りグローバリゼーションを推し進めてきた。だが，
実際には，新自由主義的なグローバリゼーションの推進は，国境を越える
市場活動の自由度を高めたが，世界中での貧富の格差を著しく拡大し，先
進国の中間所得層を没落させる圧力となった。EU の混乱，米国における
保護主義台頭，英国の EU 離脱などの遠因もそこにあった。他方，中国は
グローバルな新自由主義体制をしたたかに利用して経済力を飛躍的に高め
ると同時に軍事大国化に邁進して世界の覇権を目指すようになった。この

ように新自由主義的なグローバリゼーションは世界を不安定化し多極化してきた。ここに至って世界はようやくグローバリズム幻想から目覚めてきたといえよう。

1990年代以降の楽観的なグローバリズム，経済と市場のグローバリゼーションの流れが大きく影響を与えて，国際経営の領域でも，国際経営からグローバル経営へ，国際マーケティングからグローバル・マーケティングへと経営戦略の転換が種々試みられてきた。だが，近年では不安定で多極化した世界における国境を越えるビジネスの難しさが改めて実感されているようである。国境や国家主権の存在が与える経営への影響を原点とする国際経営への回帰が起こっているように見える。

② **セミ・グローバリゼーション下の国際マーケティング戦略**

21世紀に入る頃から，ゲマワットは，「現実の世界」は，実際には部分的な市場統合と各国による市場規制とが併存している，「セミ・グローバルな世界」であると見る世界観を提示した。そこでは各国の国家による制度や経済・社会・文化の独自性について改めて留意する必要があることを強調した。彼は各国・地域の文化的（Cultural），行政・制度的（Administrative），地理的（Geographic），経済的（Economic）な差異が与える影響と活用についての分析（CAGE分析）の重要性を説いた。このような分析視点は，もともと国際経営論や国際マーケティング論の原点にあったものである。しかし，グローバリゼーションの流れの中で，多くの企業や政財界が実際には国々のCAGEの差異や距離が依然として大きな問題であるにもかかわらず，それらを過小評価する傾向が強くなっていたのである。

ゲマワットの主張は，従来のグローバリズム幻想がCAGEの隔たりの軽視を生み，正しく現実を捉えることを阻害していることを示唆し，その弊害を乗り越えるための国際経営の枠組みを提案したのである。その枠組みの中で，企業が検討するべき国際戦略として，①現地適応化（Adaptation），②事業の集約化（Aggregation），③国ごとの差異をうまく活用する裁定戦略（Arbitrage）というAAA戦略を指摘し，それらの巧みな

活用法を論じている。これは国際マーケティング戦略においてもその基本となる考え方である。

③　日本企業の生き残りのポジショニング戦略

すでに第4章において1990年代以降の国際マーケティングの基本的タイプとして，タイプⅠ（差別化重視の組み合わせ型），タイプⅡ（差別化重視の擦り合わせ型），タイプⅢ（コスト重視の組み合わせ型），タイプⅣ（コスト重視の擦り合わせ型）の4タイプを識別した。本章では，新たにもの作りの基本タイプにクローズド・インテグラル型とオープン・モジュラー型の中間領域（それらの戦略的ミックス型）を追加した上で，日本企業の国際マーケティング戦略の今後の方向性ないし生き残りのポジショニングについて考察した。

日本の伝統的な得意領域は，タイプⅣ（コスト重視の擦り合わせ型）であったが，近年では世界的なコスト競争とオープン国際分業化という大きな圧力，そして主として米国の巨大ハイテク企業のプラットフォーム戦略からの競争圧力を受けて，日本企業は生き残りをかけた新たな戦略的ポジショニングの転換を迫られている。その有望な方向性は少なくても次の3つがある。その1つ目は伝統的なタイプⅣ（コスト重視の擦り合わせ型）にとどまるも，常に技術優位性を守り進化させる方向，その2つ目は製品やブランドの差別化の徹底によるタイプⅡ（差別化重視の擦り合わせ型）への移行，その3つ目はもの作りのクローズド・インテグラル型とオープン・モジュラー型の中間領域の戦略的ミックスにより，中核的な自社技術，システムを堅守しながら世界への拡販を図るプラットフォーム戦略，あるいはIoTやソーシャルメディアとAIの連携から得られるビッグデータの収集と解析の優位性を活かしたプラットフォーム戦略を展開する方向である。

【注】

1 Ghemawat, P.［2007］*Redefining Global Strategy: Crossing Borders In A World Where Differences Still Matter*, Harvard Business Review Press.（望月衛訳［2009］『コークの味は国ごとに違うべきか』文藝春秋）．Ghemawat, P.［2011］*World 3.0: Global prosperity and how to Achieve it*, Harvard Business Review Press.

2 Takeuchi, H and M.E. Porter［1985］Three roles of international marketing, in M.E. Porter ed., *Competition in Global Industries*, Harvard Business School Press，諸上茂登［2012］『国際マーケティング論の系譜と新展開』同文舘出版。

3 Ghemawat［2011］前掲書，p.304.

4 本節では，Ghemawat［2007］前掲書（訳書，第 4 章）の要旨を紹介している。

5 Baldwin, C.Y. and K.B. Clark［1997］Managing in an Age of Modularity, *Harvard Business Review*, Sep.-Oct.（安藤晴彦訳［2001］「モジュラー化時代の経営」青木昌彦・安藤晴彦編著『モジュール化—新しい産業アーキテクチャの本質』東洋経済新報社。）

6 Rugman, A. and A. Verbeke［2008］A New Perspective on the Regional and Global Strategies of Multinational Services Firms, *Management International Review*, pp.397-411.

7 本節では，Ghemawat［2007］（訳書，第 5 章）の要旨を紹介している。

8 図表 6-2 最下段の「影響の範囲の減少」とは，グローバル化の進展とともに現地業務遂行における地域組織（現地子会社等）による影響の範囲が減少することを表している。

9 本節では，Ghemawat［2007］（訳書，第 6 章）の要旨を紹介している。

10 立本博文［2017］『プラットフォーム企業のグローバル戦略—オープン標準の戦略的活用とビジネス・エコシステム』有斐閣，小川紘一［2009］『国際標準と事業戦略—日本型イノベーションとしての標準化ビジネスモデル』白桃書房など参照。

11 トヨタ自動車の豊田章男社長による説明会および質疑応答「バッテリー EV 戦略に関する説明会」（2021 年 12 月 14 日）https://www.youtube.com/watch?v=LAZ8V2XevbE，「バッテリー EV 戦略に関する説明会（質疑）」https://www.youtube.com/watch?v=z7YnmhPxbuY

12 CASE とは，Connected（コネクティッド），Autonomous/Automated（自動化），Shared（シェアリング），Electric（電動化）の頭文字をつなげたものである。これは 2016 年のパリモーターショーで独ダイムラー CEO が会社の中長期戦略の説明の中で使ったのが最初であるとされており，今日の自動車業界の発展の方向性を象徴するワードとなっている。

13 東洋経済 online「ソニーのテレビが『金のなる木』に大変貌した裏側」（2021 年 10 月 6 日）https://toyokeizai.net/articles/-/575502

14 ソニー・コンピュータエンタテインメント ワールドワイド・スタジオのプレジ

デント吉田修平氏へのインタビュー記事「吉田修平氏が興奮気味に語る "つい
に訪れた VR 時代の幕開け"」電撃オンライン，KADOKAWA Game Linkage
Inc.（2014 年 9 月 20 日）https://dengekionline.com/elem/000/000/929/929719/。任
天堂「経営方針説明会 2015 年 3 月期第 2 四半期決算説明会質疑応答資料」
（2014 年 10 月 30 日）https://www.nintendo.co.jp/ir/events/141030qa/04.html，任
天堂「2020 年 3 月期経営方針説明会資料」https://www.nintendo.co.jp/ir/pdf/2020/
200131_2.pdf

15　MaaS とは Mobility as a Service の頭文字をとった略語であり，2016 年にフィン
ランドで始まった実証実験などから世界に拡まった概念で，デジタル社会にお
ける交通の一層の効率性，利便性を指向する考え方である。それは自家用車，
タクシー，カーシェアリング，バス，飛行機，鉄道などの多様な交通インフラ
の壁を越えたルート検索からネット予約，決済までをシームレスに実行でき，
また収集されるビッグデータを関連企業と社会が有効に活用できるシステムの
構築を目指すものである。日本の自動車メーカーの多くもこの方向を指向して
いる。例えば，トヨタは MaaS 関連事業に積極的に取り組んでおり，2018 年 11
月には「車をつくる会社」から「モビリティカンパニー」にモデルチェンジす
ることを宣言している。「トヨタアニュアルレポート 2018」https://www.toyota.
co.jp/pages/contents/jpn/investors/library/annual/pdf/2018/ar2018_1.pdf，トヨタコ
ネクティッド HP「MaaS 事業」https://www.toyotaconnected.co.jp/service/big
data.html

16　立本［2017］前掲書。

17　プラハラード，C.K.（スカイライト・コンサルティング訳）［2005］『ネクス
ト・マーケット──「貧困層」を「顧客」に変える次世代ビジネス戦略』英治出
版。

第7章

国際マーケティング・リサーチ

1 機会と脅威のセンシング

　本書で主たる対象としている産業は，技術や市場の変化が速く，競争がグローバル化またはリージョナル化している産業である。こうした産業に属する企業は絶えず世界の技術動向，市場動向，競争の動向をセンシング（感知）し，新しい動きが自社にどのような機会と脅威を与えるかについて探索，精査し，新しい機会を創造しなければならない。

　こうした仕事においては，基本的には本社の戦略企画室などのトップ・マネジメント・チームが司令塔としての役割を果たさなければならない。まずは明確で一貫性のある事業戦略を定めることが大事である。経営戦略論の大家であるルメルトの言葉を借りれば，「良い戦略とは，狙いを定めて一貫性のある行動を組織し，すでにある強みを活かすだけではなく，新たな強みを生み出すことである」[1]。明確で一貫性のある事業戦略なしには，国際マーケティング業務の効率的，効果的な遂行はできないはずである。良い事業戦略を欠いてはマーケティング関連活動の最適化もありえないのである。例えば，昨今の市場動向においては，これまで以上にマクロ環境的な変化，すなわち，地政学的な外圧や異常気象による気候変動，ダイバーシティ（多様性）への推進，などの影響度が高まっているといえよう。その意味で本社に在籍するトップ・マネジメント・チームもセンシング（感知）するべき市場動向の範囲を，技術・市場・競争動向から広げなければならない。こうした複雑化する変化を的確に捉えて自社の事業戦略に反映し，成果に結びつけるという経営が現代企業には強く求められる。

そのような中，今日ではESG経営に大きな注目が集められている。ESG経営とは，Environment（環境），Social（社会），Governance（ガバナンス：企業統治）を考慮した投資活動や経営・事業活動を意味する[2]。こうしたESG経営の実践を取り仕切る本部を設置する日本企業も増加しており，例えば，花王は2019年に本格的なESG経営の実践化を宣言し，世界の複数の評価機関よりその取り組みが高く評価されている[3]。また，本業の大規模な変身を遂げようとしている日本企業も注目を集めている。例えば，亀田製菓は，2022年6月にCEOに就任したジュネジャ氏のもと，海外や米菓以外の食品事業の強化に舵をとった。亀田製菓といえば，日本の消費者にとっては，ハッピーターンや柿の種といった米菓メーカーとしてのイメージが強いが，2022年3月には食品事業として，「代替肉」，「米粉パン」，「乳酸菌」で3つの新ブランドを展開し，海外展開を積極的に推進している。ちなみに，亀田製菓にとって，米粉パンの海外事業展開の背景には，小麦アレルギーでパンを食せない消費者が世界には一定数おり，そうした層に向けて米粉を使用したパンを訴求できる利点がある。ジュネジャ氏のリーダーシップのもと亀田製菓は国内市場のみに頼った米菓企業から，世界の大手食品会社へと変貌しつつある[4]。

　そのような企業の基本戦略や事業の重点領域や変化の確認は，リサーチ業務における最初の段階のきわめて重要な仕事である。それが必要情報の探索や精査のフィルターの役割を果たすからである。これによって注意を向けるべき機会・脅威を絞り込み，また，戦略のシナリオ・プランニングを通じて，起こりえる状況を少数のシナリオに絞り込むことができる[5]。

2 リサーチ問題の特定

　事業戦略に導かれるリサーチ問題の設定が何よりも重要である。いつも先端技術だけを追い求めていても事業で勝てるわけではない。いつも顧客や流通業者の求めに応じて製品やサービスを多様化していても事業で勝てるわけではない。

　現在，企業がどのような問題を解決すべきであり，その問題の本質ないし

構造的な問題が何かを探り，一貫性のある解決の道筋を示すことが先決である。そのためのリサーチは司令塔としてのトップ・マネジメント・チームの仕事である。

　例えば，日本のエレクトロニクス消費財のセットメーカーについていうと，液晶 TV やスマートフォンなどの事業でサムスン電子になぜ売上高や利益で追い越されただけではなく，大差をつけられてしまったのかについての分析のためのリサーチなどが不可欠である。Apple やサムスンのスマートフォンには日本製の高度な部品がたくさん使われており，日本企業は技術では勝っていることが多いのに事業で勝てないのはなぜかについて，まずは全体的，俯瞰的な分析が必要であろう。

　こうした事態に至って，日本企業のとりうる戦略としてはさまざまなものが考えられる。現状のように，セットメーカーはガラパゴスと言われようが国内のユーザー向けを中心に生き残りをかけるか，それとも国際競争力のある台湾系 OEM ／ ODM のホンハイなどと組んで世界で売れる製品開発，販路開拓に再チャレンジするか。部材メーカーは Apple やサムスンの協力会社として部品を供給する立場に甘んずるか，あるいは高価格設定が可能な差別化の効いた基幹部品のグローバル・サプライヤーを目指すか，といった基本的な戦略の方向性について明確に決定する必要がある。

　具体的な事業戦略が決まれば，必要なリサーチの問題設定が可能となる。こうしてようやくリサーチ担当者は必要情報の特定が可能となる。例えば，中国やインドの市場でサムスンのスマートフォンと競争できる製品導入が必要と判断した企業にとっては，まずはサムスンのスマートフォンがそれらの国でどのような製品やサービスの提供を行っているのか，販売実績はどうか，どのような点が現地で評価されているか等を具体的かつ徹底的に調べる必要があろう。現地で競合関係にある中国メーカーや Apple のスマートフォンについても同様の調査が必要であろう。その上で，製品開発，調達ルート，参入方式（輸出，合弁，戦略提携，単独直接投資など），ターゲット・セグメントとポジショニング，適正品質，価格，販売チャネル，プロモーション，ロジスティクスを含むサプライチェーン・マネジメントなどの決定についての意思決定を行うための調査が必要となる。

③ 国際マーケティング・リサーチのプロセス

　一般に，国際マーケティング・リサーチ・プロセスは，**図表 7-1** に示されているように，当該のマネジメントレベル，意思決定のタイプによる問題の識別，必要情報の確認から始まり，データの収集，データ分析，分析結果の活用という流れを持つ。このプロセスは基本的には国内マーケティング・リサーチと同様である。しかし，国際マーケティングの意思決定の多くが，少なくとも二国間，通常は多国間，多地域間の行動や成果に関わるものであり，そうした空間的，文化的なパースペクティブの広がりがリサーチ問題の識別，特定化それ自体を難しいものとする。例えば，ASEAN を単一的な市場と捉えることは国際マーケティングの意思決定の精度を低下させるだろう。例を挙げるならば，ASEAN の健康・美容市場においては，各地域・国ごとに市場の動向が異なっている。オーラルケア・バス用品などの日用必需品が主要ニーズである，インドネシア・フィリピン・ベトナム・ミャンマー・カンボジアがあり，スキンケアや化粧品などのニーズも拡大しつつあるタイやマレーシアもある。さらに，サプリメントなどの生活の質の向上のための健康食品のニーズの高まりをも見せるシンガポールもある。そのように市場の成長段階に違いがある[6]。このような違いこそ国内マーケティング・リサーチにはない，国際マーケティング・リサーチ特有の検討事項であろう。

(1) 問題の識別と必要情報の確認

　第 1 に，リサーチすべき問題の識別，必要情報の確認について考えてみよう。国際マーケティングの意思決定には本社による全社的なもの，地域ベースのもの，現地レベルのものがあり，また，戦略的性格のものと戦術的なそれがある。例えば，参入方式の決定や在外子会社のマーケティング諸戦略の国際的調整，統合の決定などは基本的に本社による戦略的決定事項である。それと対照的に，現地における具体的な広告コピーや使用媒体の決定や販売員による代替的な販促手段の考案・選定などは基本的に現地子会社による戦術的決定事項である。地域ベースの主たる決定は，地域本社等によるマーケ

図表 7-1　国際マーケティング・リサーチのプロセス

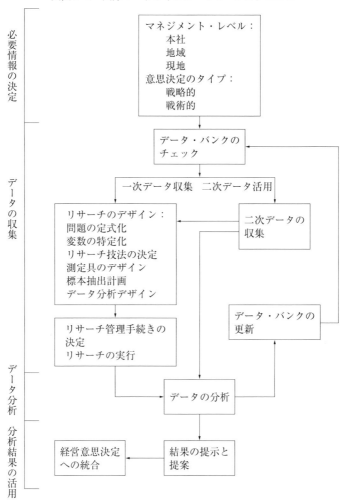

出所：Douglas, Susan P. and C. Samuel Craig［1983］*International Marketing Research*, Prentice-Hall, Inc., p.27.

ティングの諸戦略，諸戦術の同一地域内での調整，統合である。

　それぞれの決定がどのような性格を持っており，それを支援するためには
どのような情報が必要とされているかを確認するのがこの段階の仕事であ
る。ここでの問題の特定化と定式化の精度が，リサーチと意思決定のレリバ
ンスを決め，真に役立つリサーチになるかどうかを決定するといっても過言
ではない。

(2) データの収集

　次に，データの収集をめぐる諸問題について概観しておこう。

　特定の国際マーケティング意思決定のために必要なデータがすでに自社の
データバンクに蓄積されていることは稀であり，通常，追加的に二次データ
ないし一次データの収集が行われることになる。ここで二次データとは，さ
まざまな機関による各種の統計資料のように，より一般的な目的のために収
集され，利用者がすぐに入手できる状態のデータのことであり，一次データ
とは，特定の目的のために新たに収集しなければならないデータのことであ
る。例えば，家具メーカーの IKEA（以下，イケア）は，ホームビジットと
呼ばれる家庭訪問調査を行っており，1 年間で数百件ほど実施している。具
体的には家庭訪問，インタビュー，ユーザーの観察，参加型研究（調査員が
家庭の人と一緒に，洗濯や洗い物など家事をやってみることで，ユーザーが
住空間をどのように使っているのかをより詳しく理解する取り組み）の 4 つ
から構成されている。どの国でも取り扱う製品は同様であるが，家具の利用
方法はその国の生活に密着しているため，展開している国ごとにこうした手
法でデータ収集を行い，国ごとにいかに最も製品を訴求できるかを考慮して
店舗開発している[7]。また，トヨタの高級ブランド車「レクサス」が米国市
場で誕生したのは有名な話だが，一夜にして成功したわけではない。当時，
試験的に米国に輸出を開始していた「クラウン」では，米国の高速道路に合
流する際のエンジンの馬力不足が課題となっており，苦情が殺到していた。
また，当時，米国市場に精通していたソニーの創業者である，盛田昭夫氏か
らも米国でのエンジン馬力強化の助言を受けており，これらの現場でしか得
られない教訓や助言がその後に米国で成功する「レクサス」の開発と販売に

大きく貢献した[8]。もちろん，こうした一次データ収集の重要性は特定の業界だけにとどまるものではなく，ほとんどすべての業界のマーケティング・リサーチにおいてもその重要度を強調しすぎることはないであろう。

　次に，一次データと二次データの収集の関係性について言及しておきたい。本社による特定国の中・長期的な経済・市場予測などの場合には，国連や各国政府機関の統計資料を中心とした二次データの使用によるデスク・リサーチで大方の目的が達成されるかもしれない。しかし，新興国の場合については，そうした二次データの入手可能性，正確さ，信頼性の問題があるし，先進諸国についても集計単位やコードの違いから生じるデータの比較の可能性の問題はある。

　さらに，特定産業や製品カテゴリーに関する二次データは，そもそも入手が困難であったり，たとえ，第三者による当該の業界についての報告書や記事が見つかったとしても，当面の意思決定問題との関連性が低いものであるかもしれない。その場合には，デスクワークの後に，専門のリサーチ会社への調査依頼や自らの海外子会社，関連会社，流通業者などへのインタビュー調査などによる一次データの収集を行うことが必要となるであろう。

　いずれにせよ，事前のデスクワークによって，その後の一次データ収集の目的や範囲を明確化しておくことが調査の効率を高めることは間違いない。自社の特定製品やブランド・レベルの必要データは，ほとんどの場合，一次データの収集に依存するより仕方ない。どのようなデータ収集法をとるべきかは，意思決定問題の性格と内容，既存データの利用可能性，調査に与えられる予算と時間，自社調査スタッフの力量などに依存して決まる。

(3) データの分析

　リサーチの目的，収集データの性質などによって分析技法はほぼ決まってくるが，国際的なリサーチの場合，文化的バイアスの検証とその最少化のための手続きがリサーチ・デザインの中に組み込まれなければならない。特に，消費者の態度や意見に関する諸変数については，そうしたバイアスがかかりやすいので，データの正規化，標準化によって文化的な規範点（referent points）や反応バイアスの影響を調整することが望ましい。また，

多国間のデータ分析においては，まず，各国独立的に分析を行い，文化的バイアスの識別，等価性と比較可能性の問題の検討を行う。その上で，データの国際比較や分析を行うことが望ましい[9]。詳しくは，第5節「異文化市場での調査の難しさ」で説明している。

(4) 調査データの活用

　次に，調査結果の組織的な活用についてであるが，それらはリサーチの集権化と分権化の問題と深く関わっている。リサーチが本社集権的に行われるか，海外子会社の主導の下に分権的に行われるかは，企業の組織的特徴と意思決定問題の性格によって決まる。

　例えば，集権度の強いグローバル組織であれば，リサーチも本社主導でデザインされ，実行されることが多く，調査結果はもっぱら本社サイドで活用される。この場合には，リサーチの管理がしやすく，多国間データの比較可能性も確保しやすく，コストも比較的に低く抑えやすいメリットがある。逆に，分権度の強いマルチ・ドメスティック組織を持つ企業であれば，リサーチのデザイン，実行そして結果の活用も各現地子会社レベルで行われることが多い。ただし，グローバル組織型の企業でも，意思決定問題によっては，海外子会社とのリサーチの連携や役割分担，結果の相互利用が行われる。マルチ・ドメスティック組織型の企業でも本社との共同的，調整的な意思決定問題が生じ，リサーチの連携や結果の相互利用がありうる。

　以上が国際マーケティング・リサーチ・プロセスの一般論であるが，グローバルな厳しい競争に晒されて苦戦している日本企業であれば，トップ・マネジメントが大きな危機感を持って，その強いリーダーシップのもとに，現地でそして世界で競争に勝つための意思決定に必要なデータを本社，子会社の一致協力のもとに収集し，分析，活用する体制を整えなければならないことは言うまでもない。

　次に，参考のために，国際マーケティングにおける事業環境評価，市場の潜在性評価，インフラ評価，特定製品市場評価のための一般的な指標例を挙げておく（**図表7-2 ～ 7-5**）。また，現地でのマーケティング・ミックスの決定に一般的に必要とされるリサーチの項目例を挙げておく（**図表7-6**）。

図表7-2　事業環境評価のための指標例

指標のタイプ	指　標　例
政治的側面	〈政治システム：民主的，権威主義的，独裁制〉〈政府交代の頻度〉〈政府交代の頻度〉〈暴動，反乱，ストライキの頻度〉〈軍部の出動と影響力〉〈外国企業への態度〉〈専門家による政治的安定性の評価〉
金融的側面	〈インフレ率〉〈外国為替リスク〉〈資金フローへの諸制限〉〈為替統制〉〈対外債務〉〈為替率の安定性〉
法的側面	〈輸出入制限（関税，割当て）〉〈所有の制限〉〈製品に関する諸基準と諸規制〉〈環境に関する諸基準〉〈競争，独占規制〉〈価格統制と規制〉〈特許と商標に関する法規〉

出所：Douglas, S.P. and C.S. Craig［1995］*Global Marketing Strategy*, McGraw-Hill.

図表7-3　市場の潜在性評価のための指標例

指標のタイプ	指　標　例
人口統計的な特徴	〈人口〉〈年間平均人口増加率〉〈都市化（都市人口比率）〉〈人口比率（0～14歳）〉〈人口密度〉〈人口の年齢構成〉〈平均寿命〉〈幼児死亡率〉
地理的諸要因	〈国土の広さ〉〈地形上の特徴〉〈気候条件（平均気温）〉〈年間降雨量，降雪量〉
経済的諸要因	〈1人当たりGNP〉〈所得分布（上位20％世帯のGNP比率）〉〈GNPの年間成長率〉〈農業人口の成長率〉〈製造業人口の成長率〉〈サービス業人口の成長率〉〈エネルギー消費量〉〈鉄鋼消費量〉
技術的，教育的諸要因	〈科学・技術力〉〈現存の生産技術〉〈現存の消費技術〉〈成人識字率〉〈1人当たりのPC所有率〉〈科学分野の博士取得者の数〉〈高等教育終了の年齢層別比率〉〈中等教育終了の年齢層別比率〉
社会文化的諸要因	〈支配的価値観〉〈ライフスタイル・パターン〉〈人種の数〉〈言語の数〉〈医師1人当たりの人口〉〈主たる宗教〉

出所：Douglas and Craig［1995］前掲書，p.60.

図表7-4　インフラ評価のための指標例

指標のタイプ	指　標　例
総合ネットワーク	〈コミュニケーション・ネットワークの利用可能性〉〈鉄道ネットワーク（キロ数）〉〈道路ネットワーク（キロ数）〉〈航空貨物運送（容積）〉〈1人当たり小売り店舗数〉〈小売り所有の集中度〉〈TV，ラジオの所有率〉〈雑誌，新聞の発行部数〉〈1人当たりの電話機台数〉〈1人当たりの自動車台数〉
基本的資源	〈ガス消費量〉〈エネルギー消費量〉〈キロワット時（kwh）電力コスト〉〈月額賃金コスト〉〈労働者の技能水準〉〈経営管理能力〉〈経営管理訓練〉〈資金の入手可能性〉〈金利〉〈賃借料〉

出所：Douglas and Craig［1995］前掲書，p.62.

図表 7-5 特定製品市場評価の諸指標

指標のタイプ	指　標　例
製品の販売と使用	〈製品販売量〉〈製品所有（世帯向け事業の比率）〉〈販売量の年々の成長率〉〈製品の販売ユニット数〉〈購買頻度〉〈平均購買規模〉
補完製品，代替製品の使用	〈補完製品の販売量と成長率〉〈ユーザー産業の存在と規模〉〈代替製品の販売量と成長率〉〈補完製品の所有〉〈中古市場の規模〉
競争	〈企業数〉〈主要競争業者の存在〉〈競争企業の成長率〉〈上位 3 企業の市場占有率〉

出所：Douglas and Craig［1995］前掲書，p.63.

図表 7-6 国際マーケティングの戦術的決定に必要なリサーチ

マーケティング・ミックス決定	リサーチのタイプ
製品政策決定	〈新製品アイデア開発のためのフォーカス・グループ調査および質的調査〉〈新製品アイデア評価のためのサーベイリサーチ〉〈コンセプトのテスト，テストマーケティング〉〈製品ベネフィットと態度のリサーチ〉〈製品構成と特徴のテスト〉
価格決定	〈価格敏感性調査〉
流通決定	〈買い物パターン，行動の調査〉〈店舗タイプに対する消費者の態度〉〈流通業者の態度，政策調査〉
広告決定	〈広告プリテスト〉〈広告事後テスト，想起度〉〈メディア習慣調査〉
販売促進決定	〈販促タイプ代替案に対する反応調査〉
販売員決定	〈販売プレゼンテーション代替案のテスト〉

出所：Douglas and Craig［1983］前掲書，p.32.

(5) 異文化市場での調査の難しさ

　先述のように，効率的なマーケティング・リサーチの遂行のためには，まず明確な事業戦略の決定が必要である。リサーチすべき問題の特定から必要データの確認，情報の収集が行われ，それがデータ分析と分析結果の活用というプロセスにつなげられる。こうしたリサーチ・プロセスは国内市場調査においても国際市場調査においても，基本的に同様である。しかし，国際市場調査における難しさは，現地の法制度，マーケティング環境，インフラス

トラクチャなどが調査者としての本国本社や海外子会社のそれらと相当に異なること，さらに調査対象者がある製品やサービスを購入する際の態度や行動が社会心理的要因（信念，態度，規範など）に関わる場合には，そのリサーチ・プロセスの各段階において国や地域間の異文化バイアスがかかりやすい点である。「異文化調査と国内調査の最大の違いは，調査の各段階で等価性（equivalence）を確認しなければならないという難しさにある[10]」

国際マーケティング・リサーチの著名な研究者であるダグラス＝クレイグは，文化間の等価性として，3つの重要な側面が存在することを指摘している[11]。

①構成概念等価性
②尺度等価性
③標本等価性

①構成概念等価性

構成概念等価性には機能的等価性，概念的等価性，カテゴリー等価性がある。

まず，機能的等価性とは，調査対象の諸概念，対象物，行動がすべての対象国において機能的に必ずしも等価ではない，すなわち同じ役割や機能を持つとは限らないということである。よく似た物やよく似た行動が別の社会では異なる機能を担うことが少なくないのである。例えば，自転車の用途はある国では主としてレジャーであり，また他の国では基本的な交通手段の一部である。成人の教育の主目的がレジャー活動の一環である国と，それが労働スキル向上を目的としている国がある。日用品の購買行動が煩わしいと感じられる国と，それが近隣の人たちや店員との触れ合いの機会として日常生活の大事な一部となっている国とがある。自動車の所有の意味が国や文化により異なることもある。先進経済国では超高級車以外ではもはやほとんどステータス・シンボルとは見なされないが，発展途上国ではまだ所有者のステータスを表す役割を果たしていることが少なくない。したがって，よく似た物やサービスまたは行動であっても，それらの異文化間での機能的等価性が保証されていなければそれらの測定値の直接比較はほとんど意味がなくなる。

次に，概念的等価性であるが，それはある概念が共通の意味を持っているか否かという問題である。例えば，美しさ，若さ，友情，豊かさ，幸福，性的魅力などの基礎概念はどんな文化にも共通だと思われがちであるが，実際にはそうではない。それらは社会的状況での他人との相互作用，社会的価値などと関連しているからである。同様に，マーケティング概念として頻繁に使用される知覚リスク，ブランドロイヤルティ，ライフスタイルといった構成概念も異文化間で等価である保証はない。一般に共通の基礎概念と思われているものでも調査対象の国・文化間での概念的等価性を改めて確認する必要があろう。

カテゴリー等価性とは，物やその他の刺激が位置付けられるカテゴリーに関する等価性である。当該の製品カテゴリーの分類が国によって異なることがある。例えば，地中海文化では，ビールはソフトドリンクのカテゴリーに入れられている。ミルクをベースとしたチョコレート飲料は一般に英・米・豪の諸国では安眠，リラックスのための「夜の飲み物」であるが，ラテンアメリカでは目を覚ますエネルギー補給としての「朝の飲み物」である。また，ケーキやクッキーが食後のデザートに含まれる国もあれば，それらのスイーツが食事の一部に含まれない国もある。さらに，ある製品カテゴリーの評価に使われる特徴や属性が国によって異なる国もある。例えば，フランスでは香水を評価する主要な属性として hot-cold の連続体の尺度を用いるが，米国と英国ではその属性は消費者には用いられない。また，カテゴリー等価性は，社会人口学的なカテゴリー分けとも関連する。例えば，職業のステータス性は国や社会で相違することがある。僧侶，牧師，教師であることは，工業先進国よりも低開発国においてより地位が高い。

②尺度等価性

尺度等価性は3つの側面で考慮されなければならない。測定基準の等価性，測定具の物差しの等価性，測定具の翻訳の等価性である。尺度の等価性は上述の構成概念等価性と強く関係しており，ある測定尺度は当該の構成概念の操作的定義に他ならない。

国際市場調査に使用した測定尺度の信頼性にばらつきが生じることがあ

る。一般にライフスタイルなどのサイコグラフィック変数に比べると，デモグラフィック変数の方が測定の等価性を得やすいとされる。また，質問紙やインタビューでの回答における被験者の反応の仕方が異文化間で大きく異なるために，データの信頼性が損なわれ，データの直接比較が制限されることがある。回答を嫌がる傾向は国や文化によって異なるし，質問項目によっては，自分の考えではなく，当該社会において一般に望ましいと思われていることを回答する傾向（social desirability bias）も異なる。同様に，社交辞令的回答バイアスも存在する。さらに，国や文化によって回答スタイルの違い，すなわち回答スタイルの等価性の問題もある。回答スタイルには，肯定傾向（yea-saying）と否定傾向（nay-saying），黙従傾向（acquiescence）と反対傾向（disacquiescence）などが存在する[12]。

　また，評定尺度（rating scale）を使用する場合，回答者の答える得点が文化間で同じ意味を持たないことがある。それには，極端な回答を回避する傾向，中庸を好む傾向など，さまざまな文化差が影響する。これらが尺度等価性の問題である。

　他方，翻訳の等価性とは，異文化間で使用される質問紙やインタビューで使用される諸概念，測定具などの翻訳が共通の意味を持つか否かという問題である。翻訳等価性を高める手段として逆翻訳法（Back-translation）や平行翻訳法という方法などが用いられているがその等価性を完全に達成することは不可能であろう。

③標本等価性

　国際市場調査では，関心のある母集団を，それぞれの国で十分に代表するように，さらに複数国間データが比較可能であるように標本抽出方法を決定する必要がある。そして調査目的に応じた標本抽出方法をとることが重要となる。各国，各文化からの標本をすべて同じ手続きで抽出することがいつも望ましいわけではない。例えば，買い物行動の比較をしようとする際に，一般に男性の購買決定権の方が強い国と女性の決定権の方が強い国が存在する。また，購入する製品のタイプや所得水準によってもそれは異なるであろう。標本抽出は，実際の購買者を代表するように設計すべきであり，単純な

人口比率での男女数を代表するように設計するべきではない。調査目的に応じて，各国，各文化で異なる手続きで抽出して信頼性の水準を同等にすることが望ましいことが少なくない。

　上述のような文化間における等価性の問題は，特に一次データの収集，分析，解釈などに重要な影響を与えることが多い。こうした問題を改善ないしクリアするには，現地の社会的状況を十分に把握していること，国際調査経験や統計的知識が豊富であることなどが求められる。国際的な大手調査会社の現地支社が現地の優良な調査サービス会社と組むのが理想であるかもしれない。しかし，その必要コストは大きく嵩むはずであり，現地調査を必要としている中小企業にとってはハードルが高くなるであろう。そこで，大手調査会社を使うとしてもコストを抑えながら良い調査を依頼する方策を考える必要があるだろう。そのための効率の良い方法は，調査目的を明確にして，一次データによる調査・分析が不可欠な内容を適切な範囲に絞り込むことであろう。そのためには自社本社または現地子会社による現地官公庁や業界団体等の二次データを徹底活用することや，取引関係のある現地ディーラーや小売業者などへの聞き取り調査による現場情報の収集が不可欠であろう。そうした現場情報に基づいて自らの仮説検討を種々行っておくことは調査会社に依頼する本調査の範囲やフォーカスを定める上で有効となるだろう。

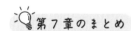 第7章のまとめ

①　国際マーケティング・リサーチの概要

　まず，トップ・マネジメントや事業責任者によって策定される当該の事業戦略の確認を行う必要がある。そうした作業が意思決定に必要となる情報の探索や精査の重要なフィルターの役割を果たす。事業戦略に導かれるリサーチ問題の特定が何よりも重要である。

　次に，情報収集段階へと進む。社内の蓄積データ（データバンク）からの情報探索，内外の関連する二次データの収集，サプライヤー，協業者などへの聞き取り調査などを実施する。その上で，より詳しい調査を要する問題点や課題を絞り込んで，一次データの収集を調査会社等に依頼することになる。

② 国際マーケティング・リサーチのプロセス

　その基本的プロセスは，国内マーケティング・リサーチと同様であり，必要情報の決定→データ収集→データ分析→分析結果の活用というプロセスからなる。ただ，国際的事業の意思決定の多くが二国間，多国間の行動や成果に関わるものであり，リサーチ・プロセスの各段階におけるリサーチ問題の識別，リサーチ手続きの適切性の確保は国内リサーチと比べ格段に難しいものとなる。その難しさと，それへの対応の仕方についての要点は次の③にまとめている。

③ 国際マーケティング・リサーチの難しさ

　国際マーケティング・リサーチの難しさは，現地の法制度，マーケティング環境，インフラストラクチャなどが本社などの調査者が属する国のそれらと相当に異なること，さらに現地での調査対象者による製品やサービスに対する態度や購入が社会心理的要因（信念，態度，規範など）に関わる場合には，そのリサーチ・プロセスにおいて国や地域間の異文化バイアスがかかりやすい点である。異文化調査と国内調査の最大の違いは，調査の各段階で等価性（equivalence）を確認しなければならないことにある。確認しなければならない等価性には機能的等価性，概念的等価性，尺度等価性，翻訳等価性，標本等価性などがある。

　こうした諸問題に適切に対処するには現地の社会的状況を十分に把握していること，国際調査経験や統計的知識が豊富であることなどが求められる。国際的な大手調査会社の現地ネットワークに依存するのが望ましいが，コストが嵩むのが普通である。そこで，調査依頼者は，事前に関連する二次データを徹底活用することや，取引関係のある現地ディーラーや小売業者などへの聞き取り調査による現場情報の収集を行っておくことが不可欠となる。一次データの収集には専門の調査会社を利用することが多いが，調査会社に丸投げすることなく，自らが調査目的を明確にして，一次データによる調査・分析が不可欠な内容を適切な範囲に絞り込むことが大切である。

【注】

1 ルメルト，リチャード・P（村井章子訳）［2012］『良い戦略、悪い戦略』日本経済新聞社，20頁。

2 内閣府 HP「令和2年度障害者差別の解消の推進に関する国内外の取組状況調査報告書2 国外調査　2.2 ESG の概要」https://www8.cao.go.jp/shougai/suishin/tyosa/r02kokusai/h2_02_01.html（最終アクセス 2023年8月3日）

3 花王 HP「外部評価」https://www.kao.com/jp/sustainability/pdf/recognition/（最終アクセス 2023年8月3日），日経 ESG（2018年4月号）

4 日経 MJ「亀田製菓，インド出身の新 CEO が育てる海外成長への種」（2022年5月30日）https://www.nikkei.com/article/DGXZQOUC1718Q0X10C22A5000000/（最終アクセス 2023年8月1日）

5 Teece, D.J.［2007］Explicating Dynamic Capabilities of（Sustainable）Enterprise Performance, *Strategic Management Journal*, 28（13）.（渡部直樹訳［2010］「ダイナミックケイパビリティの解明」渡部直樹編著『ケイパビリティの組織論・戦略論』中央経済社，16頁。）

6 高藤直子，本谷高寛［2013］「特集 消費市場として拡大する ASEAN」「Health & Beauty　市場特性と展開戦略」野村総合研究所『知的資産創造』2013年8月号，36-45頁。

7 MY おうちスタイル ROOMIE「ミカエルさん，教えてください『イケアのお宅訪問ってなに?』」（2016年7月25日）https://www.roomie.jp/2015/06/264488/（最終アクセス 2023年3月8日）

8 日本経済新聞「故豊田章一郎氏『失敗しないとわからない』『現地現物』説き続け」（2023年2月16日朝刊）

9 Douglas, Susan P. and C. Samuel Craig［1983］*International Marketing Research*, Prentice-Hall, Inc.，諸上茂登［1993］『国際市場細分化の研究』同文舘出版。

10 ウズニエ，ジャン・クロード，ジュリー・アン・リー（小川孔輔・本間大一監訳）［2011］『異文化適応のマーケティング』ピアソン桐原。

11 Douglas and Craig［1983］前掲書, pp.137-145. ただし，ここでの等価性の各次元の説明の多くは，Douglas and Craig の論文だけでなく，ウズエニ，リー［2011］前掲訳著の第6章「異文化での市場調査」を要約的に引用している。

12 肯定傾向とは，質問項目の内容に関わりなく「はい／同意する」と答える傾向のことで，ほとんどの質問項目で得点が高めになる傾向がある。逆に，否定傾向とは内容に関わりなく「いいえ／同意しない」と答える傾向のことで，ほとんどの質問項目で得点が低めになる。黙従傾向とは，「はい／同意する」の側に偏った反応をする傾向であり，平均値が高めになる傾向がある。逆に，反対傾向とは「いいえ／同意しない」の側に偏った反応をする傾向であり，平均値が低めになる。

第 8 章

国際製品戦略

1 「品質の良いものをより安く」はもう古い？

　第二次世界大戦後の廃墟の中から立ち上がった日本企業にとって，国内市場充足の次の大きな課題は，戦前からの技術，知識を活かしながら欧米の技術を積極的に導入して国際市場競争にキャッチアップすることであった。国内市場では，1950年代後半には白黒テレビ，洗濯機，冷蔵庫が三種の神器としてもてはやされた。1960年代のいざなぎ景気の時代（1965～1970年）には，カラーTV，クーラー，自動車が新・三種の神器として喧伝され景気を引っ張った。これらの耐久消費財のほとんどは欧米発の技術に基づくものであり，後発の日本企業の多くは国際市場進出にあたって，欧米と比べてより低い価格を最大の武器とした。国内向けと輸出向けの生産を合わせた量産効果を出すとともに，海外に修理のサービス拠点も少なかったので，とにかく故障の少ない高品質製品を作ることに精を出した。日本製の家電製品（特に，TV，ビデオデッキ，ビデオカメラ，ウォークマンに代表される携帯用音楽プレイヤー）は，少なくとも1980年代末頃まで国際市場を席巻したといえる。

　自動車も1960年代に米国市場にサブ・コンパクトという小型車から参入し，ついにはレクサスなどの最高級車部門でも大きなシェアを占めるようになった。家電にしても自動車にしても，日本企業の基本的な強みは徹底した品質管理，継続的な工程改善などに基づく，「良いものをより安く」という製品供給であった。

　家電製品ではカラーテレビが代表な成功事例であるが，もう1つはソニー

をはじめとする日本企業が世界に先駆けて開発したトランジスタ・ラジオ，トランジスタ TV，ビデオデッキ，ビデオカメラ，ヘッドホンステレオのような先進国消費者のライフスタイルを変えるような製品であった。

自動車では，ホンダの低公害の CVCC エンジンが 1972 年当時に，世界で最も厳しいと言われていた米国排気ガス規制法を最初にクリアしたことはよく知られている。その後のトヨタのカローラやホンダのシビックの米国での大きな成功の他に，両社による近年のハイブリッド車，三菱自動車や日産の EV など，時代が求める自動車の開発と量産に日本企業がいち早く成功したことは特筆に値しよう。

ところが，「良いものをより安く」という日本企業の基本戦略の効果は，1990 年代に大きく揺らいできた。1980 年代末までに，米国の家電メーカーのほとんどは日本メーカーによって駆逐されたが，1990 年代にはパソコンの世界でインテル製の CPU とマイクロソフトの OS や基本ソフトが業界標準をとり，独占的な利益を獲得するようになった。業界標準の下でパソコンが組み立てられるようになると，調達能力とロジスティクスに優れているデルや HP が大きく台頭してきた。彼らは台湾の OEM ／ ODM 企業と連合を組んで，自前主義にこだわっていた高コストの日本製のパソコンメーカーとの差を一気に広げていった。ただし，構成部品間の組み合わせが自由な業界標準の世界が成立したとはいえ，実はインテルの CPU の中核部分はクローズドのままであり，マイクロソフトの OS も同様であったために，世界でパソコンが売れれば売れるほど，この 2 社が莫大な独占的利益を獲得できる仕組みになっていたのである。

こうした世界が成立すると，自前主義にこだわりながら，単純に「良いものをより安く」という日本のセットメーカーの製品戦略が無力化する。デルや HP が労働コスト，その他の製造コストが圧倒的に安い台湾企業との連合を組むという，国の差異を活用する裁定戦略を強力に効かせてきたからである。国際分業を有効活用して，しかも，デルのように卸や小売を通さずにダイレクトに消費者に届ける仕組みを採用することで，「良いものをはるかに安く」提供する新しいビジネスモデルがパソコン・セットメーカーの主流になったのである。こうした新しいビジネスモデルに乗り遅れた日本のパソコ

ンメーカーは，今や生き残りもままならない状態であるといっても過言では
ないであろう。

　他方，自動車産業はまだ上述のような情報家電業界に見られるようなオー
プン・モジュラー化が進展しておらず，各社独自のクローズド・インテグラ
ルな世界であり，日本の自動車メーカーは強い競争力を誇っている。ただ
し，電気自動車の世界になると，一気にオープン・モジュラー化が進展する
と予測されることが多く，パソコンや液晶 TV などのエレクトロニクス消費
財メーカーの轍を踏むことがないように今から備えることが必要である。

　ところで，パソコンの世界で，自前主義にこだわってきたのは Apple も
同じであり（OS も自前開発），1990 年代の中頃には経営危機に陥り，1997
年にスティーブ・ジョブズが復帰した後にようやく息を吹き返したのであ
る。しかし，彼は「良いものをはるかに安く」というビジネスモデルを採用
しなかった。彼はデルや HP とは異なる製品戦略で Apple を大きく飛躍させ
たのである。次にそれを見よう。

2 製品絞り込み戦略

　スティーブ・ジョブズは経営陣との意見対立から Apple を長い間離れて
いたが，1997 年に復帰した。そのときの Apple の業績や株価は惨憺たるも
のであった。彼が会社再建にあたって最初に手掛けたのは製品数の絞り込み
であったと言われている。彼は当時の PC 製品カテゴリーは，**図表8-1** に
示している 4 つ（消費者用かプロ用か，デスクトップかポータブル型かの 2
× 2 のマトリックス[1] で表される）であり，各カテゴリーにおいて Apple ら
しいカテゴリー・ベストな完成度の高い製品の開発・販売に絞り込んでいっ
た。

　当時 Apple は 1998 年初めには 350 種類の製品を提供していたと言われて
いるが，それを同年末までに 10 種類に削減したのである。各カテゴリーに
最高のスタッフを投入し，開発サイクルも 18 カ月から 9 カ月に短縮したと
いう[2]。また，この際に，プリンターと周辺機器はすべて切り捨てた。国内
に 6 系列あった販売店も 1 系列に絞り込んでいる。製造部門もほぼ全部を廃

図表 8-1　Apple 社の製品の絞込み

	消費者用	プロ用
デスクトップ	iMac	パワーマック G3
ポータブル	iBook	パワーブック G3

出所：Gallo, C. [2010] *Innovation Secrets of Steve Jobs*, McGraw-Hill.
（井口耕二訳 [2011]『スティーブ・ジョブズ驚異のイノベーション』日経 BP 社，232 頁，図 10-1 に筆者が製品名を加筆。）

止し，台湾の OEM 企業に切り替えている[3]。

　こうした極端なまでの製品の絞り込み，事業のドラスティックな集約化が Apple 復活の原動力となったのである。Apple はカテゴリーごとに Apple らしいシンプルで洗練された製品の開発に集中し，マーケティングの力で顧客をそこに誘導するという戦略をとったのである。多くの顧客の意見を聞いて多くの選択肢を提供してきたそれまでの普通の会社の製品多様化戦略とは逆方向の製品絞り込み戦略をとったのである。

３ iPod の成功に見るマーケティング戦略

　ところで，ジョブズが復帰して Apple の売上が急成長したのは，実は，2002 年に iPod が発売され，デジタル音楽の世界を変えてからである。そこでは 5 ギガバイトと 10 ギガバイトの音楽の保存が可能となり，プレイリストとライブラリー，音楽のジャンル分けなどの画期的な機能が搭載されたのである。さらに，翌 2003 年にはオンライン上に iTunes ミュージック・ストアが開設されて，楽曲を合法的にダウンロードさせて販売するという販売のイノベーションを起こした。その後も，iPod ミニ，iPod シャッフル，iPod ナノ，iPod フォト・シリーズ（写真だけでなく動画のダウンロードも可能とした）などの先端技術を取り入れた新製品を矢継ぎ早に販売して売上を急成長させたばかりでなく，同時に，ローエンドからハイエンドまでのあらゆるクラスの製品を展開することでライバル企業が参入してくることを防いできたのである。しかも，10 ギガバイト，20 ギガバイト，40 ギガバイトというように同じ情報容量のもので比較してみると，機能を充実，高度化してい

図表 8-2　Apple 社の売上高・最終利益の推移

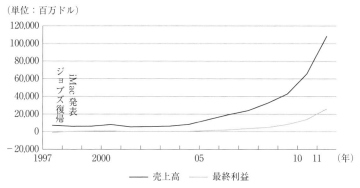

出所：各種資料より筆者作成。

るにもかかわらず小売価格を下げているのである[4]。そして，2005 年には，無線接続，電話機能，インターネット・ブラウザを取り入れたオールイン・ワンのスマートフォンである iPhone を発売して空前のヒットを飛ばしたのである。実は，インターネットにつながる携帯電話はドコモが先行しており，すでに 1999 年に i-mode サービスを国内で開始していたが国際展開では大苦戦を強いられていた。そこに Apple が参入してフルブラウズを可能としたスマートフォンというカテゴリーを確立したのである。

　すなわち，Apple は製品の絞り込み戦略を起点として再生のきっかけをつかみ，iPod の売上および iTunes ミュージック・ストアの立ち上げという市場創造と相乗効果をもって急成長したのである。さらに，スマートフォンという新しいカテゴリーを世界に普及させることで一段の飛躍を遂げたのである。製品絞り込み戦略を起点とするデザイン力，開発スピード，市場創造力，市場への普及力が彼らを強くしていったのであるが，同時に，Apple はサプライヤーへの圧倒的な発注数量の大きさを強力な武器に安値で部品調達を行い，非常に高い利益率を獲得している（その後の Apple の製品展開については【コラム 8】参照）。

　Apple の事例は，日本企業の家電製品メーカーの多くが多品種少量生産システムの効率化で成功してきたのと対照的である。家電製品ではないが，日本企業にも類例がなくはない。製品絞り込み戦略を起点とするという意味で

は，ユニクロの少品種多量販売戦略は Apple のそれと類似している。また，新興国の生産基地（ユニクロの場合，中国が中心）を徹底活用しながらも，完成度の高い高品質製品を提供するといった点でも類似しているといえよう。

　次節で，少品種多量生産と多品種少量生産のビジネスモデルの相違について より詳しく検討している。

4 少品種多量生産と多品種少量生産のビジネスモデル

(1) 少品種多量生産と多品種少量生産

　企業の製品戦略と生産戦略は密接に関連している。2つをつなぐ典型的な ビジネスモデルには，少品種多量生産，多品種少量生産，マス・カスタマイ ゼーションなどがある。

　まず，少品種多量生産モデルから見よう。これは少ない種類の製品を多量 生産するという意味である。前述のように，Apple は iPod や iPhone などの 絞り込まれた完成度の高い製品の少品種多量生産によって世界をリードして きた。現在，スマートフォンでは，Apple の模倣と言われながらもサムスン のスマートフォン（ギャラクシー）の販売が急速に伸びて2社が世界の首位 を争っている。

　彼らのように，国際分業の利益を十分に活用し，世界市場を対象とした少 品種の製品を圧倒的な規模で大量生産・大量販売するというのが，現代の少 品種多量生産モデルの典型的な成功事例である。

　このモデルが成立するのは，少品種ではあるが均一性の高い製品に対する 多くの顧客の支持がある場合である。しかし，競争企業がより個性的な製品 や機能付加によって参入してくる脅威は常にある。そこで，後述するよう に，少品種多量生産モデルで成功している企業は，いかに個性化欲求を抑制 するかが大きな課題ともなる。

　他方，多品種少量生産モデルは，顧客の多様なニーズに応えるために，多 品種の製品をそれぞれ比較的に少量生産で提供することを意味する。顧客の

図表8-3　低エネルギーと高エントロピーの循環性

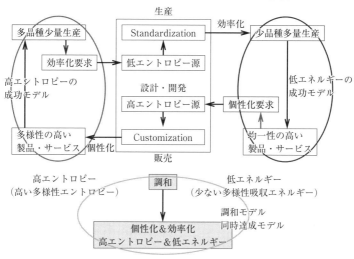

出所：明治大学経営品質科学研究所編［2011］『経営品質科学の研究』中央経済社，
　　　11頁，図1-3に筆者が加筆。

個性化欲求を満たすために，市場セグメントごとにできるだけカスタマイズした製品やサービスを提供するものである。究極の個性化は個人ごとのカスタマイズないしテーラーメイドであるが，それではコストがかかりすぎるであろう。そこで，ある程度のボリュームのある市場セグメント（市場の部分集合）別に対応するのである。そうした市場細分化戦略（詳しくは第9章参照）を支えるのが多品種少量生産である。

　このモデルが成立するのは，市場における大方の人々の個性化欲求の方が，たとえ個性的でなくても安いものが欲しいという効率化欲求より強い場合である。しかし，そのうちに製品やサービスの標準化による効率化によって，より低価格で提供しようとする競争者が出てくる可能性がある。逆に言うと，そうした効率化欲求をいかに抑制するかが多品種少量生産に基づく成功モデルを維持する要諦となる。

　他方，図表8-3に示しているように，特定市場を中・長期的に見ると，一般に，少品種多量生産に基づく低エネルギー化と多品種少量生産による高エントロピー化のモデルには循環性がある[5]。企業はその循環性があるから

こそ，新しい機会を見つけることができるのである。業界リーダーの少品種多量生産戦略に製品やサービスの多様化，個性化戦略をぶつけることで商機が生まれ，また，多品種少量生産戦略に標準化，効率化戦略をぶつけることでも商機が生まれるのである。

　さらに，個性化と効率化の同時達成ないし調和モデルとしてのマス・カスタマイゼーションも注目される。すなわち，現代の多くの産業では，多品種・多仕様の製品に対するニーズの充足と，大量生産による低コストの実現を同時に達成することが求められる。その方策の1つとして，「顧客ごとにカスタム化した製品やサービスを，大量生産と同じくらい低コストで提供する」[6] ことを意味するマス・カスタマイゼーション概念がある。**図表 8-3** には，高エントロピー化と低エネルギー化の調和モデルの1つとしての"マス・カスタマイゼーション"モデルが中央下段に素描されている。

(2) 低エネルギー化と高エントロピー化の同時達成モデル

　マス・カスタマイゼーションのグローバル・レベルでの応用モデルとして，例えば，標準化した中核部材やモジュールは，グローバルにみて最も効率の良い先端工場で集約的に生産し，そこで生産した部材やモジュールを使用する最終組立や製造は，顧客からの受注後に国際交通の要所でかつ販売市場に比較的近い地域流通センターで行い，販売やアフターサービスは現地市場向けにローカル化して実施するといったモデルがある。もちろん，自社の国際配置の中で最も効率の良い工場を活用することも（比較優位の利用，国の裁定戦略），先端工場への集約化，地域流通センターでの一元的な在庫管理・出荷管理を行うことも低エネルギー源である。現地市場の顧客（通常は顧客グループ）ごとにカスタム化することは高エントロピー源となる。

　なお，第6章で紹介したゲマワットの「スマートな適応化戦略」は，現地の多様なニーズに効果的に応えるために，自社および外部の低エネルギー源をより広範囲に探索して積極的に取り込むことを意図するものであった。

(3) 低エネルギー化のビジネスモデルにおける個性化要求の抑制戦略

　上述のようないわゆる"同時達成モデル"ないし"調和モデル"では，基

本的なビジネスモデルが低エネルギー化ベースなのか，高エントロピー化ベースなのかが必ずしも明確ではない。グローバルなコスト競争が激化している今日の多くの市場では，経営を全体として可能な限り低エネルギー化していくことが不可欠の課題となっている。とりわけ日本企業の新興国市場開拓においては，低エネルギー化への大胆なギアチェンジが必要であろう。

　他方，低エネルギー化の特定のビジネスモデルで成功した場合には，そのビジネスモデルの優位性をできるだけ長く維持することが重要であろう。そのためには，低エネルギー化モデルにおいて生じてくる可能性のある個性化要求をいかに抑制するか，遅らせるかが重要となる。

　均一性の高い製品・サービスを提供する低エネルギーのビジネスモデルにおいては，競合他社が差別化モデルを提供してチャレンジしてくる可能性がある。また，顧客自身が個性化の欲求をより強く持つ可能性がある。そうした個性化欲求を抑制し，または遅らせる戦略がとられる必要がある。少なくとも次の3つのような戦略が可能であろう[7]。

①少数の独自製品への絞り込みと魅力的なブランド化によって個性化欲求の抑制を図る。

②新しい差別化要因を付加したイミテーターの製品やビジネスモデルが出現すれば，その新しい差別化要因を模倣し取り込むことでそれらの差別化要因を無効化する。

③顧客による個性化欲求を抑制するさまざまな戦略（例えば，アプリケーション・ソフトの充実でハードに対する個性化欲求を抑制）を実行する。

　Apple の iPad，iPhone のビジネスは独自製品の少品種多量生産体制をとりながら，個性化欲求をうまく抑制しているように見える。すなわち，Apple は基本 OS と CPU を独自設計する垂直統合型を維持しながら，製品開発，部品調達，生産，ロジスティクスは低コストの外部経営資源を有効に活用している。同社のビジネスモデルはユーザー・インターフェース技術の向上にこだわる独自の擦り合わせを駆使しながらも，全体としては低エネルギー化を追求するモデルであると理解できる。これまで独自の技術と規格にこだわりガラパゴス化と揶揄されてきた日本の携帯電話メーカーと比べれ

ば，明らかに低エネルギーのモデルであるといえよう。ハードの製品バリエーションは極端に限定的であり，カテゴリーごとに絞り込まれており，コスト抑制に大きく寄与している。また，デザインとマーケティングが卓越している高級ブランド品として高価格設定が可能であり利益率は業界平均よりはるかに高い。

それでは Apple は低エネルギー化と高エントロピー化の循環性をどのように克服しているのか。洗練された機能とデザインを持つとはいえ，製品の絞り込み，大量製販という低エネルギー化の戦略は，他方においてユーザーによる個性化欲求を抑制する方策をもたなければならないであろう。Apple の強力なブランドが個性化欲求を抑制していることも事実であるが，同時に，サードパーティによるアプリケーション開発を可能とした SDK（Software Development Kit：ソフトウェア開発キット）の公開を通して，膨大な数のアプリケーションを利用可能とすることにより，ユーザーの個性化欲求にソフトの多様化によって応えている。

(4) 個性化，多様化のビジネスモデルにおける効率化欲求の抑制戦略

多品種の製品を提供して個性化，多様化欲求を満たすビジネスモデルは，高エントロピー化の方向である。個性化，高エントロピー化の方向での特定ビジネスモデルで成功した場合には，そのビジネスモデルの優位性をできるだけ長く維持することが重要である。しかし，他企業が類似品（または模倣品）をより安い価格で提供することでチャレンジしてくる可能性がある。また，個性的な製品やサービスであっても，顧客がより低価格なものを要求する可能性もある。そうした効率化の欲求を抑制する戦略としては，少なくとも次の3つのような戦略が考えられる[8]。

①本物志向の徹底，製品およびサービスの差別化の徹底。

②究極の個性化は個人別のカスタマイゼーションないしテーラーメイドであり，そういう知覚品質に近づける努力を行う。

③一流ブランドとしてのポジションの確立，チャネルの構築などを通して，個性化を貫徹し，効率化欲求を抑制する。ブランドとポジショニングが確立しており需要が旺盛であれば，したたかに製品供給量のコント

ロールを行って希少性を演出することも可能である。

しかし，このような本格的な高級ブランドビジネスは，多くの日本企業にとって未開拓領域であるといっていいであろう。高級ブランドビジネスの展開については，フランスやイタリアのブランドビジネスから学べることが多い[9]。

以上のように，低エネルギー化と高エントロピー化の循環性の克服戦略と考えられるアプローチとして，①低エネルギー化と高エントロピー化の同時達成モデル，②低エネルギー化をベースとするビジネスモデルにおける個性化要求の抑制戦略，③高エントロピー化をベースとするビジネスモデルにおける効率化欲求の抑制戦略がある。

従来の日本企業の多くは，上述の①の低エネルギー化と高エントロピー化の同時達成モデルを追求して家電製品や乗用車において世界市場の重要なポジションを獲得してきた。日本企業は欧米のライバルよりも多くの製品バリエーションを相対的に低コストで実現して世界市場を席巻してきた。しかし，②と③の戦略については多くの課題を残していると言わざるを得ない。特に，今日の新興国中間層市場における効率化欲求を看過してきたようである。台湾，韓国，中国のメーカーがその隙を突いてきた。1990年代におけるモジュラー化の進展という大きな構造変化の中で，PCは台湾メーカー（EMS企業を含む）が力をつけ，液晶TVや携帯電話・スマートフォンなどでは韓国企業が強力なライバルとして登場した。彼らと競争するためには低エントロピー源を戦略的に，可能な限り多く取り入れて効率化を図るビジネスモデルが必須であろう（詳しくは第13章参照）。

5 先進国市場の深掘りの製品戦略

先進国の上位所得層の市場を標的とする場合，差別化の徹底が重要となるであろう。前節で検討した個性化，多様化すなわち高エントロピー化ベースのビジネスモデルにおける効率化欲求の抑制戦略が以下のようにここでも妥当しやすい。

①本物志向の徹底，差別化の徹底

②個人別のカスタム化感ないしテーラーメイド感の提供

③一流ブランドとしての製品ポジションとチャネルの確立

　他方，先進国のマス・マーケットである中位所得層の市場を標的とする場合には，高級，本物志向のニーズ充足よりむしろ効率化と個性化を同時に提供できるビジネスモデルが重要であると考えられる。小売価格は合理的であり（そのためには国際分業を活用した，比較的少品種で中位量〜多量生産の実現が必要），特に機能的面白さまたは感性的面白さを持つ，より理想的にはそれらの両方を持つような製品の開発・生産・販売が重要であろう。

　ここでは先進国の中位所得層市場の深掘りの方向として，①ワクワク感や感動の提供と，②世界の才能を活かすビジネス・スタイルについて検討することにしたい。

(1) ワクワク感や感動の提供

　まず，「わくわく」とは何か。広辞苑によると，「期待などで心が落ち着かず，胸がどきどきするさま」である。ワクワク感の高揚はこれからの日本企業にとっての共通の課題であろう。きちんと利益のとれるビジネスを展開するためには，過当な価格競争に巻き込まれないようにしなければならず，業界平均より高利益率を獲得するためには相対的な高価格設定が可能でなければならない。そのためには，機能的な品質が良いだけでは十分ではなく，ワクワク感の高揚が不可欠であるといえよう。

　藤本によると，自動車メーカーが持つテクニカルな設計力や開発力をユーザーの「ワクワク」感に結びつけるためには，デザイン力，ブランド力，物語をつむぎ出す力の向上が必要である[10]。これまでトヨタをはじめとする日本の自動車メーカーの多くは，組織の力を鍛えて，イライラしない車作りに励んできた。それに加えて，ワクワクする車作りには，個人の才能が必要である。「ワクワクするし，イライラしない製品作り」を行うためには，「天才を活かす組織の度量」と「組織を遊ばせる天才の力」の合体が必要であるという。

　任天堂を世界的企業に押し上げた中興の祖として知られている山内溥元会長の言葉として知られているものに，「100 人の凡人より 1 人の天才」とい

うのがある[11]。任天堂の天才クリエータである宮本茂氏と天才プログラマーの岩田聡氏は，あの有名なスーパーマリオブラザーズからニンテンドー DS や Wii U までプロデュースしてきたが，近年では，前者が情報開発本部長（現・代表取締役フェロー）として，後者が4代目社長（2015年没）として組織を“遊ばせている”ようにも見える。

(2) 世界の才能を活かす

　ワクワク感の醸成，維持については北イタリアのビジネスから学べることが多いように思う。まず，彼らは自社組織内あるいは地域コミュニティにとどまらず，広く世界に異才を求めることが注目される。

　アレッシーのあの有名なバードケトルは，米国の建築家がデザインしたものである。一流のプロフェッショナルたちは，畑違いの仕事を頼まれると自分の才能を極限まで発揮する喜びを感じるのではないだろうか[12]。皆さんは，マセラッティ・クアトロポルテ（2001年）やエンツォ・フェラーリ（2002年），フェラーリ・スカリエッティ（2003年）をデザインしたのが日本人の奥山清行氏であったことをご存じだろうか[13]。イタリア経営者の「天才を活かす組織の度量」の大きさに驚かされる事例は決して珍しいものではない。デザイン能力が世界的に見ても希少なもので高い価値を持つことを彼らはよく知っているのであろう。また，ミラノを中心とするデザイン・クラスターと呼ばれるロンバルディア州は世界のデザイナーを引きつける魅力にあふれている[14]。そこには芸術家，デザイナー，建築家，サプライヤー，写真家，批評家，学芸員，出版人，職人などさまざまな分野の専門家が在住しており，流動的で緩やかなコミュニティが形成されている。日用雑貨・家庭用品メーカーのアレッシー，フロス，アルテミデ，カルテルなどの企業は，ロンバルディア・デザイン・ネットワークに属している。

　世界中の優秀なデザイナーがロンバルディアに集まる理由は決してお金のためではない。視覚芸術家，科学者，批評家，企業幹部らが考える最先端のデザインに触れる機会に恵まれ，デザイナーとブランド企業との間は上下関係ではなく，経営陣を含めてあらゆる人たちと個人的に対等に意見交換できる関係にあるという。さらに，ロンバルディアでは高度技術を持つ企業が小

ロットの試作でも嫌がらないため，プロトタイプの制作にあたって大胆なデザインを試みることができるという。そして，何よりも経営者たちがプロジェクトにほれ込み，情熱を持って肩入れしてくれるのが最大の魅力ではないだろうか。

　このように地域性がありながらグローバルであるという組み合わせも，ミラノ式イノベーションの主要な特徴の1つである。日本企業がこのような北イタリアの産業的雰囲気をまねることは容易でないことは言うまでもない。しかし，独創性のあるもの作りにおいて，才能をグローバルに求めて，それを日本のもの作りの特長や地域性とうまく融合することは可能であると考えられる。

🔅 第8章のまとめ

①　良いものを安く vs 良いものを高く

　第二次世界大戦後の日本企業は，長い間，家電にしても自動車にしても，その基本的な強みを徹底した品質管理，継続的な工程改善，無駄の削減などに基づく，「良いものをより安く」という製品供給方式に求めた。家電製品については，1980年代まで世界市場を席巻してきたといっていい。しかし，デジタル化が本格化した1990年代に入ると，パーソナルコンピュータをはじめとするデジタル家電製品の分野ではそうした戦略に翳りが見えてきた。例えば，HP，コンパック，デルなどが台湾のOEM（製造受託企業）との連携によって低コストの国際分業体制を構築して「良いものをはるかに安く」供給するビジネスが圧倒的な競争力を持つようになった。その他の多くの製品についても，自前主義にこだわった日本企業は，新しい国際分業体制に乗り遅れて苦戦を強いられた。他方，その時代にはAppleも自前主義をとっており経営が大きく傾いた。しかし，スティーブ・ジョブズの再登板から，革新的で魅力的な製品への大胆な絞り込みを起点とする「良いものを高く」という戦略をとって復活を遂げた。

② 少品種多量生産モデル vs 多品種少量生産モデル

　企業の製品戦略と生産戦略は密接に関連している。2つをつなぐ典型的なビジネスモデルには，少品種多量生産，多品種少量生産，マス・カスタマイゼーションなどがある。

　少品種多量生産モデルは少ない種類の製品を多量生産するという意味である。このモデルが成立するのは，少品種ではあるが均一性の高い製品に対する多くの顧客の支持がある場合である。しかし，競争企業がより個性的な製品や機能付加によって参入してくる脅威は常にある。それに対しては，個性化の欲求をうまく抑制する施策が必要となる。

　他方，多品種少量生産モデルは，顧客の多様なニーズに応えるために，多品種の製品をそれぞれ比較的に少量生産で提供することを意味する。顧客の個性化欲求を満たすために，市場セグメントごとにできるだけカスタマイズした製品やサービスを提供するものである。このモデルが成立するのは，市場における大方の人々の個性化欲求がより強い場合である。しかし，そのうちに，そうした人々の中にも，より低価格の製品に対する需要が生まれる余地があり，より絞り込んだ製品を効率的に多量生産することで勝負しようとする競争者が出てくる可能性がある。その動きに対しては，人々の効率化，低価格化への欲求をうまく抑制する施策が必要となる。

　おそらく最も望ましいのは，個性化と効率化を同時に達成するモデルであろう。その方策の1つとして，市場セグメントごとにカスタム化した製品やサービスを，大量生産と同じくらい低コストで提供することを企図するマス・カスタマイゼーション戦略がある。

③ 先進国市場の深掘り

　先進国の上位所得層の市場を標的とする場合，差別化の徹底が重要となる。そのためには，本物志向の差別化の徹底，個人別のカスタム化感ないしテーラーメイド感の提供，一流ブランドとしての製品ポジションの確立とチャネルの構築などが必要であろう。

　他方，先進国のマス・マーケットである中位所得層の市場を標的とする

場合には，高級，本物志向のニーズ充足よりむしろ効率化と個性化を同時に提供できるビジネスモデルが重要であろう。小売価格はより合理的であり，機能的面白さまたは感性的面白さを持つ，製品の開発・生産・販売が重要であろう。ここではその1つの有効な方策として，ワクワク感や感動の提供を取り上げて，北イタリアのビジネスから学べることが少なくないことを指摘した。

【注】

1　スティーブ・ジョブズが1998年のマックワールドで使ったスライドであり，各マス目の中に製品の記述はなかった。マス目の製品例は次の文献を参考に筆者が記入した。Gallo, C. [2010] *Innovation Secrets of Steve Jobs*, McGraw-Hill.（井口耕二訳 [2011]『スティーブ・ジョブズ驚異のイノベーション』日経BP社，232頁。）

2　Gallo [2010] 前掲書（訳書，232頁）。

3　ルメルト，リチャード・P（村井章子訳）[2012]『良い戦略、悪い戦略』日本経済新聞社，24-25頁。

4　ダベニー，リチャード・A（東方雅美訳）[2011]『脱コモディティ化の競争戦略』中央経済社，185-187頁。

5　これは，山下洋史による情報エントロピー的研究視座にエネルギー（仕事・仕事量）の視点を導入した企業活動における低エネルギーと高エントロピーの調和問題フレームワークの1つである。情報エントロピーは本来，情報通信における無秩序さ・多様性を表すものであるが，ここでは情報エントロピー概念を拡張して，社会というマクロ的なシステム（情報通信を含む）における無秩序さ・多様性を表している。この拡張エントロピーを多様エントロピーと呼んでいる。多様性吸収エネルギーが多様性エントロピーに対してどれだけ効率的な吸収効果を発揮するかは，技術力係数であり，より高い技術力を有している（技術係数が大きい）ほど，相対的に小さいエネルギーで仕事に介在する多くの多様性を吸収することができると考えられている。山下洋史 [2011]「企業活動における経営品質の科学」明治大学経営品質科学研究所編『経営品質科学の研究』中央経済社，8-9頁。

6　Pine, B.J. [1993] *Mass Customization*, Harvard Business School Press.（江夏健一・坂野知昭監訳 [1994]『マス・カスタマイゼーション革命』日本能率協会マネジメントセンター。）臼井哲也 [2006]『戦略的マス・カスタマイゼーション

研究』文眞堂。

7　諸上茂登［2012］『国際マーケティング論の系譜と新展開』同文舘出版，第11章参照。

8　諸上茂登［2012］前掲書，第11章参照。

9　ヴィダル，フロランス（岡本義行訳）［1995］『イタリア式マネジメント』三田出版会。小林元［2007］『イタリア式ブランドビジネスの育て方』日経BP。

10　藤本隆宏［2004］『日本のもの造り哲学』日本経済新聞社。

11　藤本［2004］前掲書。

12　Verganti, R.［2006］Innovation Through Design, *Harvard Business Review*, December.（マクドナルド京子訳［2007］「ミラノ式デザイン主導イノベーション」『DIAMONDハーバード・ビジネス・レビュー』ダイヤモンド社，8月号。）

13　奥山清行［2007］『フェラーリと鉄瓶』PHP研究所。

14　Verganti［2006］前掲訳書。陣内秀信［2000, 2006］『イタリア　小さなまちの底力』講談社。

任天堂と Apple のプラットフォーム戦略

　本コラムでは，第 6 章の図表 6–3 で提示された日本企業の生き残りのポジショ
ニングにおけるプラットフォーム戦略に位置付けられている任天堂と Apple
のゲームビジネスへの取り組みについて本章の製品戦略の観点から考察してみた
い。

　任天堂は，本章でも取り上げられているように，Wii で新市場を開拓し成功を
収めた。ただ，財務パフォーマンスを見てみると，必ずしも平らな道ではなかっ
たことがうかがえる。Wii の市場化以降，ハードでは Wii U やニンテンドー
3DS を導入したが年度によっては赤字となっていた。そこで 2016 年に
Nintendo Switch（以下，Switch）を発売し現在に至るまで Wii 以上の財務パ
フォーマンスを実現している。この間，ソニーの PS4，PS5 シリーズやマイク
ロソフトの Xbox シリーズは高性能なハードを発売している。PS シリーズや
Xbox が圧倒的なスペックで映像美を追求する一方で，任天堂は一貫して自社を
ハードではなくエンターテイメントに特化してきたことは特筆に値する。任天堂
を代表するスーパーマリオシリーズ，スプラトゥーンシリーズ，ゼルダの伝説と
いった過去のハードから続く人気作の最新シリーズを発売するとともに，
Switch オンラインではサードパーティ・ソフト販売のプラットフォームとして
開放している。2023 年 9 月末には Switch シリーズの累計販売台数は 1 億
3246 万台となっており，世界で一番売れているゲームハードとなっている。任
天堂は自社でブランド力のある有力なソフトを内製化するとともに，サードパー
ティ・ソフト販売のプラットフォームの魅力を維持することにも事欠かない。
2019 年からは，これまで自社ハードでしか発売しなかったオリジナルゲームを
Apple の App ストアにも提供開始した。そして，2020 年には，ソフトウェア
開発費用を大幅に増額することも発表している。さらに 2021 年には，サードパ
ーティ制ソフトウェア開発元との協力体制の強化も発表した。より多くのユーザ
ーに，ゲームを楽しんでもらうということを第一に Switch を基軸としたプラッ
トフォーム作りを絶え間なく追求している。

　Apple の iPod は音楽を手軽に外に持ち運べるという性能で私たちのライフス

タイルを大きく変えた。そして 2005 年以降，インターネット接続には欠かせない iOS を初めて搭載した iPod Touch を発売した。その後も 2007 年に発売したシリーズ最大のハードディスク容量を誇る iPod Classic や，第 5 世代 iPod Nano，第 4 世代 iPod Touch，第 4 世代 iPod Shuffle，第 7 世代 iPod Nano，第 6 世代 iPod Touch など，動画撮影用のカメラ機能やスピーカー機能，通話機能，タッチスクリーン，高品質な処理性能などを備えたシリーズが 2015 年までに次々と生み出されていった。しかし，性能が酷似する iPhone の 2007 年発売とともに，売れ行きが鈍化し始め，2022 年 5 月には iPod Touch の販売は終了し，iPhone や Apple Watch がその後を引き継ぐ形となった。近年では，サムスン電子やファーウェイ，シャオミなどアジアを出自国とする競合企業の台頭やサプライチェーンの供給不足の影響などにより，売上が停滞しているものの，Apple 独自の OS システムがハードウェア製品の同ブランド買い（iPhone と iPad の購入など）を促すなどの効果もあり，業界でのハードウェア製品分野における地位は確固たるものとなっている。

　一方で，ソフトウェアや各種サービスなどの比率も，2015 年には 8.5％であったが，2020 年には 19.6％にまで上昇し，存在感を強めている。Apple は iPod などの「ハードウェア」と iTunes などの「ソフトウェア」を両輪に，その相互作用を可能にするビジネス・アーキテクチャの設計に成功し，プラットフォーム企業としてのポジショニングを築いてきた。そして，時代の変化や技術の発展に伴い，iPod から iPhone へ，iTunes から Apple Music へというように「ハード」と「ソフト」の両面においてコア製品・サービスを革新し続ける一方，他のソフトウェア企業も参加できるインフラ構築や自社リソースの公開など，インタラクティブでオープンな場を提供することでネットワーク効果を享受し，業界での地位を確固たるものとしてきた。これらの経緯から考えても，ハードウェアを「主」とし，ソフトウェアを「従」とする企業であるようにうかがえるが，AR ／ VR（拡張／仮想現実）事業への投資や App Store 上でのアプリケーション開発コミュニティの創設など今後はソフトウェアシフトが加速していくと推測されている。

【コラム 8-1　参考文献】

4Gamer.net「任天堂・岩田氏をゲストに送る『ゲーマーはもっと経営者を目指すべき！』最終回―経営とは『コトとヒト』の両方について考える『最適化ゲーム』」」https://www.4gamer.net/games/999/G999905/20141226033/（最終アクセス 2023 年 8 月 6 日）

Business Insider Japan「さようなら，最後の iPod…『iPod touch』の歴史を振り返る」（2022 年 5 月 14 日）https://www.businessinsider.jp/post-254150（最終アクセス 2023 年 7 月 28 日）

iPhone Mania「アップル 40 年の歴史がひと目でマル分かり！カラフルな超巨大ポスター」（2016 年 4 月 13 日）https://iphone-mania.jp/news-110791/（最終アクセス 2023 年 7 月 28 日）

iPhone Mania「初代 iPod 発表から 15 周年！記憶に残るモデルを振り返る！」（2016 年 10 月 25 日）https://iphone-mania.jp/news-141761/（最終アクセス 2023 年 7 月 28 日）

iPhone Mania「Apple が iPod touch の販売を終了した理由」（2022 年 10 月 30 日）https://iphone-mania.jp/news-499766/（最終アクセス 2023 年 7 月 28 日）

WIRED.jp「さらば，iTunes。肥大化した混迷の産物の"死"と，その偉大なる功績」（2019 年 6 月 4 日）https://wired.jp/2019/06/04/apple-kills-itunes/（最終アクセス 2023 年 7 月 28 日）

日本経済新聞「任天堂とアップル，明暗を分けた自負と野心　デザイン資本主義（下）」（2015 年 3 月 18 日）https://www.nikkei.com/article/DGXMZO84448450W5A310C1X13000/（最終アクセス 2023 年 7 月 28 日）

任天堂公式ウェブサイト「ゲーム専用機販売実績」https://www.nintendo.co.jp/ir/finance/hard_soft/index.html（最終アクセス 2023 年 11 月 18 日）

ビジネス・ブレークスルー大学大学院 OnlineMBA「教員ちょっと気になる『Apple の主力事業の変遷』」（2020 年 11 月 17 日）https://www.ohmae.ac.jp/mbaswitch/_watch_apple/（最終アクセス 2023 年 7 月 28 日）

第9章

国際市場細分化戦略

■1 市場細分化戦略とは

　コトラーによると，市場細分化とは「購買欲求あるいは必要条件が異なる購買者グループを識別する過程である。[1]」また，「1つの市場を互いに異なる複数の部分集合に細分することであり，そこではどの部分集合も個別のマーケティング・ミックスを駆使して到達すべき市場標的として選択されたものをいう。」市場細分化戦略とは，アーカーの定義に従えば，「識別された市場セグメントと，こうした市場セグメントに競争戦略を提供するプログラムを組み合わせることである[2]。」市場細分化がその威力を最大に発揮するのは識別された目標市場セグメントに適合する製品差別化およびその他のマーケティング戦略と有効に結びつけられたときであろう。また，市場細分化戦略は，会社の経営目的・目標，そして競争優位構造によって重要な影響を受ける。

　コトラーは，市場細分化の問題領域として，①市場をいくつかの顧客部分集合に分割する"市場セグメンテーション"と，②その各市場を評価し，特定のターゲット・セグメントを選択する"ターゲット市場設定（ターゲティング）"と，③そのターゲット市場向けの"特定のマーケティング・ミックスの決定"という3つの主要領域を挙げている。

　①の"市場セグメンテーション"に関しては，どのような目的でいかなる市場細分化基準を採用して市場を区分するかが問題となる。同一の業界にあっても，個々の企業はそれぞれ独自の市場細分化戦略を展開するであろう。当該企業の経営目的やマーケティング戦略／市場細分化戦略の目的，経営資

源と組織能力，競争環境などに依存して決まる。

　市場細分化の基準には，地理的変数（地域，都市規模，人口密度，気候等），人口統計的変数（年齢，性別，家族数，所得，職業，教育，宗教，人種，国籍，社会階層等），心理的変数（ライフスタイル，性格，価値観等），行動的変数（追求便益，使用頻度，ロイヤルティ等）があり，それらのいくつかの組み合わせが用いられるのが普通である。

　次に，②の"ターゲット市場設定"では，上記①の分析によって異質性が認識された，いくつかの顧客部分集合の中からのターゲット市場の設定の仕方が問われる。

　コトラーの指摘によると，次の3通りの基本的戦略がある。すなわち，無差別マーケティング戦略（市場セグメントの異質性を無視し，単一の製品やマーケティング・ミックスを用意する），差別化マーケティング戦略（複数の市場セグメントに対して，それぞれに適した製品やマーケティング・ミックスを用意する），集中マーケティング戦略（1つの市場セグメントだけを選んで，そこに勢力を集中する）である。これらの戦略のうちどれが採用されるかは，当該企業の競争環境や経営資源の特質ないし競争優位構造，そしてマーケティング以外の諸活動との関連等で決められる。

　③の"特定のマーケティング・ミックスの決定"では，ターゲット市場セグメント向けの製品，価格，流通，販売促進などのマーケティング・ミックスのプログラム開発ないし適合化が検討されることになる。これを効果的に実施するためには，①の市場セグメンテーション分析の精度が高くなければならない。

　また，コトラーによると，有効な市場セグメントは次のような必要条件を満たしていなければならない。

　a. 測定可能性（measurability）：すなわち，特定の購買者に関してどの程度の情報が存在しているか，どの程度の情報が入手できるか。

　b. 接近可能性（accessibility）：すなわち，選択したセグメントに対して企業がどの程度その努力を効果的に集中できるか。

　c. 実質性（substantiality）：すなわち，各セグメントが個々のマーケティング開発を考慮するに値するほど大きいか，また収益性の高いものか。

　したがって，たとえ異質な市場セグメントが識別されたとしてもそれらへの接近可能性が確保されない限り細分化戦略は有効でないし，また，セグメントの実質性（大きさ）が乏しいのに細分化戦略を強行すると，オーバー・セグメンテーションの不経済を引き起こすことになる[3]。

　上述のような市場細分化の基本的概念や方法は，主として国内（特に米国内）のマーケティングの経験から導き出されたものであるが，それらは基本的には国際市場細分化にも適用することができる。国際マーケティングの場合，進出国先の国内市場の細分化の検討も重要であるが，グローバル競争が激化した今日，市場細分化戦略の決定は，当該企業の世界戦略との関連で策定されるべきものとなっている。そして，コスト競争が激化する中，規模の経済性を効かせるために，ターゲット市場の実質性（大きさ）がますます重要な要因になっている。そこでは国境をまたいで類似度の高い下位市場セグメントを共通のターゲットとすることが現実的であることが多くなっている。

② 国際市場細分化戦略の分類

　国際市場細分化戦略は**図表9-1**のように分類できる[4]。前述のとおり，コトラーが指摘する標的市場の設定方法として無差別マーケティング，差別化マーケティング，集中マーケティングがある。そして，市場細分化の単位として，その対象範囲が大きい方から順に挙げると，国のクラスター単位（EUやNAFTA，ASEANなど），国単位，国の下位市場単位に区分できる。

　国のクラスター単位で市場細分化することは稀である。従来の国際マーケティング活動では，明示的ないし暗黙のうちに，国を基本単位とするものが多かった。国を細分化の単位とするということは，国の下位市場間の高い類似性，同質性を前提とするということである。しかし，現実的には，それらを前提とできないことが多い。特に，先進国ではさまざまな市場が成熟化しており，消費者や顧客のニーズが個性化，多様化していることが少なくない。したがって，国単位の細分化分析よりも，国の下位市場を単位とするより精緻な分析が求められよう。

図表 9-1　国際市場細分化戦略の分類

標的設定法／細分化単位	無差別マーケティング	差別化マーケティング	集中マーケティング
国のクラスター単位	全クラスター共通	クラスター別差別化	特定クラスター集中
国　単　位	各国共通	国別差別化	特定国集中
国の下位市場単位	各国共通下位市場	国別多様下位市場	特定国下位市場集中

出所：諸上茂登・藤沢武史［2004］『グローバル・マーケティング（第2版）』中央経済社。

図表 9-2　各国共通下位市場方式

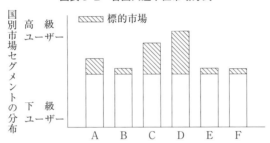

出所：Porter, M.E.［1980］*Competitive Strategy*, Free Press.（土
　　岐坤・小野寺武夫・中辻万治訳［1989］『グローバル企
　　業の競争戦略』ダイヤモンド社。）

　今日の国際市場細分化戦略の中心的課題は，国の下位市場単位で識別され
る複数国市場をどう束ねるかであるといっていいであろう。その束ね方で
は，**図表 9-1** の最下行に示されている各国共通下位市場アプローチと国別
多様下位市場アプローチが重要であろう。各国共通下位市場アプローチと
は，国をまたいで存在する類似した市場セグメントに対して，共通の類似し
たマーケティング戦略を適用するアプローチである（**図表 9-2**）。また国別
多様下位市場アプローチとは，たとえ国によって製品ニーズや顧客層が異な
っている場合でも，各国でそれぞれ異なった市場セグメントを狙うことで物
的同一製品を販売しようとするアプローチである（**図表 9-3**）。

図表 9-3　国別多様下位市場方式

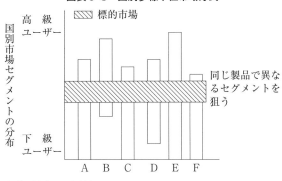

出所：図表9-2と同じ。

3 細分化戦略 vs 反細分化戦略

　これまで見てきたように，市場細分化戦略とは，市場の中のいくつかの部分集合（下位セグメント）を発見して，それぞれに合った製品開発やマーケティング・ミックスを提供するものである。市場が成長しており，新しいニーズ，個性化欲求への対応の必要性がある場合には非常に有効な競争手段の1つになる。

　市場細分化の古典的な成功事例としては，GM のそれがよく紹介される。フォードは1908年にT型フォードを発売して以来，ほとんどモデルチェンジすることなく，単一品種を大量生産することで規模の経済性を最大限に活用して，次第に小売価格を下げることで乗用車を大衆にまで普及させていった。しかし，1920年代になると，GM が乗用車市場を細分化し，各セグメント向けに多様な乗用車（最高級車のキャデラック，次の層向けのビュイック，オークランド，オールズ，ポンティアック，低価格の大衆車シボレーなど）を開発してフルラインを作り上げてシェアを高めていった。1925年から1928年にかけて，米自動車市場でのシェアは18.8％から一気に43.3％に急上昇した。車の普及にあたっては，割賦販売，中古の下取り，頻繁なモデルチェンジなどが採用された。一方のフォードは1927年にT型フォードの

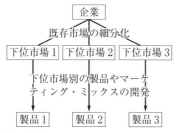

図表 9-4 "企業が市場にすり寄る"市場細分化戦略

企業
↓
既存市場の細分化
↓
下位市場1　下位市場2　下位市場3
↓
下位市場別の製品やマーケティング・ミックスの開発
↓
製品1　　製品2　　製品3

出所：筆者作成。

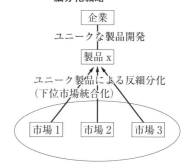

図表 9-5 "市場を企業に引き寄せる"反細分化戦略

企業
↓
ユニークな製品開発
↓
製品 x
↑
ユニーク製品による反細分化
（下位市場統合化）
↑
市場1　市場2　市場3

出所：筆者作成。

生産を終了したのである[5]。このように多様化，個性化のニーズが存在するところで市場細分化戦略は有効に機能することが多く，その後もさまざまな業界において数多くの成功事例が報告されているのである。

　図表 9-4 に示しているように，市場細分化戦略は，基本的には販売経験やリサーチに基づいて，市場の下位セグメントを発見して，下位市場別の製品開発やマーケティング・ミックスの導入を行うものであり，いわば"企業が市場にすり寄る"アプローチであるといえよう。市場が相当に成長しているか，成熟していてもターゲット下位市場が十分に大きければ有効な戦略となりうる。しかし，下位市場が十分に大きく，他とは十分に異なるものでなければ，オーバー・セグメンテーション，すなわち過度の市場細分化の危険がある。

　他方，市場細分化に対して，近年，市場の反細分化（ないし下位市場統合化）とでもいうべき戦略が注目を集めている（**図表 9-5**）。これは Apple のようにユニークな製品，デザイン完成度の高い製品を開発し，そのマーケティングに成功した企業に，さまざまなセグメントを越えて"市場を企業に引き寄せる"ということが起こっているからである。こうしたことが起これば，非常に効率の良い少品種多量生産が可能となり，しかも Apple は製品・企画開発とマーケティングに専念し，生産は低コストの台湾系 OEM ／ ODM に委託していることもあり，非常に高い利益率を獲得している。

Apple が大きなシェアをとれば，大量発注にあずかりたい部品サプライヤーも安価での供給に応じることになる。Apple の戦略は，オープン・モジュラー化が進んだ今日における 1 つの有力なビジネスモデルとなっているのである。

　他方，インテルは，独自の CPU を開発して業界標準となった技術的コアを守りながら（内インテグラル），どのメーカーにも販売可能なアーキテクチャ（外モジュラー）を整えて，"世界の PC メーカーを基幹部品の保有者のインテルに引き寄せる"ことに成功した。

　インテルの成功モデルを"インテル・インサイド"型と呼ぶならば，Apple は外観のデザインが優れ，完成度が高いことを市場の引き寄せの源泉として，サプライヤーを下請け化することに成功しているので，"Apple・アウトサイド"型[6]とも呼べるであろう。

4 市場細分化戦略 vs ブルー・オーシャン戦略

　企業が市場にすり寄る市場細分化は，当初は競争の少ない独自のセグメントの発見によって有利なビジネス展開が可能であるかもしれないが，もし競合企業が同様の戦略を模倣すると，その下位市場セグメントも次第に過当な競争に晒されてくる恐れがある。

　キム＝モボルニュ[7]は，既存の需要を激しく奪い合う市場空間を"レッド・オーシャン"と呼んだ。それに対して，競争のない未開拓の市場空間を"ブルー・オーシャン"と呼び，新しい需要を掘り起こし，従来の競争を無意味にするブルー・オーシャン戦略を奨励している。彼らは顧客に提供する価値とそのためのコストとの間のトレードオフ関係（価値を高めればコストも上がるという関係）を解消し，価値を高めながらコストも押し下げるという戦略を推奨する。そのためには価値を高めるための差別化と低コスト化の両方を同時に達成することが必要となる。差別化戦略と低コスト戦略の同時追求の重要性は必ずしも新しい主張ではないが，彼らの主張の特徴は，既存市場においてではなく，新市場空間の創造を目指して，それらの両戦略の同時追求をより大胆に，より徹底して実行することを推奨する点にある。

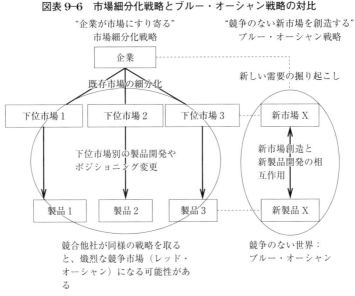

図表 9-6　市場細分化戦略とブルー・オーシャン戦略の対比

"企業が市場にすり寄る"
市場細分化戦略

"競争のない新市場を創造する"
ブルー・オーシャン戦略

企業

既存市場の細分化

新しい需要の掘り起こし

下位市場 1　　下位市場 2　　下位市場 3　　　新市場 X

下位市場別の製品開発や
ポジショニング変更

新市場創造と
新製品開発の相
互作用

製品 1　　製品 2　　製品 3　　　新製品 X

競合他社が同様の戦略を取る
と，熾烈な競争市場（レッド・
オーシャン）になる可能性があ
る

競争のない世界：
ブルー・オーシャン

出所：筆者作成。

　図表 9-6 に示したように，新市場空間の創造のためには，新しい需要の
掘り起こしが出発点となる。新市場創造と新製品ないしサービスの開発は，
それらの相互作用の中で実験や試行錯誤を繰り返して構築されると考えてよ
いであろう。
　近年におけるブルー・オーシャン戦略の代表的な事例をいくつか挙げてお
こう。近年におけるブルー・オーシャン戦略の代表的な事例の 1 つに Apple
による iTunes ミュージック・ストアが挙げられる。これはそれ以前にはイ
ンターネット上で楽曲が不法にダウンロードされていたものを，簡易にして
合法的な手続きの下でダウンロードすることを可能にする技術的な問題や，
著作権その他の問題がクリアされて，新製品／サービスとして提供されたも
のであり，新しいデジタル音楽市場の創造となったのである。グローバルレ
ベルでの新市場創造では，1 日 24 時間ニュース番組を世界中に流す CNN
の成功もブルー・オーシャン戦略の典型例であると言われる[8]。日本企業で
は，例えば任天堂のゲーム機の「Wii」の開発等が挙げられる。任天堂は従

来の高機能機とは違い，操作が簡単で，誰でも直感的に楽しむことができる画期的な製品を開発した。これはこれまでゲーム機など手にしなかった「おばあちゃんのような（世代の）人にもビデオゲームを身近にした」と評されるブルー・オーシャン戦略であった[9]。また，サービス部門では，リクルートによるスタディサプリや米国 Uber の Uber Eats によるフードデリバリーも新たな市場の開拓事例といえよう。スタディサプリは 2011 年にリクルートによって無料受験情報サイトとして開設されたが，その後サブスクリプション制を導入し，進学塾の有名講師を招いて中高生の大学受験対策講座や，社会人の教養講座をオンライン上で手軽にかつ安価に受講できるプラットフォームを確立した[10]。また Uber Eats は，これまでは宅配に対応してこなかった飲食店と契約し，従来は外食でしか楽しめなかった飲食店のメニューを中食として楽しめることを実現した[11]。この両社に限っては，2020 年末からのコロナパンデミックの影響もあり，急速に市場を拡大したことは留意しておきたい。

　こうした事例から，すでに飽和化したと思われている市場にも大胆な発想の転換や真のニーズの発見によって，新しい需要を掘り起こす機会が存在することを学びたい。

第9章のまとめ

① 市場細分化戦略とは

　市場細分化とは，購買欲求あるいは必要条件が異なるいくつかの購買者グループを識別する過程であり，市場細分化戦略とは，識別された購買者グループないし市場セグメントから自社のターゲット市場セグメントを選定し，そのターゲット向けの製品，価格，流通，販売促進などのマーケティング・ミックスのプログラム開発を行うことである。

　ただし，きめ細かく異質な市場セグメントを識別したとしても，ターゲットとするセグメントの大きさが乏しいのでは経営的に有効な細分化戦略とはならない。国際市場細分化戦略においては，グローバル競争が激化しコスト競争が激化する中，規模の経済性を効かせるために，国境をまたい

で類似度の高い下位市場セグメントをつないだ共通のターゲットとすることが少なくない。

②　国際市場細分化戦略の分類

市場細分化の単位として，その対象範囲が大きい方から順に挙げると，EU などの統合経済圏をはじめとする国のクラスター単位，国単位，国の下位市場単位に区分できる。国のクラスター単位で市場細分化することは稀である。従来の国際マーケティング活動では，国を基本単位とするものが多かった。国を細分化の単位とするということは，国の下位市場間の高い類似性，同質性を前提とするということである。しかし，現実的には，それらを前提とできないことが多い。今日ではさまざまな市場が成熟化しており，消費者や顧客のニーズが個性化，多様化していることが少なくない。したがって，国単位の細分化分析よりも，国の下位市場を単位とするより精緻な分析が求められる。

多国籍企業の国際市場細分化戦略の中心的課題の 1 つは，国の下位市場単位で識別される複数国市場をどう束ねるかにある。その束ね方には，「各国共通下位市場アプローチ」と「国別多様下位市場アプローチ」がある。

③　市場細分化戦略 vs 反市場細分化戦略

市場細分化戦略は，基本的には，顧客の購買欲求や必要条件についてのきめ細かなリサーチによって市場の下位セグメントを発見して，下位市場別の製品開発やマーケティング・ミックスの導入を行うものであり，いわば"企業が市場にすり寄る"アプローチであるといえよう。市場が相当に成長しているか，成熟していてもターゲット下位市場が十分に大きければ有効な戦略となりうる。

それに対して，近年，市場の反細分化（ないし下位市場統合化）とでもいうべき戦略が注目を集めている。例えば，Apple のようにユニークで魅力的な製品を開発し，マーケティングで大きな成功を収めた企業は，いくつかの潜在的な市場セグメントを越えて，"市場を企業に引き寄せる"，

すなわち，市場の多くの顧客を Apple に引き寄せることが可能となる。こうして下位市場の統合化が起こる。こうしたことが起これば，非常に効率の良い少品種多量生産が可能となり，部材のサプライヤーに対しても発注量の大きさに物を言わせて有利な供給条件を獲得できる。

【注】

1　Kotler, P.［1976］*Marketing Management Analysis, Planning, and Control.*（稲川和男他訳［1979］『マーケティング・マネジメント』東海大学出版会。）

2　Aaker, D.［1984］*Strategic Market Management*, John Wiley & Sons, Inc.（野中郁次郎・北洞忠宏・嶋口充輝・石井淳蔵訳［1986］『戦略市場経営』ダイヤモンド社。）

3　Resnik, A.L. and P. Turney［1979］Markets Turn to "Countersegmentation", *Harvard Business Review*, September-October.

4　諸上茂登・藤沢武史［2004］『グローバル・マーケティング（第2版）』中央経済社。

5　Chandler, A.D. Jr.［1962］*Strategy and Structure: Chapters in the history of the American industrial enterprise*, The MIT Press.（三菱経済研究所訳［1967］『経営戦略と組織』実業之日本社。）

6　妹尾堅一郎［2009］『技術力で勝るが，なぜ事業で負けるのか』ダイヤモンド社。

7　キム，W・チャン，レネ・モボルニュ（有賀裕子訳）［2005］『ブルー・オーシャン戦略─競争のない世界を創造する』ランダムハウス講談社。キム，W・チャン，レネ・モボルニュ（入山章栄・有賀裕子訳）［2015］『新版　ブルー・オーシャン戦略─競争のない世界を創造する』ダイヤモンド社。

8　キム，モボルニュ［2005］前掲書。

9　安部義彦［2007］「ブルー・オーシャン戦略の方法論」『DIAMOND ハーバード・ビジネス・レビュー』ダイヤモンド社，8月号。

10　スタディサプリブランドサイト「海外現地向けサービス」https://brand.study sapuri.jp/method/global/（最終アクセス 2023 年 8 月 3 日）

11　ダイヤモンド・チェーン・ストアオンライン「日本は『最重要』市場！ウーバー，グローバル責任者が語る2つの強みと成長戦略とは」（2023 年 2 月 24 日）https://diamond-rm.net/management/topinterview/345931/（最終アクセス 2023 年 8 月 3 日）

Ｚ世代を一括りにしてはならない？

　近頃，「Ｚ世代」という言葉やそれに関わる話をそこかしこでよく耳にする。この「Ｚ世代」とは 1996 ～ 2012 年に生まれた若い世代を指し，2022 年時点で 10 代から 20 代の若者が対象となる世代である。日本の 20 代の人口は 1995 ～ 2018 年の間に 30％以上減少しているが，世界的には増加傾向にある。例えば，アジア太平洋地域（APAC）では，2025 年までにＺ世代が人口の約 25％を占めると推測されており，全世界では，2020 年時点でＺ世代の人口比は約 24％にも及んでいる。

　全世界的に今後の中心となる世代としてのＺ世代を現代企業は大きな潜在顧客として捉えている。本文中の言葉を借りれば，「国単位の細分化分析よりも，Ｚ世代などの若者で構成された国の下位市場を単位とする，より精緻な分析が求められる」ということだろう。しかしながら，企業のなすべき市場細分化の活動プロセスは従前のものと変わりはない。すなわち，①市場をいくつかの顧客部分集合に分割する“市場セグメンテーション”を行い，②細分化されたその各市場を評価し，特定のターゲット・セグメントを選択する“ターゲティング”を遂行し，③特定化された市場向けの“特定のマーケティング・ミックスの決定”，を行うことが有効であろう。

　これに関連して，主にＺ世代を対象とする調査で興味深い統計データがある。マッキンゼーは 2019 年下半期に，オーストラリア，中国，インドネシア，日本，韓国およびタイの６カ国におけるＺ世代（1996 ～ 2012 年生まれ）・ミレニアル世代（1980 ～ 1995 年生まれ），およびＸ世代（1965 ～ 1979 年生まれ）を対象に大規模なアンケート調査を行っている。これは，APAC 市場を世代という基準で顧客部分集合に分割するという①に関連する調査といえよう。さらに，調査は分析のステージに進み，APAC のＺ世代に共通する特徴と異なる特徴を明らかにしている。前者の共通する特徴としては以下の５つを挙げている。①ソーシャルメディアに依存している一方で，関わり方については慎重である，②欲しいものはすべて手に入れたいし，また手に入れることができると思っている，③認知度が高いが個性を主張できるブランドを好む，④ブランド選びで

動画コンテンツの影響を大きく受けている，⑤環境に対する意識が高いと見られたいがそのためにお金を払いたくはない，などである。一方，後者の異なる特徴としては，態度に表れるという。具体的には以下の6つのセグメントに分類している。①ブランド志向フォロワー：あらゆる種類のブランドを好み，また流行にも敏感だが必ずしも買い物好きというわけではない，②プレミアム・ショップホリック：買い物好きで，（主にオンラインでの）リサーチや比較に時間をかけており，衝動買いも少なくない，③エシカル思考：環境責任や社会的責任の高い行動をとるブランドを好む，④買い得探究者：常に最もお得な商品を狙い，オンラインでのリサーチや購入を好む，⑤品質重視の自立派：（自らが良いと考える）品質を求め，質がよければ支出は厭わない，⑥買い物嫌い：買い物に極力時間をかけたくない，である。分析の結果，各国のZ世代において，①ブランド志向フォロワー，②プレミアム・ショップホリックの層がボリュームゾーンとなっていることが明らかにされている。

　分析は以上にとどまっているが，今後重要となってくるのは，市場細分化の活動プロセスで最も国際マーケティング戦略に関わりのある工程である，特定化された市場向けの"特定のマーケティング・ミックスの決定"，であろう。先進国やAPACの中でも感度の強さや求める要求品質の高さを特徴とする日本のZ世代を主要なターゲット顧客とする日本企業には他企業に先行した精度の高いマーケティング・ミックスの検討と構築を期待したい。

【コラム 9-1　参考文献】

シャノン「Z世代とは？何歳からを指すのか，なぜZなのかを簡単に解説」（2023年2月2日）https://www.shanon.co.jp/blog/entry/generation_z/（最終アクセス2023年8月7日）
McKinsey & Company [2020]「アジア太平洋地域のZ世代は他の世代とどう違うか―ミレニアル世代の『若年版』にとどまらない，Z世代の消費特性や考え方」https://www.mckinsey.com/jp/~/media/mckinsey/locations/asia/japan/our%20insights/what-makes-asia-pacifics-generation-z-different_jp.pdf（最終アクセス2023年7月28日）

第 10 章

国際価格戦略

1 国際市場における価格設定への影響要因

　国際市場における価格戦略は国際マーケティング・ミックスの構成要素の中で最も重要かつ複雑な戦略の1つである。価格は事業の目標を明確に定めた上で，原価，需要，競争の三者によって決定されるべきものである[1]。国際市場における価格戦略の大枠も，企業の目標，企業のコスト，顧客需要，競争，それに加えて，流通チャネル，政府の政策などによって重要な影響を受ける[2]。

(1) 企業の目標

　企業の目標には利益，売上高，マーケット・シェアを最大化するといった目標がある。それらの目標に応じて，次のような価格設定がある[3]。
- 利益最大化価格設定

　　最も一般的な価格設定の目標の1つは，期間利益を最大化することである。
- マーケット・シェア最大化価格設定

　　短期利益を犠牲にしてもマーケット・シェアを最大化することを目的として，価格を設定する方法である。長期利益はシェアが大きければ増大するという考え方である。需要の価格弾力性が大きく，規模の経済や習熟の効果が見込める場合に，市場浸透価格で市場を支配していく方式である。
- 上層吸収価格設定

製品の導入期に，需要の価格弾力性が低い顧客を対象に，単価当たり利益を十分確保する目的で高価格を設定する方式である。時間の経過とともに価格を下げて，価格弾力性の高い顧客へ対象を順次拡大していく方式である。

● 売上最大化価格設定

当面の売上高最大化を目標にした価格設定で，価格／数量関係を把握して設定する。企業が現金収入を必要としていたり，将来が不確実で長期的見通しによる販売が行えない場合に適している。

● 利益ターゲット価格設定

企業として一定の収益率が確保できればよいという考えに基づいて価格設定をするもので，異なった価格を設定すれば長期的にはより大きな収益が見込めるにしても，現状の投資とリスクの水準においては常識的な線で満足しようとするものである。

● プロモーション価格設定

時には製品ライン全体の売上増進を狙って，特定製品に特別の価格を設定することがある。1製品を特別に安くして客を集め，他の製品も一緒に買ってもらうロスリーダー価格設定や，1製品に高価格をつけて全体のイメージ・アップを狙うプレステージ価格設定などがそれである。

(2) 価格設定方式

価格設定方式は大別すると①原価志向価格設定方式，②需要志向価格設定方式，③競争志向価格設定方式に分けられる[4]。

①原価志向価格設定は，原価を基準に価格を決める方式。それも固定費を事業規模に応じて恣意的に配分して決めているのが典型的なケースである。

原価志向価格設定の最も一般的なものは，マークアップ価格設定とコストプラス価格設定の方式である。マークアップ方式は，流通業界によく見られるような，原価に何％かのマージンを上乗せして価格を設定する方式である。コストプラス方式は，製造原価に一般管理費や販売費等のコストおよび一定の利益を上乗せして価格を決める方式である。

輸出価格算定の最も一般的な方式はコストプラス方式である。この方式

図表 10-1　コストプラス方式による輸出価格の算定方式例

製造原価（単位当たり材料費・労賃・製造経費）

＋一般管理費

＋販売費（輸出の場合，船積諸掛かり）

＋利潤（手数料を含む）
_____

販売価格　　F.O.B. YOKOHAMA　US$ ──

　　　　　　C.I.F. NEW YORK　US$ ──

出所：筆者作成。

は，国内での生産コストに国際活動に伴うコストを上乗せするというもので
ある。もちろん，この場合にも，時により企業は顧客への値引きやリベート
の提供に応じる。

　ここでは典型的な米ドル建ての輸出価格算定を例示しておく。なお，F.
O.B.（Free on Board）とは積出港（横浜港）の本船渡し条件であり，C.
I.F.（Costs, Insurance and Freight）とは仕向け港（ニューヨーク港）までの
運賃，保険料込み渡し条件である[5]。

　②需要志向価格設定は，消費者の知覚価値や需要強度を基準に価格を決め
る方式である。知覚価値価格設定は，当該製品の価値を顧客がどう考えるか
という相対的知覚価値を測定して，それを基準に価格を設定する方式であ
る。この方式では，企業はまず目標とする市場向けに，それに適した価格と
品質を持った製品を開発する。市場調査に基づいて，消費者知覚価値ベース
で価格を設定した後，それに基づいて販売数量を予測し，それに必要な投資
や原価を計算し，収益性を予測する。その結果が満足すべきものであれば，
その価格と原価を採用し，もし不満足なら，その事業計画を修正するか放棄
する。

　需要志向価格設定のもう1つは，価格差別化とも呼ばれる。これは市場が
いくつかのセグメントに層別化可能であって，セグメントごとに需要強度が
異なる場合，同一製品を原価は（少なくとも表示価格が変わるほどには）変
わらないのに，価格を変えていく方式である。例えば，価格を対象顧客層に
より，製品形態（表面の仕上げとか）により，あるいは場所（映画館の座席
とか）や時間などにより変えていく。

③競争志向価格設定は，競争企業が設定する価格を基準にして価格を設定する方式で，原価や需要が変わっても競争相手が価格を変更しなければ変更しない。競争相手が価格を変更すれば原価や需要が変わっても変更するというものである。競争志向価格設定のうちの実勢価格の設定には，業界の平均価格とほとんど同じ価格を設定する方式があり，製品が同質的であり，価格差をつけたときの顧客や競争者の反応がよく読めないような場合に採用される。

　また，競争志向価格設定の典型的なものの1つに，入札価格設定がある。これはOEMや請負契約のように入札によって受注を決める場合の価格の決め方である。この場合にも，原価や需要より，第一義的には競争企業がいくらに価格を設定してくるかを推定して自社の価格を設定することになる。理由はどうであれ，全競争相手より安い価格でなければ注文がとれないからである。

　本来，価格は，原価，需要，競争を同時的に勘案しながら決定されるべきであるが，現実にはこのうちのいずれかに偏りすぎて決められていることが少なくないようである。さらに，社内でもマーケティングと生産や経理との利害が一致しないことがある。また，当然のことながら，価格設定にあたっては社外の反応（卸売，小売業者，競争企業，サプライヤー，政府機関などの反応）も考慮しなければならない。

(3) 企業のコスト要因重視のケース

　前述のように，企業のコスト要因は価格決定の際に特に重要な要因である。コストには生産，マーケティング，流通に必要なすべての関連コストが含まれる。したがって，例えば，低価格戦略を徹底しようとするにはトータルなコスト・コントロールが必要となる。

　ここではそのようなトータルなコスト・コントロールの1つの事例として，スウェーデンの大手家具販売会社のイケアが世界中で採用している周到なローコスト・オペレーションについて紹介しておこう[6]。

　イケアは2006年4月に日本に上陸し，イケア船橋店をオープンした。店内にはルームセットと呼ばれる約70タイプのモデルルームが用意されてい

る。もちろん，商品は単品でも購入できるが，それぞれの単価が安いので，各モデルルームに「この部屋を作るのに全部で〜万円」と表示している。お客は店に置かれた「ショッピング・リスト」に，各商品についている札番号を書き込んでいく。客はレジの手前にある巨大な倉庫のような場所の「セルフサービスエリア」で，自分の商品をピックアップするのである。イケアは顧客自身にピックアップしてもらうことで店員の数を抑え，人件費を浮かせているのである。セルフサービスエリアに積まれている商品の形態にも周到な工夫がなされている。大きな家具を含むすべての商品が平たい段ボール「フラットパック」に納められている。これは顧客の持ち運びを容易にしているばかりでなく，スペースを極力節約し，また，大量の輸送や棚への陳列を容易にしている。イケアの商品は港からコンテナのままセルフサービスエリアに運ばれて，そこで山積みにされるということである。商品１つ１つを店内に配置する必要がないので，人件費もスペースも抑えられる。以上のような徹底したローコスト・オペレーションのシステムができているのである。当初，こうした買い物スタイルに日本人はなじみが薄いものであったが，北欧のデザインの良さと価格の安さもあって広く受け入れられているようである。

(4) 需要要因重視のケース

　次に，消費者サイドの需要要因が企業の価格政策の基本的ポリシーにも重要な影響を及ぼして，その修正を迫ることがあるということをメルセデス・ベンツの事例[7]で紹介しておこう。

　メルセデス・ベンツは先端のディーゼルエンジンと高性能な排気ガス浄化システムを組み合わせたシステムである「ブルーテック」（2010年時点で世界一キレイなディーゼルであるという）を搭載したモデルを日本に本格投入しようとしていた。ディーゼル車はドイツや欧州では CO_2 の排出が少なく，燃費が良く，軽油なので維持費も安いクリーン・エコノミー車として人気があり，値段もガソリン車より10％程度（ブルーテック搭載車はそれ以上）高い。

　ところが，日本ではディーゼル車は音がうるさくて，汚いというイメージ

が非常に強く，いかにしてその負のイメージを払拭して普及させるかが大きな課題となった。そこで，メルセデス・ジャパンは，最先端の技術を投入したディーゼル車を日本で普及させるために，本社が驚くような割安価格を設定したという。また販売店での試乗にも力を入れた。ガソリン車よりもコストのかかったディーゼル車を割安価格で販売することに本社は抵抗感を強く持ったようだが，日本市場での需要サイドの特殊要因（ディーゼル車の負のイメージ）を考慮に入れ，また，より長期的な普及を考えて従来の高価格設定のポリシーを修正したようである。（ただし，2015年にフォルクスワーゲン・グループのディーゼルエンジンの排気ガス不正が発覚して，その後BMWとメルセデス・ベンツにも疑惑が飛び火した。現在なお係争中だが，ディーゼル車の販売は激減し，欧州自動車産業はEV化に大きく舵を切っている[8]。）

(5) 競争要因重視のケース

　同業界の中での競争要因を考慮して，絶妙な価格帯設定で成功している米高級皮革製品アクセサリー製造販売会社コーチの事例を見てみよう[9]。

　コーチは2000年の上場以来，2ケタの増収増益を続けている。2008年「Business Weekが選ぶ優良企業50社」ランキングで首位に輝いた。その成功の秘訣は，多様な価格帯でさまざまな客層向けに製品を展開しながら，ブランドイメージを保っていることにあると言われている。特に，その価格帯設定に1つの大きな特徴がある。コーチのマーケティング戦略は，ルイ・ヴィトンやグッチなどの高級欧州ブランドとは一線を画しており，「アクセシブル・ラグジュアリー」すなわち「手が届く高級品」の製造販売といった特徴を持つ。

　その戦略はコーチの価格戦略に最もよく表れている。例えば，日本ではハンドバッグの中心価格帯は5万〜6万円である。これは国内ブランドよりは高いが，10万円以上する欧州ブランドよりは安い価格帯（「はざま」の価格設定）である。もう1つの特徴は，エルメスの「バーキン」や「ケリー」のような定番をあえて作らず，状況や服装に合わせて複数のコーチバッグを購入してもらうという戦略をとっていることにある。コーチは状況に応じたバ

ッグの新しい使い方，すなわち新しいバッグの価値を提案しているのである。しかも，その商品ラインナップは毎月変えられ，常に品揃えが新鮮に保たれている（スイス時計の Swatch が腕時計を状況や服装で使い分けることを提案して成功したのと類似しているし，ザラや H&M が常に最新モードの鮮度の高い品揃えをしているのとも近い戦略である）。すなわち，コーチは，状況に応じて持ち歩くバッグを替えるという新しいライフスタイル提案をしながら，高級感を損なわない範囲に価格を収める戦略で，欧州の高級ブランドと国内の低価格ブランドとの競争を巧みにかわしているといえよう。

(6) 流通チャネルとの関連

　製造業と流通業のパワーバランスが価格設定に重要な影響を与える[10]。米ウォルマート，英テスコ，仏カルフールなどの世界的な大手小売企業は製造業に対して，その大量発注力にものを言わせて大胆な値引き交渉を行っている。日本のセブン＆アイやイオン，そしてセブン−イレブンやローソン，ファミリーマートなどの大手コンビニエンス・ストアも同様の価格交渉力を持っている。

　大手小売企業の交渉力の背景は大量発注力だけではなく，独自のプライベート・ブランド（PB）の保有にある。かつては流通業の PB は，メーカーのナショナル・ブランド（NB）と比較すると割安である場合がほとんどであったが，近年では多様な製品 PB が多様な価格で販売されるようになり，それらの中には NB よりも相当に高価格な PB も出てきている。当然のことながら，こうした PB の展開はメーカーの NB の価格設定に重要な影響を与えている。もちろん，流通業 PB 同士の競争も小売価格設定に影響を与える。

　近年では，流通業の PB の人気の高まりと販売増加に対抗するために，メーカーの直販サイトの強化も行われている。メーカーは直販サイトを使うことで流通業を中抜きして自身の利益率の向上に努めるばかりではなく，顧客との直接的な結びつきを強化することにも腐心しているのである。また，Amazon や楽天市場のようなインターネット通販業およびカタログ通販会社のネット通販部門が急速に発展しており，メーカーの NB 商品の価格設定と

販売に大きな影響力を持ってきている。

(7) 政府の政策との関連

　各国政府の政策も企業の価格政策に重要な影響を与える。関税や売上税（付加価値税や個別消費税，物品税など）が価格設定にとって重要であることは言うまでもないが，政府による価格統制・価格規制（公共料金，医薬品など）や国際プロジェクト入札への介入，通貨政策（特に通貨安誘導政策）なども重要な影響要因である。例えば，インドでは1979年以来，医薬品価格管理令（Drugs Price Control Order）のもと，個々の薬の上限価格が定められている。その対象範囲は当初は90％であったが，その後徐々に範囲が狭められて，現在では市場の約30％がカバーされていると言われる。また，インドでは2005年に特許制度が改正されるまで，新薬の特許保護が認められなかった。これも医薬品価格を抑制する作用を持っていた[11]。

　政府の国際プロジェクト入札への介入（または支援）についての近年の興味深い事例としては，2009年末に実施された入札で韓国企業連合がアラブ首長国連邦（UAE）の原子力発電所プロジェクトを落札したケースを挙げることができる[12]。ライバルの日本およびフランスの企業連合の入札価格がそれぞれ320億ドルであったのに対して，韓国勢は200億ドルであったと言われている。1兆円近い安値であることに加えて，60年間にわたって原発の運転を保証するという破格の条件を提示したのが決め手となったと言われている。李明博元大統領がUAEを訪問し，韓国の威信をかけて落札した背後には政府関係機関による大きな支援があったことは想像に難くないところである。

2 新興国市場向けの低価格戦略

　企業の国際市場における価格戦略の中で現在最も注目されている分野の1つに，新興国市場のマス・マーケット向けの自動車の大幅な低価格化がある。

　今後の大きな成長が期待されているインド自動車市場では，すでにタタ・

モーターズが小型乗用車「ナノ」を 12 万 3,000 ルピー（約 23 万円）で発売
している。実は，同市場でのトップシェアを誇っているのはスズキ（インド
ではマルチ・スズキ）であり，50 万円以下の廉価モデルも市場に出してい
る[13]。

　2010 年末にはトヨタがインドで新興国向け戦略小型車「エティオス」（排
気量 1,500cc）を 49 万 6,000 ルピー（約 90 万円）で投入した。それ以前の
主力車種は「カローラ・アルティス」であり，100 万ルピー〜 122 万ルピー
（約 184 万円〜約 220 万円）であったので，価格を一気に半分に下げたこと
になる。無駄を極力省いた設計と，部品の現地調達比率を高めて低コスト化
を実現したという[14]。2012 年には南アフリカへの輸出を始め，ブラジルでも
製造・発売を開始した。価格は約 117 万円からの設定である[15]。2013 年には
インドネシアでもエティオス・バルコ（ハッチバック式 1200cc）の製造・
販売を始めた。価格は約 134 万円からとなっている[16]。

　日産自動車は，2010 年 7 月，40 万 5,000 ルピー（約 76 万円）の「マー
チ」（インド名マイクラ）を発売し，同年 5 月より現地生産も開始している。
年産 20 万台から 40 万台に拡大する予定であり，欧州，中東，アフリカなど
への輸出も行っている。2014 年には新興国専用ブランド「ダットサン」を
立ち上げ，価格帯はインドでは 50 万円前後，インドネシアでは 90 万円前後
の設定であった（ただし，近年では販売が低迷しており 2022 年 4 月に生産
を終了している[17]）。

　他方，フォルクスワーゲンは，2012 年のブラジル「サンパウロ・モータ
ーショー」で同社幹部が新興国を中心に約 50 万円という超低価格車の投入
を予定していることを明かした。これまでブラジルで最も安い VW 車「ゴ
ル」はベーシックモデルで 2 万 6,690 レアル（約 105 万円）であったが，廉
価版の新ブランドを立ち上げる予定で，値段はゴルの半値となる模様であ
る[18]。

　以上の事例に見るように，人口が多く，今後の成長が期待されるインド，
ブラジル，インドネシアなどの新興国市場向けの乗用車の価格戦略では，従
来の小型車とは別の専用車が開発され値段が半分以下に設定される傾向が強
い。従来の先進国の小型車は，新興国では値段が高すぎて富裕層向けになっ

てしまうのである。こうした低価格を実現するためには設計，調達，製造から流通，販売に至るまで，徹底した低コスト化が必要であり，これまで以上に車台や部品のモジュラー化，共通化，そしてエンジンも含めた生産の現地化が加速していくものと思われる。

また，近年注目されているのは，中国自動車メーカー（外資系メーカー現地法人を含む）の輸出の急拡大である。2021年には213万台に達しており，2022年通年では300万台を突破する可能性があると見られている[19]。自動車のEV化の流れが後押しし，欧州市場でも存在感を増してきている。彼らの強みは政府のEV支援策とコストパフォーマンスの高さである。今後ますます性能が向上しブランドが確立してくると，日系自動車メーカーの強力な競争相手となってくることが予想される。こうした流れが世界の自動車生産の抜本的な見直しと再編につながっていく可能性がある。

③ 競争基盤の変化と価格戦略

価格戦略の難しさの1つは，当該業界の競争基盤の変化への対応であろう。ダベニーは，ハーレーダビッドソンの事例によってそれを見事に描いている[20]。彼によれば製品の基本ベネフィット（バイクの場合，排気量）が価格を左右する。彼の「製品とベネフィット分析」では，当該市場にあるすべての製品をグラフにマッピングする。その後，統計的な分析に基づいて「予測される価格ライン」を描く。その価格ラインよりも上に位置する製品は，プレミアム価格をつけていることになり，下に位置する製品は値引き価格をつけていることになる（**図表 10-2** 参照）。

1903年に設立されたハーレーは長い間，米国のみならず世界のバイクの象徴として君臨してきた。しかし，1970年代には同社は品質の低さ，イノベーションの欠如，顧客サービスの悪さで評判を落としていた。図表中の①のように，その隙をついて，ホンダをはじめとする日本のバイクメーカーがより信頼感のある製品をより低価格で提供してきた。ハーレーの市場シェアは1979年から1983年までの間に39％から23％に低下した。

図表中②では，これに対抗して，ハーレーは「反逆児的なイメージ」とバ

図表10-2　ハーレーの高価格戦略

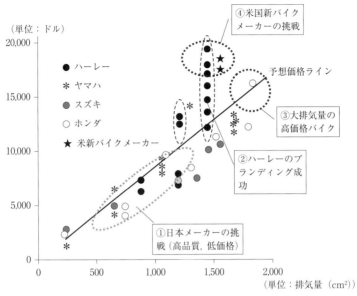

出所：ダベニー，リチャード・A（東方雅美訳）［2011］『脱コモディティ化の競争戦略』中央経済社，20頁の図に筆者が加筆。

イクの象徴としてのステータスに基づいたブランディングに力を入れて高価格設定に成功したことを示している。復活の鍵となったのは，1983年に立ち上げた「ハーレー・オーナーズ・グループ（HOG）」であったと言われている（現在では世界に100万人以上の会員がいる）。

　2002年のデータでは，ハーレーは，日本の4大バイクメーカー（ホンダ，ヤマハ，カワサキ，スズキ）の同様の製品より38％高いプレミアム価格を設定していた（排気量は日本のメーカーの方が，同じ価格で8～12％パワーが大きかったにもかかわらずである）。

　図表中③は，ホンダが1970年末には750ccという大排気量のバイクをそれに見合った価格で発売を始めたことを示している。

　図表中④は，ブランディングに成功したハーレーの市場ポジションは安泰かと思われていたところ，2000年代に入ると再び攪乱要因が生じてきたことを示している。米国の新しいバイクメーカーの「ヴィクトリー」と「ビッ

グドッグ」が個客別にカスタマイズされたバイクで参入してきて、同等の排気量、アクセサリー、機能を持つハーレーのバイクに対して、41％ものプレミアム価格を設定したのである。この2社はカスタマイズのレベルがハーレーより高いだけではなく、ハーレーのマッチョで反逆児的なイメージを避けたい顧客、特に女性に受ける新しい洒落たイメージ作りに成功したのである（ただし、ヴィクトリー・モーターサイクルズのメーカーであるポラリス・インダストリーズ（米国）は、同ブランドの終了に向け、今後、販売活動を徐々に縮小すると発表している）[21]。それでもハーレーは最大のシェア（米国市場の50％程度）を維持しているが、2006年には「ビューエル」ブランドの下で若者や女性にアピールするバイクを発売して対抗することにした（ただし、ハーレーは2008年の金融危機の影響などによりビューエル・ブランドを手放す決定をしている）[22]。

ダベニーは、上述のような競争基盤の変化にうまく対応し、過当な価格競争やコモディティ化から逃れるためには、「組織をより顧客志向にすることによって、優れた継続的な差別化を実現する必要がある」と結論付けている。

第10章のまとめ

①　国際市場における価格設定への影響要因

国際市場における価格戦略は国際マーケティング・ミックスの構成要素の中で最も重要かつ複雑な戦略の1つである。価格は基本的には事業の目標を明確に定めた上で、原価、需要、競争の三者を勘案することによって決定されるべきものである。国際市場における価格決定は、企業の目標と戦略、企業のコスト構造、顧客需要、競争状況、流通チャネル構造、関係国の政策決定の影響などによって重要な影響を受ける。

本来、価格は、原価、需要、競争を同時的に勘案しながら決定されるべきであるが、現実には当面の企業目標の達成（例えば、競争相手の価格変更、大きな為替変動、地政学的リスクへの対応、海外関連会社との間での国際移転価格の実施等）のために特定の側面に偏った決定がなされること

も少なくない。さらに，社内でも国境をまたぐマーケティングと生産との利害が一致しないことがある。また，当然のことながら価格設定にあたっては同社のサプライチェーン関係業者の反応も考慮しなければならない。このように国際価格決定は企業の中長期的戦略および短期的戦術的な対応のみならず，社内外との複雑な調整を要する決定領域である。

②　新興国市場向けの低価格戦略

　企業の国際価格戦略の中で現在最も注目されている分野の1つに，日米欧の自動車メーカーにおける新興国市場のマス・マーケット向けの自動車の大幅な低価格化がある。人口が多く，今後の成長が期待される新興国市場向けの乗用車の価格戦略では，当該国向け専用の小型車が開発され，値段を従来の半値近くまで大幅に下げている。従来の先進国の小型車では，新興国のマス・マーケット向けには値段が高すぎたからである。こうした低価格戦略を実現するためには設計，調達，製造から流通，販売に至るまで，徹底した低コスト化が不可欠であり，車台や部品の一層のモジュラー化，共通化，主要部品を含めた生産の現地化を加速することが必要である。さらに，近年ではコストパフォーマンスの高い中国製の自動車の輸出急拡大が見られ，世界の自動車生産の抜本的な再編につながる可能性もある。

③　競争基盤の変化と価格戦略：ハーレーの高価格戦略

　価格戦略の難しさの1つには，当該業界の競争基盤の変化への適切な対応がある。

　リチャード・ダベニーの「製品とベネフィット分析」では，当該市場にあるすべての製品を縦軸に価格を，横軸に基本ベネフィット（バイクの場合，排気量の大きさ）をとってグラフにマッピングする。それらを統計的に処理して「予測される価格ライン」を描く。その価格ラインよりも上に位置する製品は，プレミアム価格をつけていることになり，下に位置する製品は値引き価格をつけていることになる。ハーレーダビッドソンは，20世紀初頭以来世界のバイクの象徴として君臨してきたが，1970年代には

日本のバイクメーカーが「予想される価格ライン」より下に位置するポジションから，低価格で高性能なバイクで米国に参入したことでシェアを大きく侵食された。競争基盤が大きく変化したのである。彼らは新しく「反逆児的イメージ」のブランディングとオーナーズグループの創設というマーケティングの対抗手段によって復活した。しかも，日本バイクと同等の基本ベネフィット（排気量）と同等のバイクよりはるかに高い価格設定にも成功している。その後も，米国内の新興バイクメーカーによって，女性受けする洒落たイメージのカスタマイズ・バイクからのチャレンジを受けた。バイク業界に限らず，ほとんどの業界の競争基盤は常に変化するので，継続的な差別化を図って価格競争やコモディティ化を回避しなければならないというのが，ダベニーの結論である。

【注】

1 Kotler［1980］*Marketing Management: Analysis, Planning and Control*, 4th ed., Prentice-Hall, Inc.（村田昭治監修［1983］『マーケティング・マネジメント（第4版）』プレジデント社，331-333 頁。）

2 小田部正明／K・ヘルセン（栗木契訳）［2010］『国際マーケティング』碩学社，460-471 頁。

3 Kotler［1980］前掲書（訳書，331-333 頁）.

4 Kotler［1980］前掲書（訳書，333-337 頁）.

5 各種の貿易条件について，詳しくは次の書物を参照されたい。The International Chamber of Commerce. *Incoterms 2020*. https://iccwbo.org

6 日経 XTECH「日本に本格進出する低価格家具のイケア，物流費と人件費を減らす在庫管理」（2006 年 4 月 13 日）（最終アクセス 2023 年 11 月 21 日）

7 日経産業新聞「メルセデスの新型ディーゼル―高い環境性能に焦点（広告戦略）」9 頁（2010 年 7 月 29 日）（最終アクセス 2023 年 11 月 21 日）

8 日経 Automotive「フォルクスワーゲン排ガス不正の真相」2017 年 10 月号。AUTOCAR JAPAN「ダイムラー，ディーゼル車で排出ガス不正か？ E クラスで疑惑，ドイツ環境保護団体主張」（2021 年 11 月 8 日）https://www.autocar.jp/post/753796（最終アクセス 2023 年 8 月 5 日）

9 日経ビジネス ONLINE「コーチのバッグ，また買ってしまう『2 つの仕掛け』」（2009 年 8 月 3 日）

10 日経ビジネス ONLINE「絶好調の英テスコ，米ウォルマートの最大のライバル」（2009年1月8日），同「2010年，プライベートブランドの普及期に入るのか」（2009年11月30日），同「直販サイト強化で逆襲狙う米消費財メーカー」（2010年3月11日）

11 久保研介，IDE-JETRO（日本貿易振興機構・アジア経済研究所）［2011］「医薬品価格規制をめぐる政策議論，海外研究員レポート　インド」10月。

12 聯合ニュース「韓国電力企業連合，4百億ドルの UAE 原発事業受注」（2009年12月27日）https://jp.yna.co.kr/view/AJP20091227001500882（最終アクセス2023年11月25日），REUTERS「UAE 原発建設，韓国企業連合が受注」（2009年12月28日）https://jp.reuters.com/article/idJPJAPAN-13122820091227（最終アクセス2023年11月25日）

13 マルチ・スズキは長年にわたってインドで大きな成功を収めている。その詳しい発展史については内田康郎［2019］「スズキの国際マーケティング・ケイパビリティ―インド子会社マルチ・スズキ社における現地適応製品開発」諸上茂登編著『国際マーケティング・ケイパビリティ』同文舘出版，第6章所収を参照されたい。

14 日本経済新聞「トヨタ，インドで戦略車　小型，最安は90万円　エティオス量販価格帯で巻き返し」（2010年12月2日）

15 日本経済新聞「トヨタ，小型車『エティオス』価格　ブラジルで117〜174万円」（2012年9月19日）

16 日本経済新聞「トヨタ，インドネシア製販開始　戦略小型車，中間層狙う　工場稼働」（2013年3月12日）

17 日経産業新聞「日産，南アに『ダットサン』アフリカで初」（2013年2月26日），日本経済新聞「日産『ダットサン』終了　電動車に集中」（2022年4月12日）

18 日経ビジネス ONLINE「VW『50万円車』の破壊力」（2012年10月24日）https://business.nikkei.com/article/NBD/20121023/238482/（最終アクセス2023年7月29日）

19 程塚正史「経営コラム　中国製自動車の輸出急拡大／新たな研究会発足にあたって」日本総研 HP（2022年7月12日）https://www.jri.co.jp/page.jsp?id=103073（最終アクセス2023年7月28日）

20 ダベニー，リチャード・A（東方雅美訳）［2011］『脱コモディティ化の競争戦略』中央経済社。

21 ヴィクトリー・モーターサイクルズ HP「ヴィクトリー・モーターサイクルズより　ライダーのみなさまへ　重要なお知らせ」（2017年1月12日）http://www.victorymotorcycles.jp/important-announcement/（最終アクセス2023年7月28日）

22 宮﨑健太郎・ロレンス（2021年2月20日）https://lrnc.cc/_ct/17433140（最終アクセス2023年7月28日）

Column 10-1
外資系アパレル企業の価格戦略

　ファストファッションの代名詞として，日本には外資系アパレルブランドが多数存在している。スペインはインディテックスの ZARA，米国 GAP のオールドネイビーや，米国の Forever21 など首都圏を中心に軒を連ねてしのぎを削ってきた。いずれも共通するのは，若者に向けて安価な価格で早いライフサイクルで提供するというモデルであった。この安価な原価コストは，SPA 業態によるところが大きいが，バングラデシュなどでの法外な低賃金に支えられている側面もあり，賛否両論が存在していることも事実である。こうした外資系アパレルブランドであるが，先にも挙げた Forever21 は 2019 年に撤退したが，2022 年10 月に日本に再上陸するという報道がなされた。2019 年の撤退理由は，米国本部の破綻であった。その後バーニーズニューヨークの親会社であるオーセンティックブランズグループなどによる 3 社連合に売却され，新体制での始動となった。

　かつての Forever21 の日本での商品展開は 1000 円前後の価格帯の商品が多く，他のアパレルブランドと熾烈な価格競争に陥っていた。日本で提供される製品は米国本部で開発されたものがほとんどで，日本へローカライズされた商品の割合はほとんどないという状況であった。小売業者にとって，自社商品で差別化できない場合，究極的には価格競争に陥ることになる。こうした競争から振り落とされたのがかつての Forever21 であったのであろう。GAP のオールドネイビーも同様であり，日本への再上陸の目処は立っていない。Forever21 の再上陸後の戦略としては，平均商品単価を約 4000 円に設定し，ターゲットは 20 〜30 代の女性とし，商品の約 8 割はアダストリアが企画して日本人の体格や好みに合わせるという。日本には品質に裏打ちされた無印良品やユニクロといった競合も多い。コロナパンデミック後の消費価値観の変化により，ファストファッションのベースとなっている大量生産・大量販売・大量廃棄というイメージの刷新も図るという。

　日本撤退前の Forever21 は，企業のコスト要因ならびに競争要因重視の価格戦略をとっていたが，再上陸後は，より需要要因重視の製品作りとそれに連動し

た価格戦略にシフトしていく現れであろう。自社のオリジナリティあふれる製品とその値ごろ感をどこまでターゲット層に訴求することができるのか。再上陸後のパフォーマンスは市場の評価が待たれるところである。

【コラム 10-1　参考文献】

日本経済新聞「フォーエバー 21 再上陸 EC 開始・渋谷に期間限定店」（2023 年 2 月 22 日）
　　https://www.nikkei.com/article/DGKKZO68668930R20C23A2TB2000/（最終アクセス 2023 年 7 月 27 日）

価格戦略のトレンド：ダイナミックプライシングとサブスクリプション

　コロナ禍を経て，テーマパーク・アミューズメント施設やホテルのサービスを予約，利用する際，日に日に変わる提示価格に一喜一憂している読者も多いのではないだろうか。また，ネット動画配信サービスやファッション・日用品・自動車などのレンタルサービスに見られる，利用期間に応じて提示される価格に大きな魅力を感じ，サービス利用の契約に至った読者も少なくないだろう。このような状況の背景には米国由来の価格設定に関する概念の普及がある。

　まず前者のケースにおいてである。日本においては，1つの製品・サービスに単一の価格のみが値付けされる「一物一価」の消費文化が深く根付いているが，1つの製品・サービスを複数の価格で販売するという米国由来の「一物多価」の概念がサービス産業において大きな関心を集めるようになっていった。そして，この「一物多価」の概念を具現化した価格設定モデルは「ダイナミックプライシング」と称され，多くの企業が現場への導入を図っている。

　「ダイナミックプライシング」とは状況に応じて異なる価格を設定するプライシングのことであり，例えば，航空業界ではANAが空席状況に応じて価格が変動する「ANA NOW」の価格サービスを2020年に開始し，東京ディズニーリゾートやユニバーサル・スタジオ・ジャパンなどのテーマパーク産業でも，需給に応じて入園料が変更されるダイナミックプライシング制度が導入されて，当時大きな注目を集めた。

　続いて後者についてであるが，これには「もの消費」から「コト消費」への消費における価値観の変化が大きく関わっている。これまではものを購入し所有・活用することで物質的な豊かさを得ていた消費者が，ものよりも体験や時間を購入することで精神的な豊かさを求める時代になったのである。このような消費の価値観の変化に対応するようにして米国を中心に生まれた価格設定モデルが「サブスクリプション」なのである。

　「サブスクリプション」とは，1つ1つものを，あるいは，1回1回サービスを購入するのではなく，月額定額で使い放題になるというサービス制度のことであり，これを利用することで，無駄な消費を減らし，消費の合理化を図ることが

できるという意味でまさに時代が求める豊かさに適応した価格設定モデルなのである。デジタル財では Netflix（NETFLIX）や Amazon Prime（Amazon），家具などの日用品では Flect（ディノス・セシール），アパレルを専門とするメチャカリ（ストライプインターナショナル），自動車産業では KINTO（トヨタ自動車），などが有名であろう。

　環境の変化に対応するようにして生まれてきた「ダイナミックプライシング」と「サブスクリプション」という新たな価格設定モデルの登場と世界的普及を促したのは，コロナ禍における密，すなわち混雑や混乱の回避対応と，市場動向データの緻密な分析と予測を可能にする人工知能（AI）やデジタル化の推進，であるとも言われている。事業を国際的に展開する日本の多国籍企業にとっても，国内以上に市場の変化や不透明性の高い海外市場において適正な収益を得るための国際価格戦略の構築・立案に向けた先進的な価格設定モデルについての知見の習得は今後一層欠かせないものとなるだろう。

【コラム 10-2　参考文献】

奥瀬喜之［2020］「特集／デジタル・マーケティング研究の動向　デジタル化時代のプライシング」『組織化学』54（2），16-25 頁。

トラベル Watch「ANA トラベラーズ，空席連動型商品『ANA NOW』3 月 31 日発売。『ANA 旅作』は『ANA トラベラーズ ダイナミックパッケージ』にリニューアル」（2020 年 2 月 7 日）https://travel.watch.impress.co.jp/docs/news/1233803.html（最終アクセス 2023 年 7 月 28 日）

ニッセイ基礎研究所「所有から利用へと変わる消費―なぜサブスクリプションサービスが拡大するのか？」（2020 年 1 月 16 日）https://www.nli-research.co.jp/report/detail/id=63392?site=nli（最終アクセス 2023 年 7 月 28 日）

ニッセイ基礎研究所「Z 世代の情報処理と消費行動（2）―Z 世代と 4 つの市場変化」（2020 年 2 月 6 日）https://www.nli-research.co.jp/report/detail/id=63607?site=nli（最終アクセス 2023 年 7 月 28 日）

日本貿易振興機構（JETRO）ニューヨーク事務所海外調査部［2022］「米国における消費者動向と個人消費の今後の展望」https://www.jetro.go.jp/ext_images/_Reports/01/8e3471c1212eb50d/20220028.pdf（最終アクセス 2023 年 7 月 28 日）

第11章

国際プロモーション戦略

1 広告コミュニケーション

　プロモーションの領域はマーケティング4Pの1つであり，広告，人的販売，販売促進，パブリシティなどが含まれる。それらの定義は次のとおりである[1]。

- 広告：有料の媒体を使って，提供者（企業）名を明示して行うアイデア，製品，サービスの非人的提示とプロモーション。
- 人的販売：顧客との会話を通じて行うプレゼンテーション。
- 販売促進：製品やサービスの購買を喚起するための短期的インセンティブ。
- パブリシティ：新聞，雑誌などにニュースとして取り扱われたり，無料でテレビやラジオで好意的なプレゼンテーションを受けるといった方法による製品やサービス・事業体に対する非人的な需要喚起。

　国際プロモーション戦略は，これらのプロモーション手段を国際的にうまくミックスさせて，ブランド認知やブランドイメージの向上，売上高の増大などを図るものである。本章では，国境を越えて行われる広告コミュニケーション（輸出広告，現地広告，グローバル広告など）の基本問題について検討する。ここでは各国・地域の文化が広告表現にどのような影響を与えているか，国際広告の標準化と適応化の問題，国によるメディア選択やメディア・ミックスなどの問題，インターネット時代の広告戦略などについて考察する。

　各国・地域の文化は広告表現戦略に重要な影響を与える。まずは世界の文化がどのように分類され，それがどのような影響を与える可能性があるかについて検討しよう。

　人類学者のホールは，世界の文化には高コンテクスト（High Context）文化と低コンテクスト（Low Context）文化があることを示した[2]。

　図表 11-1 は，共有するべき意味の量が一定であるとき，意味の解釈が共通のコンテクスト（文脈ないし状況）に大きく依存している場合には，言語による情報の量が相対的に少なくて済むこと，そして，逆に，コンテクストへの依存度が低い場合には言語による情報量を相対的に増やさなければならないことを表している。ここでコンテクストすなわち文脈ないし状況とは，メッセージの送り手と受け手の関係性（年齢，性別，社会的地位）や会話の

図表 11-1　高コンテクスト文化と低コンテクスト文化

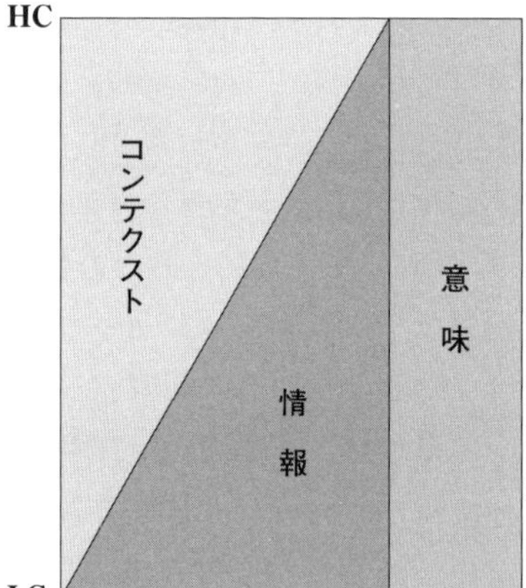

HC＝高コンテクスト
LC＝低コンテクスト

出所：Hall, E.T. ［1976］*Beyond Culture*, Anchor Press.（岩田慶治・谷泰共訳［1979］『文化を超えて』TBS ブリタニカ，119 頁。）

176

図表11-2　コンテクスト・レベルの比較

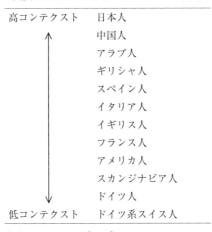

高コンテクスト	日本人
	中国人
	アラブ人
	ギリシャ人
	スペイン人
	イタリア人
	イギリス人
	フランス人
	アメリカ人
	スカンジナビア人
	ドイツ人
低コンテクスト	ドイツ系スイス人

出所：Ferraro, P.G.［1990］*The Cultural Dimension of International Business*, Prentice-Hall.（江夏健一・太田正孝監訳［1992］『異文化マネジメント』同文舘出版。）

場所や文脈そのものを意味している。

　ホールによると，「高コンテクスト・コミュニケーションや高コンテクスト・メッセージでは，ほとんどの情報が，物理的な文脈または個人の中に内面化されており，ほとんど言語記号化されず，明示もされず，メッセージの一部として発信されることもない。低コンテクスト・コミュニケーションはその反対である。つまり，情報のほとんどが明白な言語記号の中に付与されている状態である[3]。」

　こうしたホールの考えに基づいて，人類学者のフェラーロは，**図表11-2**のように，国によるコンテクスト度（意味解釈をコンテクストに依存する程度）の違いを素描している。日本人は中国人やアラブ系人，ラテン系人とともに高コンテクストの文化グループに属している。こうした国々ではメッセージの送り手と受け手の立場や人間関係ならびに状況を重視したコミュニケーションが行われる。コミュニケーション内容は必ずしも特定的ではなく，より幅広い拡散的で曖昧なスタイルとなる傾向がある[4]。

　一方，スカンジナビア人やドイツ人，ドイツ系スイス人は低コンテクスト

文化に属しており，ここでは特定的で明白なメッセージに基づくコミュニケーションが好まれる。低コンテクスト文化の人々に高コンテクスト文化の人々のような拡散的で曖昧なメッセージを送ったらイライラするに違いないであろう。また，逆に高コンテクストの人々にいきなり用件のみのメッセージを送ったら，人間味のないメッセージと感じられるかもしれない。英国とフランスは高コンテクスト文化と低コンテクスト文化の中間にあると言われている。

このようなコンテクスト依存の相違は，進出先の現地人のマネジメントにおいて考慮されなければならないことはもちろんのこと，現地市場向けの広告メッセージをはじめとするコミュニケーション戦略の策定にあたっても重要なヒントとなるであろう。

例えば，ある分析によるとマクドナルドのウェブサイトは高コンテクスト国（日本，中国，韓国）と低コンテクスト国（ドイツ，デンマーク，スウェーデン，ノルウェー，フィンランド，米国）では趣がまったく異なる[5]。

高コンテクスト国 vs 低コンテクスト国

①アニメーションの多用（特に人物が出てくるもの）vs 効果を単純に訴求

②仲間意識を大切にする vs 個人主義的価値に重きを置く

③個人のライフスタイルを表現する vs 人間や食べ物を提示する

④探索的プロセスに役立つリンク vs 明確なゴールにたどりつくためのリンク

⑤メニューの種類が多く，ウインドウが複数開く（パラレル表示）vs メニューが少なく同じウインドウ内で表示（リニアなナビゲーション）

世界の文化分類では，前述のホールの研究と共に，ホフステードによる価値システムの分類が有名である。

ホフステードは IBM の世界中の 60 社を超える子会社従業員の大規模サンプルを用いた価値システム調査に基づいて，各国の文化を分類している。そこでは「権力格差」，「不確実性回避」，「個人主義」，「男らしさ」，「長期志向」という 5 つの主要要因が抽出されている[6]。

「権力格差」は，人々が受け入れる不平等（収入や権力の格差）の程度と

図表 11-3　不確実性回避と権力格差

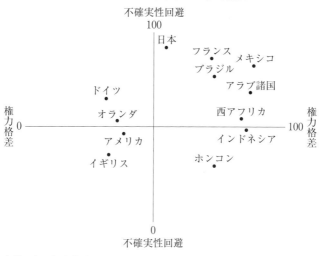

出所：小田部正明／K・ヘルセン（栗木契監訳）〔2010〕『国際マーケティング』碩学社，85頁。

関連しており，権力格差の大きい社会では不平等への寛容度が比較的に高く，慈悲深い独裁者やよき家父長を理想的上司とする傾向がある。そこではステータス・シンボルが重要な役割を果たす。それと対照的に，権力格差の小さい社会はより平等主義的であり，ステータス・シンボルは嫌われ，融通の利く民主主義者が理想的上司とされる傾向が強い。

　「不確実性回避」とは，人々が不確実なことを恐れそれを回避する行動をとることに関連している。不確実性回避が強い社会では，生活を律する厳しいルールや型へのこだわりが強いと言われる。不確実性回避が弱い社会では，人々はものごとに無頓着で，革新的で，企業家精神に富むと言われている。**図表 11-3** は，「権力格差」と「不確実性回避」をクロスさせて，各国を位置付けたものである。

　「個人主義」は人々が集団の一員としてではなく，個人として行動することを好む度合いのことである。個人主義の強い社会では，個人，あるいは直系の家族の利害が重視され，集団への忠誠心はより低い。それと対照的に，個人主義が弱い社会，すなわち集団主義が強い社会では，所属集団の利益が

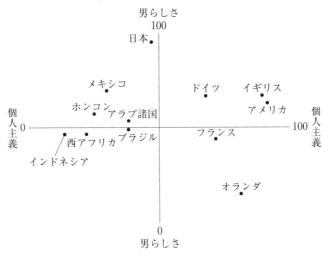

図表 11-4　男らしさと個人主義

出所：小田部／ヘルセン［2010］前掲書，86 頁。

重視され，その集団への忠誠心が強い。当該の集団の内と外の区別意識も強い。

　「男らしさ」要因が重視される「男らしい社会」とは，競争心や達成（地位，成功）志向といった男性的価値が尊ばれる社会であり，人間味，団結，環境保護，生活の質といった女性的価値を重視する社会と対照的なものである。**図表 11-4** は，「個人主義」と「男らしさ」を軸にして各国を位置付けたものである。

　なお，ホフステードは，アジアでの追試研究から「長期志向」という要因の重要性も指摘している[7]。長期志向を持つ人々は，より長いタイムスパンでものごとを考え行動する傾向が強く，将来に備える価値観（忍耐，倹約など）と同時に過去から現在へのつながりを重視する価値観（伝統の尊重など）に関心が高いとされる。中国，香港，日本，韓国は長期志向が強く，米国，英国，カナダ，フィリピンはより短期志向的である。

　ただし，ホフステードの文化分類は消費の文脈やセッティングから導かれたものではなく，それに基づいて各国の消費者行動の特性を直接的に導くこ

とには大きな限界がある。また，同一国内に存在する消費者の価値や行動の
差異についても考察されていない。実際のマーケティング戦略で活用するに
はもっと目的や対象が絞られた再調査が必要となるが，各国文化のおおまか
な特徴は非常によく捉えられており，マーケティング・リサーチの調査デザ
インにおいて大変参考になるものである。

3 国際広告の標準化と適応化

　上述のホールやホフステードの研究からのマーケティング上の示唆は，基
本的には各国ごとに広告表現やマーケティングの方法を現地適応させること
が必要であるということである。

　しかし，多国籍企業のマーケティングにおいては，もう1つの重要な視点
が必要である。それは，マーケティングの国際的標準化やグローバル標準化
である。それらはいずれも国や地域を越えたマーケティングやコミュニケー
ションの標準化，統一化の問題である。ここでは広告の現地適応化 vs 国際
的標準化の問題について考察しておこう。

　多数の国や地域でマーケティング活動を行う企業にとって，広告の国際的
標準化にはいくつかの重要なメリットと促進要因がある。また，標準化を阻
害する要因も存在する。

　標準化の第1のメリットとしては，一貫したブランドイメージの構築が挙
げられる。ビジネスや観光で世界を旅することが多いビジネス客や富裕層に
とって，ホテル，衣料品，バッグ，アクセサリーなどは世界中で一貫した品
質とブランドイメージを持っていることが便利かつ重要であり，一貫性を持
つがゆえにロイヤルティも高くなる。

　マリオットは，最高級プレミアムホテルとして「リッツカールトン」，ビ
ジネスとレジャー客向けのフルサービスホテルとして「マリオットホテル」
と「ルネッサンスホテル」を展開している。中・低価格帯ホテルとしては，
「コートヤード」，「ラマダ」などが提供されている。世界のどこにおいても，
このようなブランド名から各ホテルのおよそのサービス内容と水準がわかる
ように区分されている[8]。

メルセデス・ベンツ，BMW，レクサスなどのプレミアムブランドの乗用車についても一貫したグローバルなブランドイメージが構築されていることが重要であることは言うまでもないであろう。

　こうしたことは富裕層・エリートのみならず，若者向けの製品カテゴリーにおいて特に当てはまりやすい[9]。国際的に展開しているファストフードやスターバックスのようなコーヒーショップについても，多少の現地化は許容されながらも，グローバルな一貫したイメージ構築が重要であることは間違いないであろう。

　広告標準化の第2のメリットとしては，広告標準化の経済性が挙げられる。多数国間で共通の広告映像やコピーが使用可能である場合には，製作コストは各段に割安となる。また，優れた広告アイデアはそう簡単に得られるものではなく，希少性がある。こうしたアイデアの国際移転や相互活用は大きな効率と効果を生むのである。

　企業は広告の国際的標準化によって以上のようなメリットを期待できる一方，今日ではそれを強力に促進する世界の経済・社会背景的な要因も存在する。新しい世界的メディアやグローバル流通業の発達がそれである。新しい世界的メディアとして，企業のウェブサイト，Google，Yahoo! などの検索エンジンと広告配信機能を持つウェブサイト，Facebook などの SNS，YouTube などの動画サイトが飛躍的な発展を遂げている。これらを活用することで広告のグローバルな到達範囲が以前よりはるかに広範になり，コストも劇的に下がっているのである。

　また，競争的要因の変化として，ウォルマート（米），コストコ（米），カルフール（仏）などのグローバルに店舗展開をしている流通業の大きな発展が挙げられる。グローバルな小売業者に製品を納めているメーカーは，彼らとの取引交渉を有利に進めるためにグローバル・ブランドを持つことを必要としている[10]。

　広告の国際的標準化には上述のような重要なメリットと促進要因がある。しかし，他方において，広告標準化を阻害する要因も存在する。文化の相違（価値観，ライフスタイルの相違，宗教的タブー，性的表現），各国の広告規制，多国籍企業子会社のローカル主義などがそれである。

　文化の相違は，国や地域による価値観やライフスタイルの相違などを意味する。文化に顕著な相違がある国家間で標準化した広告表現やキャンペーンの実施は困難であることが多い。ブランド名やロゴは同一であっても，広告コピーの内容の趣がだいぶ異なるものが多いのはそのためである。特に，西洋でよく用いられる性的な表現（セックスアピール，官能的表現）についてはタイなどのアジア諸国の仏教的価値観とは相いれないので避けるのが普通である[11]。

　国の広告規制によって広告表現が大きく制約されることもある。例えば，マレーシアでは自国文化に沿うように非常に厳しい広告倫理コードが定められている。同国では，性的な表現や酒類の広告が禁じられているのはもちろんのこと，外国文化（タレント，言葉，衣服，行為など）を適用したり，投影することを禁じている。また，原則として，すべてのシーンの撮影は，マレーシア国内で行わなければならない。実際に，マレーシア政府は，ハリウッド俳優のブラッド・ピットを起用したトヨタの広告を禁止したという[12]。

　広告の国際的な標準化の壁となるもう１つの要因は，多国籍企業子会社のローカルマネジャーのローカル中心主義である。ローカルマネジャーは「私の担当する市場が世界で一番難しい」と主張する傾向にあるという[13]。実際に市場や文化の特殊性が大きい場合もあろうが，ローカルマネジャーの自立性志向の強さや NIH（Not Invented Here：よそで作られたものは，受け入れない）症候群も影響しているであろう。戦略的に広告標準化を進めようとする本社は，ローカルマネジャーのやる気を喪失させないように，標準化と真に必要な現地適応化のバランスをとらなければならないのである。

4 メディアの選択

　国際広告マネジャーは各国においてメディア選択を行う必要がある。国によってメディア・インフラが異なるので，標準化広告の場合でもメディア選択とメディア・ミックスを本国と同じにできないことが少なくない。

　まず，今日のようなインターネット広告が普及する以前の各国の広告費支出について見ておこう。例えば，2000 年度における世界の広告総額では，

米国が突出した1位（1340億ドル）であり，日本が2位（420億ドル），ドイツ（180億ドル），英国（150億ドル）がそれに次いでいた。メディア別では，テレビの割合が大きいのが中国（67％），ブラジル（48.4％），日本（46.1％），スペイン（41.4％），米国（38％）などであり，新聞が多いのが韓国（47％），ドイツ（43.5％），オーストラリア（43.2％）など，そして雑誌はドイツ（23.5％），フランス（23.1％），英国（17.5％）などが相対的に多いのが特徴であった[14]。

　次に，**図表11-5**では，2021年の世界の広告総額支出のうちの上位12カ国の実績を示している。広告総額では以前と同様に米国が突出した1位（2590億ドル）であり，2位に中国（1230億ドル）が入り，3位日本（560億ドル），4位英国（410億ドル），5位ドイツ（300億ドル）となっている。この20年間において中国の広告費が激増したことが1つの重要な変化である（広告支出総額の上位12カ国中の9位から2位に上昇）。なお，同図表から2024年の広告費の予測を見ると，世界の広告総額に占める各国の順位に大きな変化はない。**図表11-6**を見ると，世界の広告支出のもう1つのきわめて重要な変化が示されている。それはこの20年余の間に広告メディアとしてのデジタル広告の割合が急伸したことである。

　ここで簡単にデジタル広告の歴史を振り返って見ると，1994年にAT&Tがそのオンライン雑誌に世界で初めてバナー広告を掲載し，1995年にYahoo!などがさまざまな検索エンジンを世に出している（日本では1996年に「Yahoo! JAPAN」がサービス開始[15]）。そして，Googleが1998年に先進的でネットユーザーにとって大変便利な検索エンジン"Google"を世に出し，また2002年には「Google Adwords」サービスを開始して検索連動型のリスティング広告を可能にした（同年，日本でもサービス開始）。Facebook（一般開放）もTwitter（現在のX）も2006年にサービスを開始している。その後，2010年頃にはユーザーが閲覧しているウェブページ内容にマッチした広告を表示するコンテンツ・マッチングやインタレスト・マッチング（興味関心連動型）などが可能となり，ターゲティング広告が本格化していったのである。この間，インターネット環境は世界に広く普及していき，その活用技術も劇的に改善されてきたのである[16]。

図表 11-5　世界の広告費支出上位 12 カ国（2021 年実績，2024 年予想）

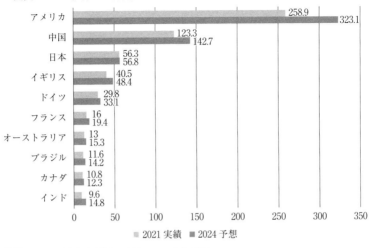

出所：Dentsu Global Ad Spend Forecasts, July 2022.

図表 11-6　世界のメディア別広告費支出（2021 年実績〜 2024 年予想）

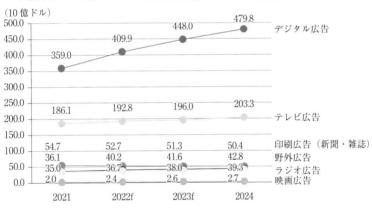

出所：Dentsu Global Ad Spend Forecasts, July 2022.

　改めて**図表 11-6** を見ると，2021 年の世界広告総額の実績でデジタル広告が従来の主要広告媒体であったテレビ広告の 2 倍近くに迫っており，2022年には初めて 2 倍を超えると予測された（日本では 2019 年にデジタル広告

がテレビ広告の2倍を超えている）。そして，2024年にはデジタル広告が世界の広告総額の約6割を占めると予測されている。すなわち，この20年において中国の広告費の激増が見られたこと，そして世界の広告総額のうちデジタル広告が占める割合が驚くほどの増加を示したことが注目される。

　以上のような状況を踏まえて，国際マーケティングにおける広告のメディア・ミックスを計画，実施することが必要である。デジタル広告が急増しているのは主要各国とも共通している。もちろん，パソコンやスマートフォンに馴染みのない人たち，特にシニア層は依然としてテレビ，新聞，雑誌，ラジオなどのマスコミを主たる情報源としており，広告媒体として依然として重要であろう。各国におけるそうした層のメディア選好傾向は，上述の2000年度の数字で見たような特徴を現在でもかなりの程度残していると思われる。それにしても世界におけるデジタル広告の重要性が圧倒的に高まっていることは紛れもない事実である。現代広告の成否は今やデジタル広告をどう活かすかにかかっているといっていいであろう。そこではデジタル広告の活用策を各国での対象商品やサービスの特性やターゲット市場の特性，広告目標，広告予算などに合わせて検討し，また従来広告メディアとの効果的な組み合わせによって相乗効果を狙うことも大きな課題となるであろう。

5 インターネット時代の各メディアの影響力

　今日，テレビ，ラジオ，新聞・雑誌という従来からのメディアに加えて，インターネットを利用したウェブサイト，SNS，動画サイトなどのデジタル・メディアが急速に重要性を増してきている。

　2011年のデロイトトーマツコンサルティングの調査[17]（日本，米国，英国，ドイツ，フランス，オーストラリアの6カ国の合計12,000名を超える回答者）によると，「あなたの購買行動に最も影響を与える媒体は何か」という問いに対して，**図表11-7** のような回答を得ている。日本以外では各国ともテレビの影響力が最も大きい。日本ではオンライン広告がテレビ以上の影響力を持っていることが示唆された。

　また，**図表11-8** のように，「新製品について初めて知ったのがオンライ

図表11-7　「あなたの購買行動に最も影響を与える媒体は何か」

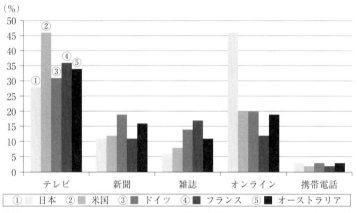

出所：デロイトトーマツコンサルティング［2012］「メディア・デモクラシーの現状
調査」日本版レポートのデータに基づき筆者作成。

図表11-8　「新製品について初めて知ったのがオンライン上だった，という経験がある」

出所：デロイトトーマツコンサルティング［2012］前掲資料のデータに基づ
き筆者作成。

ン上だった，という経験がある」という問いに対しては，日本ではオンライ
ンでの商品認知経験率が69％，米国では66％と高く，商品認知促進の場と
してオンラインが重要性を持つことが示唆された。

　さらに，**図表11-9**のように，「SNS上の広告はオンライン広告の中でも
最も購買行動に影響を与える」という問いに対して，米国とオーストラリア
が共に相対的に高い値（22％）を示している。オンライン広告の中でも
SNS（ソーシャルネットワーキング・サービス）上の広告が有力なメディア
として位置付けられてきていることを示唆するものである。

　2011年以降，引き続きオンライン広告，とりわけSNSの消費者の購買行

187

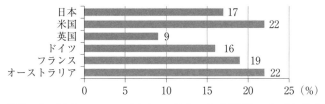

図表 11-9 「SNS 上の広告はオンライン広告の中でも最も購買行動に影響を与える」

出所：デロイトトーマツコンサルティング［2012］前掲資料のデータに基づき筆者作成。

動に対する影響力は拡大し続けてきた。情報通信白書（総務省，平成 30 年版）の「ソーシャルメディアによる情報発信・閲覧（国際比較)」によれば，4 カ国（日本，米国，ドイツ，英国）のソーシャルメディア（Facebook，Twitter，Instagram，LINE，その他の SNS，ブログ，情報・レビュー共有サイト，掲示板，オンラインゲーム／ソーシャルゲーム）の利用状況について考察も含めて次のようにまとめられている[18]。**図表 11-10** のとおり，全体的な傾向として，日本は他国と比べると「自ら情報発信や発言を行う」人の割合が低く，「他人の書き込みや発言を閲覧する」人の割合が他国より高いという調査結果を表している。この調査結果を国際比較の観点から次のように考察している点も興味深い。欧米人と比較して「控えめで主張をしない」日本人の傾向は，ソーシャルメディア，とりわけ情報・レビュー共有サイトの利用方法にも表れているという。「ほとんど情報発信や発言をせず，他人の書き込みや発言等の閲覧しか行わない」人の割合は他国が 1 〜 2 割程度に対し，日本は 3 割を超えている。商品を購入する際，「自分がその商品についてどう思うか？」よりも「他人はどう評価しているか？」を気にする他人軸の価値観が欧米と比較して日本人は強い傾向にあることが調査結果よりうかがえ，「購入者レビューや掲示板（以下，口コミ）が購買行動に与える影響が大きいのは欧米よりも日本である」という考察で締めくくっている[19]。このように他人軸の価値観に対しての感応度が高いとされる日本人的傾向は，近年その影響力を増しているインフルエンサーらによる YouTubeや Instagram，Twitter などの多様なメディア媒体を駆使した情報配信などによってさらに強まっていることだろう（【コラム 11-1】参照）。

図表 11-10　ソーシャルメディアによる情報発信・閲覧（国際比較）

(横軸：0 10 20 30 40 50 60 70 80 90 100(%))

		自ら情報発信や発言を積極的に行っている	自ら情報発信や発言することよりも他人の書き込みや発言等を閲覧することの方が多い	ほとんど情報発信や発言をせず、他人の書き込みや発言等の閲覧しか行わない	ほとんど利用していない	まったく利用していない
Facebook	日本	5.5	8.9	18.6	9.9	57.1
	アメリカ	45.2	25.0	12.2	5.6	11.0
	ドイツ	25.9	21.4	17.9	10	24.8
	イギリス	34.9	26.3	18.9	5.5	14.4
Twitter	日本	9.0	10.2	18.2	6.7	55.9
	アメリカ	16.3	16.1	10.1	9.6	47.9
	ドイツ	8.?	8.3	7.3	9.?	66.7
	イギリス	15.?	19	13.?	10.2	40.4
Instagram	日本	4.6	8.1	14.0	5.5	67.8
	アメリカ	21.0	16.7	10.0	6.2	46.1
	ドイツ	10.2	9.7	9.5	9.4	61.2
	イギリス	15.8	15.7	11.?	7.?	49.1
LINE	日本	18.5	17.1	18.3	10.0	36.1
	アメリカ	6.4	8.0	5.5	4.3	75.8
	ドイツ	3.?	5.1	5.?	4.8	82
	イギリス	3.3	7.2	5.3	7.8	76.4
その他のSNS	日本	2.3	3.7	4.7	8.5	80.8
	アメリカ	10.2	14.8	10.9	9.5	54.6
	ドイツ	4.2	5.1	7.6	8.7	74.4
	イギリス	6.9	12.3	11.6	10.9	58.3
その他のオンラインチャット	日本	2.4／1.9／2.7	7.9			85.1
	アメリカ	10.3	10.4	8.6	11.4	59.3
	ドイツ	10	9.2	8.9	12.7	59.2
	イギリス	9.2	11.9	9.6	11.3	58
ブログ	日本	4.9	6	9.6	6.4	63.1
	アメリカ	8.3	9.7	6.6		66.1
	ドイツ	3.7	5.9	6.3		76.9
	イギリス	6.5	8.5	8.2	9.2	67.6
情報・レビュー共有サイト	日本	2.3	6.7	32.5	8.4	50.1
	アメリカ	7.3	17.7	17.0	9.5	48.5
	ドイツ	4	8.8	10.7	9.8	66.7
	イギリス	9.1	20.7	19.1	11.2	39.9
掲示板	日本	1.0／4.7	17.3	8.6		68.4
	アメリカ	11.9	12.4	11.4	8.6	55.9
	ドイツ	3.3	6	5.6	6.3	78.8
	イギリス	8.6	15.4	13.6	9.1	53.3
オンラインゲーム／ソーシャルゲーム	日本	0.9／2.5／4.3	4.9			87.4
	アメリカ	9.6	11.9	9.0	8.0	61.5
	ドイツ	3.3	6.3	6.4	7.3	76.6
	イギリス	7.4	13.2	10.9	9.8	58.7

凡例：
- 自ら情報発信や発言を積極的に行っている
- 自ら情報発信や発言することよりも他人の書き込みや発言等を閲覧することの方が多い
- ほとんど情報発信や発言をせず、他人の書き込みや発言等の閲覧しか行わない
- ほとんど利用していない
- まったく利用していない

※他国の回答と合わせるため、日本の回答は 70 代の回答を除いた。

出所：総務省『情報通信白書 2018 年版』「ソーシャルメディアの利用状況」（最終アクセス 2023 年 7 月 28 日）。

ここで，消費者の購買行動に影響を与える「口コミ」と「インフルエンサー」という新旧の影響要因の質的な違いについて考察する。従来からの影響要因であった「口コミ」と新たに台頭してきた「インフルエンサー」による影響の相違をそれぞれから配信される情報特性（5つ）の観点から多面的に考えてみることとする。1つ目は「情報の量」であり，口コミからは対象となる製品やサービスに対する情報量が相対的に少ない一方で，インフルエンサーからは情報量が相対的に多いことである。2つ目は「情報の形態」であり，口コミで投稿される情報は基本的には文字などのテキストベースで開示される形態であるのに対して，インフルエンサーから配信される情報の形態はライブ配信も含めた動画ベースが主である。3つ目は「情報の経路」であり，口コミはウェブ上でのみ情報が投稿されていくのに対して，インフルエンサーからは YouTube や Instagram，Twitter などさまざまな SNS を介して情報が配信されていく。4つ目は「情報の信頼性」であり，口コミではそこで投稿される個々の情報の集合知の信頼性に関する知覚や判断は消費者自身に委ねられているのに対し，インフルエンサーから配信される情報の信頼性への知覚や判断は彼らのフォロワー数などで担保されることになるだろう。5つ目は「情報の伝播力」であり，口コミから対象製品やサービスの情報がその他の情報媒体に伝播することは相対的に少ない一方で，インフルエンサーから配信される情報の伝播力は，彼らのフォロワー数と配信経路の多さゆえに相対的に大きなものであるだろう。このような口コミとインフルエンサーという新旧の影響要因の相違の影響は，前述の他人軸の価値観を重視する日本人的傾向とあいまって，さらに顕著になっていくかもしれない。そうした相違の根源には近年の日本人的な消費の価値観の変化としても取り上げられている“コストパフォーマンス（コスパ）＆タイムパフォーマンス（タイパ）”という要因もあるかもしれない[20]。特に最近では時間帯効果を重視する現代の日本人消費者にとって，SNS 上での情報探索は時流にあった方法なのかもしれない。その一方で，**図表 11-11** で示されているように，SNS の影響に関する世代間比較を行っている近年のグローバル調査も注目に値する。マッキャン・ワールドグループによれば，日本も含めた欧米・アジアなどの 26 カ国・地域における 1990 年代半ば以降に生まれた「Z 世代」はその

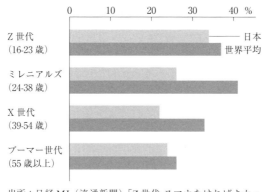

図表11-11　「スマホが発明されなければよかった」と思う割合

出所：日経MJ（流通新聞）「Z世代 スマホなければよかっ
　　　た」（2021年10月10日）11頁。

他の世代に比べて「スマホが発明されなければよかった（SNSで常に誰か
とつながっていることに疲れを感じている）」と感じている人口が多く，特
に日本ではその傾向が顕著であることを調査結果で示している[21]。日本人に
固有のつながりの強さが同調圧力となり，それがSNS空間でも生じること
で息苦しさを感じ，自由な表現を渇望する現代の若者層の特質をここから読
み取ることができよう。

　これらの調査からわれわれが学び取れる知見は，インターネット時代のメ
ディアは多岐にわたっており，国や世代の違いによってもターゲットとなる
層への効果的なメディアの組み合わせやその影響力などがさまざまであるこ
とから，今後の国際プロモーション戦略の構築においても，その違いを考慮
した適切なメディア・ミックスの設計が肝要となるだろう。

　上述のような調査によって，デジタル広告が消費者の購買行動に重要な影
響を与えていることは推測できるが，実はデジタル広告の目的に応じた正確
な効果測定はそれほど容易ではない。例えば，前述のデロイトトーマツコン
サルティングの調査のように，購買行動に最も影響を与える媒体を尋ねて
も，どの段階の購買行動（認知，好感度，購入意欲，実購入）についての質
問であったかどうか定かではない。また，新製品の最初の認知がオンライン
上だったとの回答であっても，無意識のうちにそれ以前の複数のメディア媒

体からの影響（クロスメディア効果）を受けているかもしれない。また，新製品の認知がそのまま購入意向や実購入につながるとは限らない。さらに，消費者一人ひとりの嗜好などが影響する広告反応の差異，すなわち消費者の異質性を考慮した反応の解析も必要となろう。より精緻な広告効果の測定手法の開発が必要なのである[22]。

　なお，今日のデジタル社会において GAFA などの IT プラットフォーム企業が独占的に蓄積している膨大な個人データの収集・AI 解析・マーケティング関連会社への販売などがデジタル広告の効率と効果を高めていることは事実であるが，消費者の視点からは，そこには個人のプライバシー侵害につながる問題が潜んでいることにも留意しておかなければならないであろう（【コラム 11-2】参照）。

6 ソーシャルメディア時代の新しい広告コミュニケーション戦略

　佐藤達郎[23] の紹介によると，2010 年 10 月に世界的広告代理店の DDB（Doyle, Dane, Bernbach）は会社全体のキーワードとして「ソーシャル・クリエイティビティ」を掲げている[24]。ここでのソーシャル・クリエイティビティとは，DDB が会社全体のキーワードとしている「人々とブランドをコネクトすると同時に，人々と人々をコネクトするコンテンツを創作する」（Creating content which connects people with people as well as people with brands）ことを意味している。DDB によると「誰もが自らのコンテンツを創作でき，コントロールでき，配信可能」な「高度にコネクトされた社会」で，ブランドが人々とコネクトする道となり，もはや「個人に響くメッセージを作り上げるだけでは十分ではなく」「人々が参加し，遊び，人に手渡したいと思うような施策」を必要とする[25]。

　現在のようなデジタル化が進み高度にコネクトされた社会では，従来のメディア中心の広告キャンペーンからデジタルキャンペーン[26] へと比重が移ってきている。デジタルキャンペーンを成功に導くためには，従来のメディア中心の広告キャンペーンのように，話題性のあるクリエイティブな表現やブ

ランドのストーリーテリング，また有名タレントの起用などで人々のアテンションを引きつけるコミュニケーション活動だけでは十分ではない。村上は，デジタルキャンペーンでは人々とブランドのコネクションを作り出すための仕掛けとして，さまざまなデジタルプラットフォームを活用してユーザーの「ブランド体験」をうまくデザインし，ユーザーのブランドに対するエンゲージメントを高め，ユーザーとの深い関係性を作ることが不可欠であるという[27]。

　ところで，これまでの広告表現におけるクリエイティビティにおいては，その物語性（ストーリー性），芸術性（アート性）が特に重要であることが世界中で指摘されてきた。佐藤はそれらに加えて第3のクリエイティブとしてソーシャルメディア時代における「伝播性」に着目しなければならないことをいち早く指摘した[28]。ここで伝播性とは「人に伝えたくなり人につなげたくなる」という伝播性である。それは従来用いられてきた「話題性」とも異なる。「話題性は，マスメディアから消費者へ，大量に情報を流すことによって，上から下へ伝達されていたが，ソーシャルメディア時代の伝播性は，ソーシャルメディアや口コミを通して横に共有され，時にはマスメディアに逆流することもある[29]。」同氏はこの伝播性を狙ったソーシャル・クリエイティビティの代表作の1つとして，英国 T-mobile の "DANCE" を挙げている（まだ試聴されていない読者は，ぜひ，次の YouTube をご覧ください。https://www.youtube.com/watch?v=VQ3d3KigPQM）。撮影現場は，2009年，ロンドンのリバプールストリート駅の雑踏の中でダンスミュージックが流れ出すと，1人の男が突然踊り出すシーンから始まる。周りにいた通行人たちも次々に踊り出し，ついには300人余りの大ダンスシーンが展開する。事前に練習したエキストラがほとんどだったようだが，ただの通りがかりの人たちも一緒になって踊り出す。ものすごく迫力があり楽しそうなシーンが作り出された。それをスマホ動画にとって家族や友人に伝えている人たちも映し出されている。駅舎内でのひとしきりの音楽とダンスの大共演が止まると，人々は何事もなかったかのように散っていくのである。そして最後の一コマに，"Life's for sharing"（分かち合うべき人生／みんなと分かち合おう）というメッセージと "T-mobile" の会社名が映し出される。このラ

イブ・イベントの映像は TV で放映され，また YouTube で大人気を博して，2012 年 3 月現在で 3000 万回超の視聴があった。さらに，“DANCE”放映の効果があってか，前年同時期と比べて売上が 52％もの増加を記録したという[30]。厳密な広告効果はひとまず置くとしても，“DANCE”動画が英国だけでなくさまざまな国において消費者によって自主的に拡散されて，膨大な数の人々の耳目を集め関心を高めたことは事実である。その結果，T-mobile のブランド認知度を大いに高めたこと，T-mobile が人々をつなぐ明るく活動的な会社であるというイメージの高揚に役立ったであろうことは間違いなさそうである。これこそ，従来の「企業からメッセージを直接伝える」ではなく，「人から人へメッセージが間接的に伝わる」ことを念頭に置いた，ソーシャルメディア時代ならではのソーシャル・クリエイティビティ効果である[31]。

　ただし，こうしたソーシャル・クリエイティビティ効果の活用においても，本書第 6 章で紹介したゲマワットが指摘する国や地域による“CAGE”（文化，制度，地理，経済）の隔たり，特に文化と制度の隔たりには十分な配慮が必要であることに相違はない。

7 デジタル・メディア時代の国際広告の標準化と現地適応化のミックス

　デジタル・メディアの利用可能性と購買行動への影響力が高まっている現在，多国籍企業は広告の国際標準化と現地適応化のバランスをどのようにとろうとしているのであろうか。

　唐澤は，日産のウサイン・ボルト選手を起用した NISSAN GT-R のキャンペーン事例やカルティエ（Cartier）などのグローバル・ブランド・キャンペーン事例を紹介しながら，デジタル・メディア時代におけるウェブサイトと SNS および動画サイトのリンクによる広告の世界標準化と現地適合化の新しい形での同時追求の可能性について示唆している[32]。日産やカルティエは世界標準化したグローバルコンテンツをグローバルウェブサイトに，そして現地適応化したローカルコンテンツを各国の現地ウェブサイトに掲載し，またそれらとの連携のもとに本社 Facebook ページと各国 Facebook ペ

ージを運用している。それらは YouTube にもうまく反映している。なお，日産やカルティエは，デジタル・メディア以外の従来メディアも複合的に活用しており，世界的に標準化した空港ビルボードや現地適応化したローカルなイベント・PR 戦略，各国テレビ CM などが併用されている。

　また，富士フイルムによるインスタントカメラのチェキ（正式名称は instax）は現在世界 100 カ国以上で販売されている世界的ヒット商品であるが，同じく世界標準化と現地適合化の双方のプロモーション方法を採用している。グローバル市場で勝負するために，2018 年の 11 月には米人気歌手のテイラー・スウィフトを起用し，コラボ商品の販売や交流サイト（SNS）などメディア・ミックスでブランド浸透を全世界で図っている[33]。2019 年秋から，「とるだけじゃない，伝えたいから。」（Don't just take, give.）というキャッチコピーを世界共通のブランドプロモーションとして展開している[34]。しかし一方で，同社のグローバルサイトでは販売各国のウェブサイトを確認することができ，中国ではオリジナルのプロモーション動画が instax 中国サイト内のリンクで閲覧できる[35]。また，アフリカのナイジェリアでは，都市化による家族の分断の溝をチェキ（instax）で埋める仕掛けとして，製品をポジショニングしており，コンセプトフレーズを「Leave you behind ＝ あなたを（チェキで）置いていこう」とローカルに設定している[36]。富士フイルムは各国の文化や価値観の差異を反映しながらも，世界のどこにいても instax の同じ世界観，イメージを受け取れるようにするため，世界共通のプロモーション動画やガイドラインを各国の社員と協力して作成したという[37]。

　上述のケースから，複数のデジタル・メディアが存在している現在，企業は標準化と適合化のバランスをメディア間でどのように使い分けていくのが効果的なのかについての真剣な検討を行っていることがうかがえる。さらに，複合的な広告のトータルな効果測定のためには国境を越えたクロスメディア効果についての検討も必要となろう。

図表 11-12　デジタルメディア・ミックス

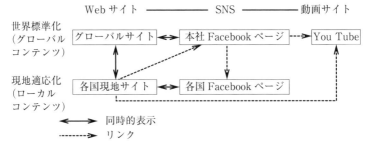

出所：唐澤龍也［2012］「国際マーケティングにおける広告の世界標準化・現地適応
　　　化戦略の再考─デジタルメディア時代の分析フレーム」多国籍企業学会，第
　　　33 回東部部会例会報告資料の図表を筆者が簡素化して作成。

📝 第 11 章のまとめ

①　国際広告の標準化と適応化

　多国籍企業の国際広告の重要な問題の1つは，広告の国際的標準化 vs 現地適応化の問題である。多数の国や地域でマーケティング活動を行う多国籍企業にとって，広告の国際的標準化の促進要因とそれを阻害する要因が存在する。

　標準化の第1のメリットとして，一貫したブランドイメージの効果が挙げられる。特に世界を旅することが多いビジネス客や富裕層にとって，ホテル，衣料品，装飾品などは世界中で一貫した品質とブランドイメージを持っていることでロイヤルティも高くなる。富裕層でなくても，世界的に有名なファストフードやコーヒーショップの一貫したグローバル・イメージにひかれるところが大きいであろう。第2のメリットは，広告標準化の経済性である。多数国間で共通の広告映像やコピーが使用可能である場合には，製作コストは各段に割安となる。また，優れた広告アイデアは容易に創出できるものではなく希少価値がある。こうしたアイデアの国際移転や相互活用が可能であれば国際的な大きな効果を生む可能性がある。

　しかし，他方において，広告標準化を阻害する要因も存在する。特に，各国間での文化の相違（価値観，ライフスタイルの相違，宗教的タブー，

196

性的表現の忌避など）が大きな阻害要因となる。また，各国の広告規制や多国籍企業子会社のローカル主義なども標準化の阻害要因となる。多国籍企業の広告戦略としては，広告のグローバル標準化の利益を享受しながらも，現地国での文化的，社会的要因に配慮した広告適応化のメリットを同時に取り込む工夫が必要となろう。

②　広告コミュニケーションにおける文化の壁

　各国・地域の文化は広告コミュニケーション戦略に重要な影響を与える。

　人類学者のホールは，世界の文化には高コンテクスト（High Context）文化と低コンテクスト（Low Context）文化があることを示した。共有するべき意味の量が一定であるとき，意味の解釈が共通のコンテクスト（文脈ないし状況）に大きく依存している場合（高コンテクストと呼ぶ）には，言語による情報の量が相対的に少なくて済む。逆に，コンテクストへの依存度が低い場合（低コンテクストと呼ぶ）には言語による情報量を相対的に増やさなければならない。

　こうしたホールの考えに基づいて，人類学者のフェラーロは，国によるコンテクスト度（意味解釈をコンテクストに依存する程度）の違いを素描している。日本人は中国人やアラブ系人，ラテン系人とともに高コンテクストの文化グループに属している。こうした国々ではメッセージの送り手と受け手の立場や人間関係ならびに状況を重視したコミュニケーションが行われる。一方，スカンジナビア人やドイツ人，ドイツ系スイス人は低コンテクスト文化に属しており，ここでは特定的で明白なメッセージに基づくコミュニケーションが好まれる。

　また，ホフステードは文化の主要な5つの要因の抽出（権力格差，不確実性回避，個人主義，男らしさ，長期志向）に基づいて，またそれらの組み合わせ指標によって各国の文化を分類している。例えば，日本は不確実性回避志向が強く，権力格差への容認度が中程度の社会であり，また，男らしさ要因（男性的価値）が重視され，個人主義的傾向は中程度であると分類される。

ただし，上述のような文化分類は現地での広告コミュニケーション戦略に重要なヒントを与えるものであるが，消費の文脈やセッティングから導かれたものではなく，それに基づいて各国の消費者行動の特性を直接的に導くことには大きな限界がある。また，同一国内に存在する消費者の価値や行動の差異についても考察されていないことにも注意を要する。いずれにせよ，これらの研究は基本的には各国ごとに広告表現やマーケティング方法を現地適応化する必要性を示唆するものであるが，前述のような多国籍企業の国際広告の標準化と適応化の問題と合わせて考慮しなければならない。

③　インターネット時代の広告戦略

　2021 年の世界の広告総額支出は米国が突出した 1 位であり，2 位中国，3 位日本，4 位英国，5 位ドイツである。この 20 年間における変化の特徴は，中国の広告費が激増したことおよび広告総額に占めるデジタル広告の割合が急伸し，すでに従来の主要メディアであったテレビ広告の約 2 倍に達していることである。インターネット時代における現代広告の成否は今やデジタル広告をどう活かすかにかかっているといっても過言ではない。そこではデジタル広告の活用策を各国での対象商品やサービスの特性やターゲット市場の特性，広告目標，広告予算などに合わせて検討し，また従来広告メディア（TV，新聞，雑誌，野外広告，店舗内広告など）との効果的な組み合わせによって相乗効果を狙うことが大きな課題となっている。特に難しいのは，特定の広告目的に対する複数メディアの広告の効果的ミックスとその相乗効果の測定である。

　また，今日の広告戦略はソーシャル・クリエイティビティの時代を迎えていると言われている。それは「人々とブランドをコネクトすると同時に，人々と人々をコネクトするコンテンツを創作する」時代のことである。そこでは広告表現のクリエイティビティにおいて従来の物語性，芸術性に加えて，「伝播性」が重要となる。「人に伝えたくなり人につなげたくなる」という伝播性である。それは，SNS や口コミを通して膨大な数の人々に共有されてとんでもなく大きな広告効果を発揮する可能性がある。

　もちろん，インターネット時代の国際広告においても上述のようなメディア・ミックスの相乗効果を期待できるようにさまざまな工夫がなされている。そこでもゲマワットが指摘する "CAGE"（文化，制度，地理，経済）の隔たり，特に文化と制度の隔たりに十分な配慮が必要である。

【注】

1　Kotler, P.［1980］*Marketing Management: Analysis, Planning and Control*, 4th ed., Prentice-Hall, Inc.（村田昭治監修［1983］『マーケティング・マネジメント（第4版）』プレジデント社，384-385頁。）

2　Hall, E.T.［1976］*Beyond Culture*, Anchor Press.（岩田慶治・谷泰共訳［1979］『文化を超えて』TBSブリタニカ。）

3　ここでは次の邦訳文献から引用。Usunier, J.C. and J.A. Lee［1996］*Marketing Across Cultures*, 5th ed.（小川孔輔・本間大一監訳［2011］『異文化適応のマーケティング』ピアソン桐原，442頁。）

4　Usunier and Lee［1996］前掲書（訳書，444-446頁）.

5　Usunier and Lee［1996］前掲書（訳書，447頁）.

6　Hofstede［1991］*Cultures and Organizations*, McGraw-Hill. ここでの要約と解釈は，小田部正明／K・ヘルセン（栗木契監訳）［2010］『国際マーケティング』碩学社，82-87頁に依拠している。

7　Hofstede and Bond［1988］. ここでは小田部／ヘルセン［2010］前掲書，84頁より引用。

8　田中洋［2007］「グローバルブランド・マネジメント」諸上茂登・藤沢武史・嶋正編著『グローバルビジネス戦略の革新』同文舘出版，第4章所収，74-75頁。

9　小田部／ヘルセン［2010］前掲書，529頁。

10　田中［2007］前掲書，76頁。

11　小田部／ヘルセン［2010］前掲書，531頁。

12　小田部／ヘルセン［2010］前掲書，546頁。

13　田中［2007］前掲書，81頁。

14　小田部／ヘルセン［2010］前掲書，539頁の図表11-7の数値から抽出。

15　日本のインターネット広告の歴史については次の資料を参照。DML「日本のインターネット広告の歴史」https://dmlab.jp/web/history.html?sid=macromill（最終アクセス2023年7月27日）

16　国連の専門機関の1つであるITU（International Telecommunication Union）の調査によると，個人利用者は全世界で2001年の4億9,500万人から飛躍的に伸

びて，2011 年には 22 億 6,500 万人に，2021 年には約 49 億人（世界人口の 63
%）に達している。また，2021 年のインターネットの 1 人当たりの普及率は，
欧州 87%，米国 81%，CIS（ロシアを中心とする国家連合体）82%，アラブ諸
国 66 %，ア ジ ア 太 平 洋 61 %，ア フ リ カ 33 % で あ る。ITU World
Telecommunication/ICT Indicators database［2022］ITU Statistics. https://www.itu.
int/en/ITU-D/Statistics/Pages/stat/default.aspx，https://www.itu.int/en/ITU-D/
Statistics/Documents/facts/FactsFigures2021.pdf

17 デロイトトーマツコンサルティング［2012］「メディア・デモクラシーの現状調
査」日本版レポート。

18 総務省『情報通信白書 2018 年版』「ソーシャルメディアの利用状況」https://
www.soumu.go.jp/johotsusintokei/whitepaper/ja/h30/html/nd142210.html（最終ア
クセス 2023 年 7 月 28 日）

19 womAn's LABO「国民性は消費にどう影響する？ソーシャルメディア国際比較
から垣間見る『他人軸』な日本人」（2018 年 12 月 21 日）https://womanslabo.
com/marketing-20181221-2（最終アクセス 2023 年 7 月 28 日）

20 日本経済新聞「ヒット商品番付，横綱『コスパ＆タイパ』『#3 年ぶり』」（2022
年 12 月 6 日）https://www.nikkei.com/article/DGXZQOUC01AMQ0R01C22A200
0000/（最終アクセス 2023 年 7 月 28 日）

21 日経 MJ（流通新聞）「Z 世代 スマホなければよかった」（2021 年 10 月 10 日）
11 頁。

22 広告測定（特にクロスメディア効果）について詳しくは次の文献を参照された
い。日高徹司・佐藤忠彦［2016］「消費者とブランドとの関係を考慮した階層ベ
イズモデルによるクロスメディア効果測定」『日本オペレーションズ・リサーチ
学会』59，106-133 頁。

23 佐藤達郎［2015］『これからの広告の教科書』かんき出版。

24 佐藤達郎氏も 2010 年に日本広告学会にて同一用語でほぼ同じ概念を提言してい
る。佐藤達郎［2010］「ソーシャル・クリエイティビティの時代」『第 41 回日本
広告学会全国大会報告要旨』。

25 佐藤達郎［2015］前掲書，155 頁。

26 ここでデジタルキャンペーンというのは，デジタルプラットフォームを活用し
たプロモーション活動全般を指す。デジタルキャンペーンには，ユーザー体験
型キャンペーン（投票，協力，貢献，発表，会話といったユーザー体験をデジ
タルプラットフォーム上で提供），インセンティブキャンペーン（賞品を活用し
てデジタルプラットフォーム上での行動を促進），ソーシャルメディアキャンペ
ーン（ソーシャルメディアをコミュニケーションツールとして活用）などがあ
る。村上知紀［2013］『デジタル・クリエイティビティ―これからの広告に必要
な創造性』翔泳社，7 頁参照。

27 村上［2013］前掲書，24-25 頁参照。

28　佐藤達郎［2012］「広告表現におけるクリエイティビティの現在―ソーシャル・クリエイティビティ，そして一回性と真実性」『広告科学』第 57 集。

29　佐藤［2012］前掲書，5 頁。

30　佐藤［2012］前掲書，4 頁参照。

31　佐藤［2012］前掲書，10 頁参照。

32　唐澤龍也［2012］「国際マーケティングにおける広告の世界標準化・現地適合化戦略の再考―デジタルメディア時代の分析フレーム」多国籍企業学会，第 33 回東部部会例会報告資料。

33　日経産業新聞「富士フイルム，「チェキ」20 周年で挑む世界」（2018 年 11 月 26 日）https://www.nikkei.com/article/DGXMZO38088790S8A121C1X20000/（最終アクセス 2023 年 8 月 5 日）

34　日刊工業新聞「世界中で人気のカワイイ"チェキ"がスタイリッシュにリニューアル！よりシンプルな操作性と高品質なプリントを実現したエントリーモデル登場 インスタントカメラ"チェキ"『instax mini 11』」（2020 年 2 月 26 日）https://www.nikkan.co.jp/releases/view/107197（最終アクセス 2023 年 8 月 4 日）

35　instax mini 12（中国サイト）https://instax.fujifilm.com.cn/camera/mini/12.html（最終アクセス 2023 年 8 月 4 日）

36　宣伝会議「ナイジェリアに『チェキ』上陸―ローカルインサイトに基づく広告が始動」（2019 年 2 月号）https://mag.sendenkaigi.com/senden/201902/france-trend/015276.php（最終アクセス 2023 年 8 月 3 日）

37　大手小町「働く女のランチ図鑑 vol.28 グローバルな『チェキ』人気を後押しするモノ―富士フイルム・外山彩」（2019 年 11 月 18 日）https://www.yomiuri.co.jp/otekomachi/20191115-OKT8T184001/（最終アクセス 2023 年 8 月 3 日）

世界的にひろがる SNS 広告とインフルエンサー・マーケティング

　このテキストの読者たちの多くはおそらく大学生・大学院生なので，SNS（ソーシャル・ネットワーキング・サービス）が日常生活とは切っても切り離せない存在になっているのではないだろうか？全員とは言わないがほとんどの読者にとって YouTube で動画を見たり配信したり，Twitter，Facebook，Instagram，TikTok などで自身のライフスタイルを披露したり，情報を収集したりすることは日常茶飯事ではないだろうか？令和 3 年度に行われた総務省による「情報通信メディアの利用時間と情報行動に関する調査報告書」によれば，①全世代で平日の「インターネット利用」の平均利用時間が「テレビ（リアルタイム）視聴」の平均利用時間を超過し，② 10 代〜 20 代の「動画投稿・共有サービス」，「ソーシャルメディアを見る・書く」の平均時間が他の世代よりも多く，③若年層ほど，「いち早く世の中の出来事や動きを知る」ためにインターネットを利用している傾向が明らかになっている。4 大マスメディアと言われるテレビ，新聞，雑誌・書籍，ラジオ，そして新たな媒体としてのインターネットの利用頻度の変化に対応するように，2021 年にはインターネット広告が 2 兆7052 億円と 4 大マスメディア広告の 2 兆 4538 億円を上回った（電通調査より）。

　特に，インターネット広告の中でも，ウェブ広告ではなく，上述の SNS 上で展開される SNS 広告は今後ますますの市場拡大が見込まれている。SNS 広告の特徴は，より明確にターゲットに届けることができるという点である。SNSに登録してある顧客情報に加えて，SNS 上の友人のつながりや，記事に対する評価（いわゆる「いいね」ボタンの履歴）などから潜在的なターゲットに広告を届けることができる。近年の消費者のメディア利用実態とこのような SNS のメリットを見込んで，世界的に SNS 広告は増加の一途をたどると予測されている（図表 1）。

　さらに，この SNS 広告においては，インフルエンサーと呼ばれる，フォロワーに大きな影響を及ぼす人物に製品やサービスのプロモーションをしてもらうというインフルエンサー・マーケティングも盛んに行われている。ユーチューバ

図表 1　世界のソーシャルネットワーキング広告収入（単位：10 億米ドル）

（10 億ドル）

	2016	2017	2018	2019	2020	2021	2022	2023	2024
	34.00	42.13	50.26	58.39	66.52	74.65	82.78	90.91	99.04

出所：AMERI RESEARCH INC. ウェブサイトより。https://www.ameriresearch.com/product/social-media-market-size/（最終アクセス 2023 年 8 月 4 日）

図表 2　インフルエンサーの影響力―有名人やインフルエンサーが宣伝していたから商品を買ったことがあると回答した人の割合―

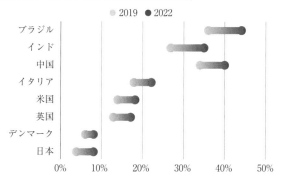

● 2019　● 2022

注：各国，1,000 ～ 7,600 人（18 ～ 64 歳）を対象とした調査
出所：statista ウェブサイトより。https://www.statista.com/chart/24933/share-of-respondents-saying-they-purchased-something-because-of-influencers/（最終アクセス 2023 年 8 月 3 日）

ー，インスタグラマー，ティックトッカーなど SNS によって呼び名は異なるが同様のインフルエンサーである。図表 2 は各国における・インフルエンサーの影響度合いを数値化した調査である。この調査の限りでは日本は他国と比して相対的に低い割合となっている。各国での SNS の利用実態，SNS 以外での口コミの入手可能性，口コミの製品購入動機への影響度合いなどによって各国で結果が

異なっていると考えられる。国際マーケティングでは，その製品やサービスの価値を異文化に的確に伝達することが求められる。そうした観点で，このインフルエンサー・マーケティングは国際的に有効な方法の1つとなりうるだろう。

　しかし，製品やサービスをターゲットとする消費者に販売したい企業のインフルエンサーの活用が増える一方，懸念するべき事実もある。NHKのクローズアップ現代によれば，インフルエンサーの中には企業案件を獲得するためにフォロワーを不正な業者から買い取ることによってフォロワー数を水増ししているケースが浮き彫りになっている。そのフォロワー自体も不正な乗っ取り被害にあったまったく知らない国籍のユーザーのものや，Botによって自動的に増やされた架空のユーザーであるという。マーケティングに活用する際には，健全なインフルエンサーを見抜くことが必要であるという。アナログからデジタルへと変化し，従来の口コミもデジタル上へとシフトした。消費者自身があふれる情報の中で，確かな目利きをする能力を養うことも重要であることはもちろんであるが，企業側は口コミのクオリティをデジタル上でどのように担保していくかが，今後のデジタル広告領域での大きな課題の1つといえるだろう。

【コラム 11-1　参考文献】

クローズアップ現代「追跡！ネット広告の闇　水増しインフルエンサー」(2019 年 5 月 22 日放送) https://www.nhk.or.jp/gendai/articles/4283/ (最終アクセス 2023 年 8 月 2 日)

総務省「令和 3 年度　情報通信メディアの利用時間と情報行動に関する調査」(2022 年 8 月 6 日) (最終アクセス 2023 年 6 月 1 日)

電通調査「2021 年 日本の広告費 インターネット広告媒体費 詳細分析」(2022 年 3 月 9 日) (最終アクセス 2023 年 8 月 1 日)

Column 11-2
デジタル広告時代において高まるプライバシー意識

　あなたの同意なしに，現在利用している就活サイトに登録したあなたの情報が他企業に渡っていたらどう思うだろうか。また，あなたの同意なしに普段から家族・友人らとの連絡に使っているコミュニケーションサービスアプリに登録している個人情報が他企業が閲覧できる状態となっていたらどう思うだろうか。おそらく読者の多くが不安で嫌な気持ちになることだろう。これらのケースは現実に起こりえる問題であり，すべて個人情報，すなわちプライバシー保護に関する問題に収斂される。SNSやデジタル広告などのサービス事業者はわれわれにインターネット空間における有益な情報探索や交流などの便宜的価値を提供する一方で，個人情報や自らの情報探索履歴，交流内容，登録内容などの個人の活動の足跡さえも把握し，そのデータを利活用できることが契約上盛り込まれているものの，その長文の契約内容を詳細に読み込むユーザーが少なかったり，契約内容に含まれない利活用を行ってしまうなどが原因で起こりえるケースなのである。このようなプライバシー保護に関する規制の水準や関心，価値観の程度は国や地域，個人によってさまざまであり，そのような違いに配慮した国際プロモーション戦略が求められている。本コラムでは，「デジタル広告時代におけるプライバシー問題の肥大化」について論ずる。

　現代の時価総額ランキングの上位企業群の様相は，現代の多国籍企業の世界市場における競争優位の源泉が情報や知識，特許などが集約された「データ」であることを強烈に示している。具体的には，Google，Apple，Facebook，Amazon（それぞれの社名の頭文字をとってGAFAと呼ばれる）などのITプラットフォーム企業群が台頭し，上位を独占し始めたのである。この傾向は米国に限られたものではなく，中国でもBaidu，Alibaba，Tencent，HUAWEI（それぞれの社名の頭文字をとってBATHと呼ばれる）などのITプラットフォーム企業が頭角を現し，GAFAに続く競争的地位を確立していった。

　GAFAなどの代表的なIT系の多国籍企業の時価総額の規模でその影響力を推し量るとするならば，2019年8月時点でのGAFAの合計株式時価総額は2兆9753億ドル（約315兆円）であり，これは日本の2019年度の国家予算の

101 兆円の 3 年分に相当する額である（中野 2019，2-3 頁）。わずか 4 社の巨大多国籍企業の価値が，世界上位の経済大国である日本の国家予算をはるかに上回ったという事実はそれらの企業の国際社会や政治経済における影響力の大きさを暗に示している。

　GAFA や BATH といった巨大なテック系多国籍企業は，E コマースやソーシャルネットワーク，オンライン広告などの IT サービスをアカウント取得ユーザーに提供しており，そのユーザーの閲覧・検索履歴や購買行動，個人情報などの膨大なユーザーデータの収集と利活用が契約上可能であるため，その意味で競争優位の源泉を独占しているのである。われわれは，彼らの提供するサービスにおいて引き続き健全に便宜的価値を享受する一方で，彼らのデータに関する価値観や管理運営には注意を払わなければならない。それが具現化されたのが EU や英国によるデジタル規制法案の成立や米国内における規制強化である。このようなユーザー個人の情報，すなわちプライバシーデータの保護に関する意識の高まりは，近年の加熱する米中対立などの地政学リスクも大きく後押ししている。米国での中国企業が開発した動画共有アプリ「TikTok」利用禁止をめぐる議論も，背景に米国ユーザーのプライバシーデータが国外に流出するリスクがあるためであろう。まさに，プライバシー問題は，商用利用から政治利用へとその範囲を広げているのである。今後もデータ主権に関する議論や動向には注視するべきであろう。

【コラム 11-2　参考文献】

中野明［2019］『超図解 世界最強 4 大企業 GAFA「強さの秘密」が 1 時間でわかる本』学研プラス，2-3 頁。
日本経済新聞 2019 年 11 月 8 日「グローバル化が生む新たな「壁」　米中 2 強体制シフト　ベルリンの壁崩壊 30 年（上）」https://www.nikkei.com/article/DGXMZO51956520Y9A101C1MM8000/（最終アクセス 2023 年 7 月 28 日）

郵便はがき

料金受取人払郵便

神田局
承認
7635

差出有効期間
2024年4月30
日まで

１０１-８７９６

５１１

（受取人）
東京都千代田区
　神田神保町1－41

同文舘出版株式会社
愛読者係行

||||||||||||||||||||||||||||||||||||||||||||||||||||||||||||||||

毎度ご愛読をいただき厚く御礼申し上げます。お客様より収集させていただいた個人情報
は、出版企画の参考にさせていただきます。厳重に管理し、お客様の承諾を得た範囲を超
えて使用いたしません。メールにて新刊案内ご希望の方は、Ｅメールをご記入のうえ、
「メール配信希望」の「有」に○印を付けて下さい。

図書目録希望　　有　　　無	メール配信希望　　有　　　無

フリガナ		性　別	年　齢
お名前		男・女	才

ご住所	〒
	TEL　　　（　　　）　　　　　　Ｅメール

ご職業	1.会社員　　2.団体職員　3.公務員　　4.自営　　5.自由業　　6.教師　7.学生
	8.主婦　　9.その他（　　　　　　　　　　　）

勤務先 分　類	1.建設　2.製造　3.小売　4.銀行・各種金融　5.証券　6.保険　7.不動産　8.運輸・倉庫
	9.情報・通信　10.サービス　11.官公庁　12.農林水産　13.その他（　　　　　　　）

職　種	1.労務　　2.人事　　3.庶務　　4.秘書　　5.経理　　6.調査　7.企画　　8.技術
	9.生産管理　10.製造　11.宣伝　12.営業販売　13.その他（　　　　　　　）

愛読者カード

書名

◆ お買上げいただいた日　　　　　年　　　月　　　日頃
◆ お買上げいただいた書店名　　（　　　　　　　　　　　　　）
◆ よく読まれる新聞・雑誌　　　（　　　　　　　　　　　　　）
◆ 本書をなにでお知りになりましたか。
　1．新聞・雑誌の広告・書評で　（紙・誌名　　　　　　　　　）
　2．書店で見て　3．会社・学校のテキスト　4．人のすすめで
　5．図書目録を見て　6．その他（　　　　　　　　　　　　　）

◆ 本書に対するご意見

◆ ご感想
　●内容　　　　　良い　　　普通　　　不満　　　その他（　　　　）
　●価格　　　　　安い　　　普通　　　高い　　　その他（　　　　）
　●装丁　　　　　良い　　　普通　　　悪い　　　その他（　　　　）

◆ どんなテーマの出版をご希望ですか

<書籍のご注文について>
直接小社にご注文の方はお電話にてお申し込みください。宅急便の代金着払いにて発送いたします。1回のお買い上げ金額が税込2,500円未満の場合は送料は税込500円、税込2,500円以上の場合は送料無料。送料のほかに1回のご注文につき300円の代引手数料がかかります。商品到着時に宅配業者へお支払いください。
同文舘出版　営業部　TEL：03-3294-1801

国際マーケティング・チャネル戦略

1 国際マーケティング・チャネル戦略で何を考えるか

　マーケティング・プログラムの中で，流通チャネル・物流の領域は，かつてドラッガーによって暗黒大陸と称されるほど未開拓な領域であった[1]。流通は，顧客にどのように商品を届けるかという問題をめぐってさまざまな側面で考慮される問題である。通常，メーカーは顧客に商品を届ける際に，顧客に直接的に働きかけることは難しい。そこで，中間業者（卸売業者や小売業者）をうまく活用しながら届けることになる。メーカーは消費者に自社の商品を届けたいと思う一方で，中間業者は社会的な性格を持つため，必ずしも特定のメーカーの商品を優先的に扱うわけではない。ここにメーカーと中間業者の決定的な違いがある。

　かつて，日本では松下電器（現在のパナソニック）が流通系列化という手法で，中間業者間で生じる不当な価格競争を回避するチャネル戦略を採用した。流通系列化とは，特約卸や自社の販売子会社からしか自社の商品を流通させない仕組みのことであり，リベート制（販売報奨金制）や建値制を用いてメーカーは末端の小売業者に至るまで販売価格をコントロールし，自身（売り手）に有利な仕組みを築き上げた。この施策により当時の商品はメーカー希望小売価格制で販売されることとなった。しかし，当時最大手のスーパーであったダイエーが松下電器の商品を値下げして販売したため，この両者はおよそ30年もの期間にわたって商品の取引をストップした。ダイエーの論理は売り手に優位な価格制ではなく，顧客の視点に立った価格の設定が正しいというものであった。のちに，競争の熾烈化や市場の多様化によっ

て，価格破壊が起こり，メーカー論理の価格制度は崩壊した。現在日本では大手の流通業者がチャネルリーダーとなり価格を実質的に決めるオープン価格制が一般的となっている。日本では，戦前，メーカーや小売業者で強大なパワーを持った企業が少なく，その流通が多くの中間業者によって支えられてきた。そして，まずメーカーが世界に羽ばたく大きな企業となり，価格決定権を持った。その後，流通大手が登場し，価格は彼らの膨大な販売力を武器に決定されるに至った。

　さて，このように日本の流通の歴史を見ただけでも，そのダイナミックな流通構造の変化は固有性を帯びている。国際マーケティングとなると，海外の各国市場においてその流通構造が異なることが多いため，各国ごとにマーケティング・チャネル構築を要請される。例えば，日本で多くの食品はコンビニエンス・ストア（以下，コンビニ）やスーパーマーケット（以下，スーパー）などの近代的小売企業によって販売されているが，こうした流通インフラが整備されていない場合はいかに販売すればよいのだろうか。同様に電化製品，家電製品も日本では大規模ディスカウントストアが取り扱うことが多いが，こうしたインフラがない場合，いかに販売すればよいのだろうか。国際マーケティングにおけるマーケティング・チャネル問題は，その他マーケティング要素よりもその重要性が強く指摘されており[2]，山崎・竹田は，「販売経路構築が国際マーケティング展開の絶対的条件であり，基礎的で先行的役割を持つ」ことを，日本企業の対外進出事例から明らかにしている[3]。このように，国際マーケティング・チャネルの問題は，製品と価格の価値を海外市場に伝える活動にとどまらず，その後の国際マーケティング行動（現地市場に求められる製品の開発）の前提となる重要な活動なのである。

　角松は，国際マーケティング・チャネルについて，3つの考慮するべき点を指摘している[4]。すなわち，①どのような経路を利用して海外市場へ参入するかの問題，②各々の海外諸国市場内での流通経路選定の問題，③グローバルな流通の統合・調整，あるいはロジスティクスの問題の3点である。本章では，上記①と②の問題を中心的に取り扱い，③については小売業を中心に取り扱う。③の問題については，第13章とあわせて読んで理解を深めていただきたい。

2 国際的に商品やサービスを提供する方法：参入モード

(1) 参入モード研究

　海外市場参入の問題は，国際マーケティング論だけでなく，取引費用理論や競争戦略論など多くの分野で取り扱われてきた問題である。中でも国際マーケティング論の領域で展開されたのが，ルートのモデルである[5]。黄によれば，ルートの参入モード研究の基本的視角は，①目標市場や本国市場の外部要因，②参入企業の製品特性や経営資源などの内部要因，③進出市場の類似性と異質性を重視する，④参入前の意思決定過程に焦点を置くということである[6]。ルートによれば，企業はその国際化度合いによって採用できる参入モードに制約が存在する。企業の国際化の発展に応じて，間接輸出の場当たり的輸出，積極的輸出と技術供与，あるいはそのいずれか，積極的輸出，技術供与，海外生産への直接投資，完全な多国籍マーケティングと生産へと移行する。これらの参入モードは，企業の支配（コントロール）とリスクの度合いが異なり，発展が進むほど双方が高まる。ルートの研究は採用できる参入モードが時間とともに移行するというダイナミックな視点で捉えている。その他の分野を理論基礎とする参入モードの研究については，黄の研究を参照されたい。次項では，小田部とヘルセン[7]を参考に，参入モード選択にあたって考慮するべき外的基準と内的基準，そして各参入モードの特徴，メリットおよびデメリットについて見てみよう。

(2) 外的基準と内的基準

　まずは参入モードに影響を及ぼす外的基準と内的基準について見てみよう。

　外的基準であるが，まずは市場の規模と成長が挙げられる。市場規模が大きければ将来的な成長が見込めるため，企業はよりコントロール度の高い合弁事業や完全所有子会社といった方法が正当化される。しかし，必ずしも海外市場は企業にとって有望な市場であるとは限らない。例えば，政治的・経

済的なリスクも考慮する必要がある。米国の前大統領である共和党のドナルド・トランプが大統領に就任したときその保護政策に対して日本企業はビジネス面での多くの懸念が示された[8]。また，ビジネス活動を大きく制約する政府規制にも注視するべきである。中国では 2001 年 12 月の WTO 加盟が実現したが，遅れること 3 年経過した 2004 年，外資の小売業の 100％投資での出店が可能となった[9]。世界の自動車メーカーが中国では現地企業と合弁という形で営業しているのもそのためである。そして，海外市場ではその競争環境やインフラ（その国の流通システム，物流ネットワーク，コミュニケーション・システム）も重要である。例えば，インフラ（近代的な小売業態や流通・物流システム）が貧弱であり零細小売業がその国の顧客の主要な購買チャネルとなっている場合には，より多くの投資が必要とされるケースが多いからである。

　次に，内的基準について見てみたい。1 つは，企業の目標である。一般的に進出市場でどの程度成果を上げることを期待しているかによって，また，コントロールの程度，柔軟性の程度，リスクの程度に応じて参入方法が決定される。コントロールの必要性については，進出市場でのマーケティング・ミックス意思決定にどの程度企業が関与したいかによるところが大きい。例えば，独自のノウハウを守りたい，製品の販売方法を自社でコントロールしたい，ブランドイメージを損ないたくない，価格をコントロールしたいといった動機である。柔軟性の程度とは，例えば有望と思われた海外市場が魅力度を失うことも珍しくないため，そうした際に撤退のオプションを選択できる余地を意味している。完全子会社での進出は参入コストが高ければ撤退コストも大きいものである。最後に，企業が現在保有している内的資源，資産，能力についても参入モードを選択する際の基準となる。大企業とは異なり，中小企業の場合には，経営資源が相対的に乏しいため，少量ベースの輸出から始めざるを得ないことも少なくない。

(3) 各参入モードの特徴，メリットおよびデメリット

①間接輸出と直接輸出

　企業が商品を海外に販売しようとしたとき，最もリスクとコストが少ない

図表 12-1　製造会社の参入方式に関する意思決定の展開過程

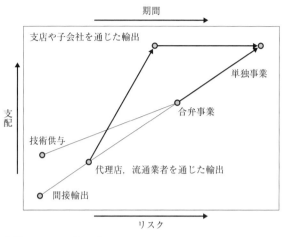

出所：Root, F.R.［1982］*Foreign Market Entry Strategies*, AMACON.
（中村元一監訳，桑名義晴訳［1984］『海外市場戦略』ホルト・サウンダース社。）

　方法が輸出である。輸出は間接輸出と直接輸出に分けられる。間接輸出の担い手は輸出商社や輸出管理会社などの仲介業者である。商品を海外に販売しようも，文化的，言語的に本国とは大きく異なり現地市場についての知識が乏しい場合にはこうした仲介業者が流通から販売までサポートしてくれるので有用な方法となる。ただし，直接顧客にアクセスすることができないので，より流通から販売までコントロールが必要な場合には直接輸出を採用する必要がある。自社で輸出部門を構築し製品を販売する方法であるため，国際業務のコントロール度合いは高められ，海外市場からの迅速な情報のフィードバックが得られることがメリットである。しかし，代理店の認定や選択，貿易業務など複雑な業務を担当するだけのノウハウが求められるため，間接輸出よりも高い業務開始費用が必要となるデメリットも存在する。近年では，海外へ販路開拓・拡大を目指す中小企業や小規模事業者への支援をするため，公的機関もコミットした海外ビジネス支援パッケージの充実も図られている[10]。

②ライセンシングとフランチャイジング

　ライセンシングは，メーカー（ライセンサー）がその独自資産を現地の第
三者（ライセンシー）へ供与することによりその対価（ロイヤリティ）を得
てビジネスを行うことをいう。ここでいう独自資産とは，商標，技術的なノ
ウハウ，生産プロセス，特許などである。進出国政府によって輸入障壁があ
る場合，また完全に輸入が制限されている場合にはそうした市場へのアクセ
スが可能になるという利点がある。また直接投資よりも低リスク・コストで
市場にアクセスすることが可能である。しかし，ライセンシーが適切な行動
をとらない場合，完成した製品のブランド価値が下がってしまったり，独自
資産を不正利用されてしまったりというデメリットが存在することには注意
を払わなければならない。また，ライセンシーのこうした行動により，潜在
的な将来の競合企業になりうることにも留意するべきである。

　フランチャイジングも，ライセンシングと類似しているが，契約の範囲が
よりビジネスの広範にわたることが多い。例えば，日本ではコンビニはエリ
アフランチャイズという方法によって展開されているが（直営店もある），
企業が本部（フランチャイザー）となって商品の仕入れ，店舗設立，経営サ
ポートを行い，加盟店（フランチャイジー）が店舗立地に合わせた商品販売
業務を行っている。コンビニ以外にも，外食産業などもこのフランチャイズ
という方法で営業しているケースが多い。川端は国際的なフランチャイズ契
約を**図表 12-2** のように整理している[11]。フランチャイズの中でも，形態は
さまざまであり，必要とされるコントロール，コスト，リスクに幅があるこ
とが見て取れる。

　フランチャイジングもライセンシングと同様に，少額の資本で海外市場へ
のアクセスが可能となり本国での企業・製品イメージを活用できることがメ
リットであるが，やはりフランチャイジーのコントロールが難しい。業務上
のコントロールを的確に行うには良いマニュアルが重要となるので，マニュ
アル化することのできない高度なビジネス分野（銀行，保険，コンサルティ
ング）には向かないことがデメリットとなる。

図表 12-2　国際 FC 契約の締結相手から捉えた 3 類型

タイプ	特徴
ストレート FC	現地パートナー企業と直接的にマスター FC 契約またはエリア FC 契約を結ぶ。→投資を伴わないため費用とリスクは小さいが，国際化の成否はパートナー企業の能力に依存することとなる。
合弁型 FC	現地パートナー企業と合弁企業を設立して，それを受け皿企業としてマスター FC 契約またはエリア FC 契約を結ぶ。→費用とリスクが発生するが，本部（本国）から人材も派遣できるので，パートナー企業の現地情報収集力を活用しながら，本部の関与の下に運営を行うことが可能となる。
子会社型 FC	現地に 100％子会社を設立して，それを受け皿企業としてマスター FC 契約またはエリア FC 契約を結ぶ。→現地のすべての業務に本部（本国）側が関与できるため，運営はやりやすいが費用とリスクが大きくなり，現地情報の不足なども生じやすい。

出所：川端基夫［2008］「フランチャイズ方式での海外進出：統治の視点から見た分析フレームの提起」
　　　『流通研究』第 11 巻第 2 号，93-111 頁。

③合弁事業

　ライセンシングやフランチャイジングよりも，一層コントロール度合いが高い参入モードが合弁事業である。合弁事業は，複数企業が 1 つの企業を設立して事業を行うことをいう。パートナーがいるためビジネス上のリスクを軽減することが可能である。例えば，日本で普及しているスターバックスは 1995 年に日本のアパレル小売企業であるサザビーリーグと合弁する形で日本市場への参入を成功させた。梅本によれば，当時，日本ではドトールコーヒーをはじめチェーン店で 1 杯 200 円以上払う人はいないという常識の中，1 杯 500 円以上もするコーヒーを求める顧客はいるのか疑問であったという[12]。そこで，サザビーリーグ側が具体的にスターバックス体験を想起できる消費者調査を行ったところ，落ち着いた店内でゆっくりとコーヒーを飲むという体験ができるならば 500 円以上支払ってもよいという声が 6 割以上を占めたという。この結果を受けて合弁相手のサザビーリーグはスターバックスの日本上陸をサポートすることを決め，カフェ文化の異なる環境での成功に結びついた。しかしながら，すべてがこのようにうまく行くとは限らない。国際合弁事業は単独事業ではないパートナーを伴う参入モードであるため，やはり完全にはコントロールできないこと，そして将来的な潜在競合業

者になりうることには注意したい。小田部とヘルセンは，国際合弁事業の成功要因について，①適切なパートナーの選択，②想起の合弁事業の目的の明確な設定，③文化のギャップへの架け橋，④トップ・マネジメントのコミットメントと尊重，⑤漸進的アプローチの有効性の5点を指摘している[13]。

④完全所有子会社

　最もハイリスク・ハイリターンな参入方法が完全所有子会社を設立する方式である。文字通り，自社で一から自前で直接投資する方法もあるが，買収という方法で自社のコントロール下に置く方法もある。メリットは所有権が100％のため，事業活動を完全にコントロールすることが可能なことである。反してデメリットは市場における事業リスク，政治上のリスク（強制処分や没収），経済上のリスク（通貨価値の下落など）に留意する必要がある[14]。買収による方法では，近年アサヒグループの欧州・豪州地域の酒類メーカーや食品メーカーの買収が目覚ましい。アサヒグループは，文化依存の色濃い食品事業・酒類事業において，展開する各国でのシェアが高く，成長を見込めるプレミアムビールを主体とした優良企業の買収を進めている。特に酒類は，各国政府の酒税政策が関連し，グローバルでメガブランドの集約が完了しているので，この買収は合理性が高いという見方もできる[15]。ただし，買収の際には，買収した資産が思い通りに活用できないことや，現地住民の外国企業への反発も想定しておく必要がある[16]。

❸ 国際マーケティング・チャネルの選定の管理

　本節では，各国市場でのチャネル構築における選定と管理の問題について見てみよう。なお，国際マーケティング・チャネル問題を考える上でのフレームは，国内マーケティング・チャネル問題とも基本的には同じである。国内のフレームを基礎とし，国際的な問題領域について考えてみたい。

図表12-3　チャネルが提供する5つのサービス

ロットの大きさ	顧客がチャネルを通して1回に買い物をする量の単位。
待ち時間と配達時間	そのチャネルを使用した顧客が製品を受け取るまでに待つ平均時間。
空間的利便性	そのチャネルで顧客がどれだけ製品を買いやすいかを示す程度。
製品の多様性	マーケティング・チャネルが提供する品揃えの幅。
サービスのバックアップ	チャネルから提供される付属のサービス（配送，取り付け，修繕など）。

出所：コトラー／ケラー［2014］『コトラー＆ケラーのマーケティング・マネジメント（第12版）』592頁をもとに筆者作成。

(1) マーケティング・チャネルの選定

①マーケティング・チャネル設計の要因

　コトラーとケラーは，マーケティング・チャネルを設計する際に，標的顧客が求めるサービス水準の把握が必要であるとする[17]。それをまとめたのが，**図表12-3**である。

　また，コトラーとケラーはこれを踏まえた上で，各チャネルの候補は，経済性，コントロール力といった基準から評価されなければならないとする（**図表12-4**）[18]。図表左下から右上に行くほど，よりハイタッチなチャネルを意味する。一般的に，複雑で高価な製品ほど，よりハイタッチなチャネルが要される。企業は，自社製品を販売するときに，ロータッチのダイレクト・マーケティング・チャネル，ミドルタッチの間接チャネル，ハイタッチな直接販売チャネルのどれが経済的に見合ったものなのかを判別する必要がある。その上で，各チャネルで販売ボリュームごとのコストを見積もる必要がある。**図表12-5**[19]は，自社セールス・フォースと販売代理業者を使った場合の損益分岐点チャートであるが，立ち上がり費用は販売代理業者の方が安いが，代理業者の販売員は自社の販売員より歩合金額が高いためこのような傾きとなっている。この図表中では，販売レベルがS_Bを上回れば自社のセールス・フォースの，下回れば販売代理業者の経済性が高いということが判断される。販売代理業者を利用する際には，その機会主義的な行動にも目

215

図表 12-4　異なるチャネルにおける付加価値とコスト

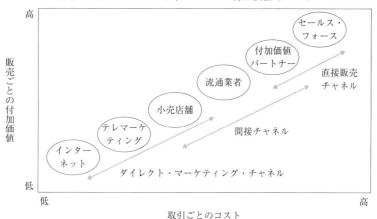

出所：コトラー／ケラー［2014］前掲書。（原出所：Oxford associates[20]）。

図表 12-5　自社セールス・フォースと販売代理業者を使った場合の損益分岐点チャート

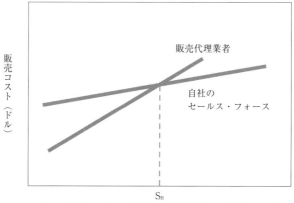

（2つの販売チャネルの販売コストが同等になる販売レベル）

販売レベル（ドル）

出所：コトラー／ケラー［2014］前掲書，599 頁に筆者が一部加筆。

を配る必要がある。販売代理業者は特定のメーカーよりも大量の商品を購入する顧客を大切にするかもしれないし，商品に熟知していないかもしれない。こうした販売代理業者をメーカーは自社の商品を適切に販売に仕向けるためにコントロールしなければならないのである。

②マーケティング・チャネル選定の理論とコントロールの手法

　チャネル選定について，自社が直接チャネルを採用するか，販売代理店を使った間接流通にするかは，取引コスト理論によって説明されうる。ウィリアムソンによれば，市場による取引（ここでは販売代理店）と企業内部での取引（ここではメーカーによる直接販売）のいずれか取引コスト（探索コスト，交渉コスト，監視コスト）が低い方が合理的であるとされる[21]。まず，取引コスト理論では取引に関わるメンバー（ここではメーカーと販売代理業者）には限定合理性と機会主義が存在すると仮定している。限定合理性とは，情報の収集や処理などに限界があるということであり，機会主義とは自分の利害のために悪徳的な行動をすることを指す。例えば，メーカーが販売代理店の販売スキルや特性についてすべて把握することは難しいことが考えられるし，販売代理店が虚偽の情報をもとに自社に有利になるような取引をメーカーに持ちかける可能性もある。こうした2つの仮定に加えて，さらに，資産の特殊性，不確実性，取引相手の少数性という取引の特徴によって，取引コストが高くなるとする。例えば，資産が特殊であるということは，メーカーが特定の販売代理店のみに有効な販売クオリティを上げるような投資を行った場合である。その場合，その投資がロックインされるため埋没コストとならないように取引を否が応でも続けなければならないため機会主義的な行動に巻き込まれやすく取引コストが高くなる可能性がある。さらに不確実な状況であると取引コストは高くなる。そして，自社の取引相手が少数だと取引相手への依存度が高まるため，より機会主義的な行動に巻き込まれる可能性が高まる。

　さて，メーカーと販売代理店はしばしば目的や利害の不一致のためコンフリクトを起こすことが考えられる。それを制御するためにパワーを行使するというのが，パワー・コンフリクト理論である（先駆的な研究としてスター

図表 12-6　チャネルパワーの種類

強制パワー	仲介業者が協力的でないとき，製造業者が資源を回収するか，契約を終了させると言って相手を脅かすことである。
報酬パワー	特定の業務や機能を果たしたことに対して，製造業者が仲介業者に特別手当を与えることである。
正当性パワー	製造業者が契約によって保証された行為を求めるときに行使されるパワーである。
専門性パワー	仲介業者が尊重する専門的知識を製造業者が持っている場合に発揮されるパワーのことである。
関係性パワー	製造業者が非常に尊敬されており，仲介業者が製造業者とのつながりを誇りに思っている場合に発生するパワーである。

出所：コトラー／ケラー［2014］前掲書。（原出所：Anderson and Coughlan[25]）。

ン[22] が挙げられる）。また，パワーを行使するためにコンフリクトが生じることもある。ここでは，メーカーと販売代理店との関係に絞って，垂直的チャネル・コンフリクトについて論じている。メーカーと販売代理店との間で起こるコンフリクトとしては，一般的なものだと価格設定や販売促進の方針についてが挙げられるだろう。こうしたパワーが行使されるのは，市場取引関係の中で販売依存度と仕入依存度によって決定される[23]。**図表 12-6** は，メーカーが利用することによって販売代理店の協力を引き出すパワーの種類を示している。強制パワーの行使によってさらなる対立に発展する可能性もあるし，報酬パワーは効果的かもしれないが，販売代理店の過剰な期待を生じさせる可能性もある。当該理論の限界でもあるが，経済的，環境的要因を考慮すれば，パワーを行使せずにメーカーと販売代理店で協調関係を引き出すこともオプションとなる。例えば，市場が多様化しており，製販一体となって，売上向上のために協力し合うということの方が市場成果が高まる場合も考えられよう。例えば太田によれば，エアコンメーカーのダイキンは中国で自社販売と独立した卸売業者を通して販売するという2つのチャネルに加え，工場から特約店を経てエンドユーザーに販売するという独自のチャネルを構築したという[24]。その特約店の内発的動機付けにポジティブに働いた要素は，非物的報酬（ダイキンから自分の業績を評価される）と恩義（ダイキンの営業サポートやセミナーから得られた売上向上のためのスキルに対する

もの）であったことが示されている。

(2) 国際マーケティング・チャネルの管理

　以上見てきたとおり，従来のマーケティング・チャネル研究で指摘されてきたことには，国際マーケティングに拡張されたときにはどのような固有の領域が生じるのだろうか。角松は，世界にある市場の流通経路は，国のマーケティングシステムの非常に多様化された側面の1つであるとし，なぜにそのような流通システムがとられているのか，環境変化に対応してどのような発展を示すかを十分理解しておく必要性について指摘している[26]。海外市場は，国内市場とは異なる流通構造を持っていることがほとんどである。近代的な小売業がどれだけあるか，流通業者の寡占度合はどうなのか，その国の顧客にとってある製品はどのようなチャネルで購入する手立てがあり，それは利便性が高い手法なのかといったことを十分に理解してチャネル戦略を構築する必要がある。

　大石は，実践的なケーススタディに基づき，流通チャネルの事前調査の重要性について説いている[27]。例えば，途上国での近代的小売業（量販店，コンビニ，スーパーなど）は，販路としては大きいが，メーカーのブランド力に応じて大きな取扱手数料がかかることが多いため，利益が出にくい構造であるという。これに対して途上国では多大な労力を要するものの圧倒的に多い伝統的小売商をチャネルとして押さえることが重要であるという。例えば，フマキラーはインドネシアを攻略する際に，所得の高いジャカルタではなく，ジャワ島にある150万店ほどもあるという伝統的小売商に自社商品の渦巻き蚊取り線香を現地のディストリビューターと共同でローラー作戦を行い売り込んだ。男性セールスマンが各店舗に営業をかけ，女性が各家庭に試供品を配るという営業をリピート購買を促すために1地域3カ月もかけて行ったという。そこで順調に売上を伸ばしたことを足がかりに，ジャワ島の都市化エリアには市場調査をもとにした新製品を投入し広告でブランド力を浸透させインドネシア全体の売上向上に寄与するまでになった。多くの事例調査を通じて，成功ケースの特徴として，メーカー自らのディーラーや顧客への絶えないアクセスがあるという。

4 先進流通技術と流通戦略の革新

　前節までは，主にメーカーを対象に国際マーケティング・チャネル戦略を扱ってきた。本節では，小売業について見てみたい。まず，小売業の国際流通戦略（国際店舗設立・流通戦略）の特徴について触れる。その上で，世界の流通業界を通して最先端の技術を紹介し，日本の小売業には国際市場でどのような課題があるのかについて検討してみたい。

(1) 小売企業の国際化

　製造業とは異なり，小売業の場合は，バリューチェーンの各要素を世界的に効率よく分散することが難しい。たしかに，ユニクロをはじめとするSPA型企業は，事業システムとして生産と販売を垂直統合しているため，製造業のロジックで考えることも可能である。しかし，いわゆる総合型の品揃えをする食品スーパーやコンビニといった業態は，取り扱う商品の特性上，商品調達から陳列に至るまで各国に適応した手法を採用するマルチナショナル的なアプローチをとらざるを得ない。同じコンビニでさえ日本国内の立地によって売れ筋商品と死に筋商品が異なることが常なので，こと食習慣や生活環境が異なる制度環境の中では国ごとに大きな違いとなる。これは，例えば，こうした総合型の品揃え型の小売業の場合，現地で構築しなければならないシステムが大きいことを意味する。例えば，コンビニの場合，日本では1970年代に米国から進出してきたセブン–イレブンが先行して，顧客に利便性を提供するという小売サービスを可能とするために，小ロットかつ多頻度で店舗に商品を供給・配送するシステム，そして単品管理（商品を絶対単位まで落として管理する）を軸とする予測システムを含めた情報システムを時間をかけて構築してきたわけであるが，これを国際的に展開する場合，上流の商品供給と下流の商品配送については，移転が難しく，現地で構築しなければならなくなるケースが多い。逆に情報システムの部分，そしてコンビニの基本部分（先に述べた情報システムや店舗オペレーションマニュアル）は移転が前者に比べて容易である。

　したがって，小売企業の国際化においては，こと総合型の品揃えが必要な日用品・食品を扱う業態ではいかに有力な現地パートナーと組むかが大切な課題となるし，現地の商業施設との棲み分けや社会的ニーズをうまく汲み取れるかが鍵となる。特に本国では有名であっても，現地に行くとほとんどブランド力が発揮できないというケースも多い。海外の小売企業が進出国で成功するには，現地にないような圧倒的なコンセプトがないと消費者に訴求することは難しい。日本では，発祥の地である米国のカークランドにちなんでカークランドと呼ばれる PB を中心に大ロットな分低価格で商品を提供するコストコ，北欧のおしゃれなデザインと低価格の両輪で勝負するイケアなどが人気を博しているが，いずれも日本では代替する競合がいないことが顧客吸引力の1つになっているであろう。

(2) 先端流通技術と日本小売企業の今後

　2000 年代初頭までの世界をリードする先端小売企業の特徴として，田村は，市場拡張型の混合的吸収を中心に積極的に国際化を推し進めることで売上高を伸ばしていったことがあるとしている[28]。そして，その優位性の基盤として，購買力，小売ブランド，需給チェーン・システム，業態（フォーマット）ポートフォリオがあるとし，それが価格訴求力，商品力，出店地域という店舗競争力に，また，売上利益率と資本回転率という財務力に影響を及ぼしていることを実証している。対して，日本はそうした国際化パターンではなく，個店重視のパターンであったため，その成長路線に乗れなかった。日本と欧米系の先端小売企業は国際化の歴史こそ大きな相違はないが，その成長プロセスに違いがあった。**図表 12-7** は，2023 年の世界小売ランキングである。ウォルマートは依然としてトップであるが，近年は，実店舗以上に投資を強化しているのが，EC，テクノロジー，サプライチェーンの領域である。AI やロボティクスなどによる "自動化" の取り組みを軸としたサプライチェーンの効率化を進める他，EC システムや即時配送インフラ，デジタル広告を外販することで新たな収益の柱を築きつつある。2000 年初頭から 20 年経過した中，世界のトップ企業はこうした投資を果敢に行っている。特に，Amazon はリアル店舗である AmazonGO を積極的に展開してお

図表 12-7　世界の小売トップランキング 10

順位	企業名	主な業態	本拠地	売上高成長率
1	ウォルマート	ハイパーマーケット／スーパーセンター	米国	2.4%
2	アマゾン	EC	米国	12.0%
3	コストコ	キャッシュ＆キャリー／ウェアハウスクラブ	米国	17.5%
4	シュワルツグループ	ディスカウントストア	ドイツ	5.5%
5	ホーム・デポ	ホームセンター	米国	14.4%
6	クローガー	スーパーマーケット	米国	4.1%
7	JD.com	EC	中国	25.1%
8	ウォルグリーン・ブーツ・アライアンス	ドラッグストア／薬局	米国	3.7%
9	アルディ	ディスカウントストア	ドイツ	− 0.4%
10	ターゲット	ディスカウントデパート	米国	13.2%

出所：デロイトトーマツ［2023］「調査レポート　世界の小売業ランキング 2023」https://www2. deloitte.com/jp/ja/pages/consumer-business/articles/dis/gpr.html（最終アクセス 2023 年 8 月 1 日）。

り，売上高成長率ではウォルマート以上である。特筆するべきは JD.com（中国の京東グループの通販）である。これまで，マルチチャネルからクロスチャネルへ，そしてオムニチャネルへといったように，顧客にシームレスな購買体験を実現させるべく小売企業が投資を行ってきた。中国ではニューリテールという存在が日本に先駆けて取り入れられており，これは従来のオムニチャネルが企業と顧客を複数のチャネルで結びつける発想であるのに対して，モノと顧客がいかに最短距離ですぐ結びつけられるのかといった観点で組み立てられた小売システムである。もちろん主役はアリババや先の京東グループといったプラットフォーマーとなる。例えば，日本のユニクロは店舗受け取りと配送という 2 つのオプションがあるが，中国のユニクロではそれに加えて多少割高にはなるが即時配送というオプションが存在しており，これはどこでも顧客のいる場所に即時に届けてくれるというオプションである。日本では自家用車でのラストワンマイル配送が法規制されているが，中国には多数のラストワンマイル配送請負人がおり，それがこのシステムを支

えている。矢作は日系小売企業の組織能力の強さについて分析しているが，こうした組織能力が世界的に通用するかは明らかになっていない[29]。また，川辺は，日系コンビニの国際展開について詳細な史的研究を行い，日本のコンビニでさえ，DX 化が世界に比して遅れていると指摘している[30]。インバウンドで評価されている日本小売企業のホスピタリティの源泉となっている組織能力と最新技術を組み合わせて世界と戦うスタートラインに立たなければ，日本企業は 20 年前と同様になるのと同時にこの新たな競争の幕開けで後塵を拝することになろう。

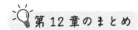

第 12 章のまとめ

①　国際マーケティング・チャネル戦略では何を考えるか？

　国際マーケティング・チャネル戦略は，商品やサービスの価値を顧客に届ける仕組みをいかに構築するかを考えることである。日本国内と比較すると，海外では流通構造（卸売業や小売業の存在）が異なることが多いため間接的チャネルを使えない場合には，商社やエージェントを用いることも選択肢になる。一方で，よりチャネルのコントロールを高めようとするならば，販売拠点への直接投資が必要となるが，多くのコストを要する。

　まず，考えるべき点は，国際市場への参入モード（参入方法）である。参入モードはコストとリスクとコントロールの 3 点から考える必要がある。その前提として企業内部要因（内的基準）と企業外部要因（外的基準）を考慮する。

②　国際市場でのチャネル管理

　参入方法が決まると，現地でどのように商品やサービスを販売するかを具体的に考えていく必要がある。企業は自社で直接的な顧客へのチャネルを持たない場合は，多くの場合で現地の流通業者を活用する必要がある。その際に，まずは標的顧客が求めるサービス水準を把握することが重要である。例えば，ロットの大きさ，待ち時間と配送時間，空間的利便性，製品の多様性，サービスのバックアップといった要素で，顧客がどのような

水準を望むかである。こうした水準の高低によって，ネット販売で十分事足りる場合もあれば，そうではなく人的サポートが必要となる場合もありえるだろう。

　流通業者を利用するか否かは，取引コスト理論によって説明することが可能である。自社でチャネルを構築するのか，それとも既存の流通業者を利用するかは，そのコストを比較して有利な方を選択するという論理である。国内市場であれば，市場にスピーディーにアクセスするために既存の流通業者を使うことが容易かもしれないが，国際市場の場合，適切な取引業者を探索し，契約し，適切に販売しているかを監視するコストが高くなることが予測される。自社での販売チャネル構築はコストがかかるが，こうしたコスト比較によって適切なチャネルを選択することも有用である。また，流通業者に対して適切に販売してもらうためにパワー理論の論理を使ったコントロールもあわせて重要である。

③　流通業のチャネル問題と先端流通技術

　製造業とは異なり，小売業の場合は，バリューチェーンの各要素を世界的に効率よく分散することが難しい。たしかに，ユニクロをはじめとするSPA型企業は，事業システムとして生産と販売を垂直統合しているため，製造業のロジックで考えることも可能である。しかし，いわゆる総合型の品揃えをする食品スーパーやコンビニといった業態は，取り扱う商品の特性上，商品調達から陳列に至るまで各国に適応した手法を採用するマルチナショナル的なアプローチをとらざるを得ない。

　日本の小売業は，DX化が世界に比して遅れている。インバウンドで評価されている日本小売企業のホスピタリティの源泉となっている組織能力と最新技術を組み合わせて世界と戦うスタートラインに立たなければ，日本企業は20年前と同様になるのと同時にこの新たな競争の幕開けで後塵を拝することになろう。

【注】

1　P.F. Drucker［1962］The Economy's Dark Continent, Fortune Magazine.

2　竹田志郎［1992］「国際マーケティングにおける販売経路構築の先行的役割に関する再論─在日外資系企業の分析を中心に」『横浜経営研究』第13巻第2号。

3　山崎清・竹田志郎［1982］『国際経営』有斐閣。

4　角松正雄［1983］『国際マーケティング論』有斐閣。

5　Root, F.R.［1982］Foreign Market Entry Strategies, AMACON.（中村元一監訳, 桑名義晴訳［1984］『海外市場戦略』ホルト・サウンダース社。）

6　黄磷［1999］「海外市場参入の理論展開」『流通研究』第2巻第1号。

7　小田部正明／K・ヘルセン［2010］『国際マーケティング』碩学社。

8　日本経済新聞「トランプ政権　保護主義がリスク　日本企業トップ，期待と不安」（2017年1月22日）https://www.nikkei.com/nkd/company/article/?ba=1&ng=DGXLASDZ21H2O_R20C17A1EA2000&scode=6301（最終アクセス2023年8月7日）

9　JETRO「中国　外資に関する規制」（2023年6月7日最終更新）https://www.jetro.go.jp/world/asia/cn/invest_02.html（最終アクセス2023年8月7日）

10　日本貿易保険「中小機構及び日本公庫と『海外ビジネス支援パッケージ』を構築─海外展開に取り組む中小企業・小規模事業者への支援を強化」（2022年12月20日）https://www.nexi.go.jp/topics/newsrelease/2022121601.html（最終アクセス2023年8月2日），https://www.smrj.go.jp/org/info/press/2022/mpjnpl00000046qb-att/20221219_press_01.pdf（最終アクセス2023年8月3日）

11　川端基夫［2008］「フランチャイズ方式での海外進出─統治の視点から見た分析フレームの提起」『流通研究』第11巻第2号，93-111頁。

12　梅本龍夫［2015］『日本スターバックス物語─はじめて明かされる個性派集団の挑戦』早川書房。

13　小田部／ヘルセン［2010］前掲書。

14　小田部／ヘルセン［2010］前掲書。

15　ダイヤモンド・オンライン「アサヒグループがコロナ禍でも「安定操業」できているのはなぜか」（2022年3月4日）https://diamond.jp/articles/-/298084?page=3（最終アクセス2023年7月28日）

16　小田部／ヘルセン［2010］前掲書。

17　P. Kotler and K.L. Keller［2006］Marketing Management, 12th ed., Prentice Hall, Inc.（恩藏直人監修，月谷真紀訳［2014］『コトラー＆ケラーのマーケティング・マネジメント（第12版）』丸善出版。）

18　コトラー／ケラー［2014］前掲書。

19　コトラー／ケラー［2014］前掲書。

20　Dr.Rowland T Moriarty, Cubex Corp https://ebrary.net/80639/management/evaluating_major_channel_alternatives（最終アクセス2023年8月2日）

21 Williamson, O.E.［1975］Markets and hierarchies: Analysis and antitrust implications, Free Press.（浅沼万里・岩崎晃訳［1980］『市場と企業組織』日本評論社。）

22 Stern, L.W.［1971］The Interorganization Management of Distribution Channels: Prerequisites and Prescriptions, in Fisk, G. ed., New Essays in Marketing Theory, Allyn and Bacon, Inc.

23 石原武政［1982］『マーケティング競争の構造』千倉書房。

24 太田壮哉［2017］「ダイキン中国のチャネルモチベーション」大石芳裕編著『グローバル・マーケティング零』白桃書房，第4章。

25 Anderson, E. and A.T. Coughlan［2002］Channel Management: Structure, Governance, and Relationship Management, in Weitz, B. and R. Wensley eds., Handbook of Marketing, pp.223-247.

26 角松［1983］前掲書。

27 大石芳裕［2017］『実践的グローバル・マーケティング』ミネルヴァ書房。

28 田村正紀［2004］『先端流通産業』千倉書房。

29 矢作敏行編著［2011］『日本の優秀小売企業の底力』日本経済新聞出版社。

30 川辺信雄［2023］『日系コンビニエンス・ストアの国際展開―流通近代化を超えて』文眞堂。

国際サプライチェーン・
マネジメント

1 SCM 対 SCM の競争

　SCM とはサプライチェーン・マネジメントのことである。まず，サプライチェーンとは供給連鎖のことであり，「原材料の段階から最終消費者に至るモノの流れおよびこれに付随する情報の流れに関わるあらゆる活動」を意味する。また，サプライチェーン・マネジメント（SCM）とは，「持続的競争優位を確保するために，サプライチェーンの連携関係を通じて川上から川下にかけての一連の活動を統合していくこと」を指す[1]。

　このような，自社内のさまざまな部署を越えて，また，自社組織を越えて生産活動や流通活動を連携化，統合化することでより高い効率を追求するという考え方は古くから存在し，実務的には戦後のトヨタのカンバン方式がその原点となっていると言われている。

　こうした考え方が近年再び大きな注目を集めている背景には，1990 年代に入ってからのグローバル競争の激化があり，もう 1 つには，情報通信（ICT）技術の飛躍的進展がある。大競争時代と言われる今日，企業はコスト，クオリティ，スピードの過酷なまでの競争に勝ち残らなければならないのである。こうした厳しい多次元競争においては自社単独あるいは自社グループだけの努力には大きな限界がある。そこで，原材料のサプライヤーから最終製品の販売までのサプライチェーンに関わる各組織間において最大限の情報共有化を行うことで，トータル在庫を最少化し，トータル・リードタイムを最短化することが企図される。そうした SCM 構築は，参加企業のキャッシュフロー経営の改善につながるだけでなく，顧客へのデリバリーをより

速く正確にし，顧客ニーズの変化への対応スピードが速くなり，顧客満足の向上につながると期待されているのである。

　サプライチェーンに関わる各組織間の全体最適化が達成できれば，それは当該の企業群にとって大きな競争優位の源泉になる。現代の企業間競争は企業対企業の競争というより，SCM 対 SCM の競争といっても過言ではないのである。

　なお，昨今までの企業によるグローバル SCM の構築は，米ソ東西冷戦の終結後の 1990 年代における世界の経済・市場・多国籍企業のグローバリゼーションの進行，特に 21 世紀に入る頃からの中国の台頭と世界の工場化を主要な背景としている。しかし，今日のロシアのウクライナ侵攻や中国の拡張主義的な国家運営と自由主義諸国（特に米国）との対立激化は東西冷戦後のグローバリゼーション体制にとって大きな地政学的なリスクとなっている。その結果，従来のグローバル SCM では自由主義国家圏と全体主義国家圏の間でデカップリングが始まろうとしている。

　本章では，これまでのグローバル SCM 構築の基本的な考え方と仕組みを中心に考察し，最後に，近年の地政学的リスクの SCM に対する影響についての考察を加えている。

2 SCM における同期化と情報共有化[2]

　前述のように，SCM では，サプライチェーンの全体最適化が目指される。それは，サプライチェーン全体での情報共有による業務プロセスの「同期化」によって実現される。これまで，多くの企業が個別に自社の生産性向上を図ってきたが，個別企業ごとの生産性向上は必ずしもサプライチェーン全体の最適化に結びついたわけではない。例えば，生産性の低い企業の工程をそのままにして，それよりも生産性の高い企業の工程をいくら改善しても，これでは部品の在庫を増加させるだけで，全体の生産性向上（全体最適化）にはつながらず，交通渋滞と同様に，かえって大量の部品在庫がスムーズな生産を妨害してしまうことも多いのである。そこで，サプライチェーンを構成する企業間での「同期化」が必要となる。こうした「同期化」のため

図表 13-1　SCM の概念図

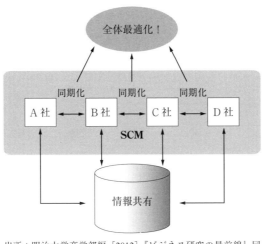

出所：明治大学商学部編［2012］『ビジネス研究の最前線』同
　　　文舘出版，183 頁。

には，サプライチェーン全体での情報共有が不可欠となる。このような企業
間の情報共有はそれほど容易な仕事ではなく，従来は企業と企業との間の壁
が障害となって，生産情報や販売情報が分断されてきた。しかし，現在では
インターネットを中心とした ICT の飛躍的な発達により，こうした企業間
の壁が次第に低いものとなってきた。今日の企業は ICT を積極的に活用し
て情報共有，そして知識共有を推し進めることにより，環境の変化に対して
迅速かつ柔軟に対応可能なサプライチェーンの構築を行っているのである
（**図表 13-1**）。

3 グローバル SCM[3]

　今日の経済や市場のグローバル化を背景として，企業はグローバルな競争
力を持たなければ生き残れなくなった。特に，競合他社の製品とのある程度
の差別化はできているが，競合品が比較的に多い業界では，コスト効率の向
上が生き残りの条件となる。個別企業ごとのコスト効率向上には限界がある

図表 13-2　グローバル SCM のイメージ図

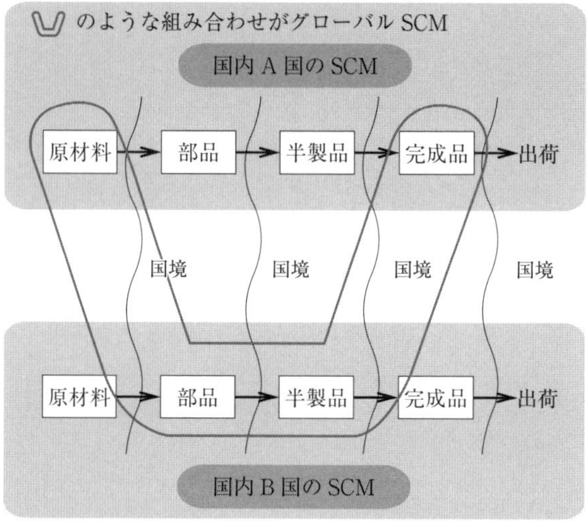

出所：明治大学商学部編［2012］前掲書，183 頁。

ので，サプライチェーン全体（部材の供給業者から製造業者を経て最終消費者や産業ユーザーに届くまで）としての効率の良さが競争力の重要な鍵の 1 つになる。

　SCM を多くの国をまたいで行うのがグローバル SCM である（**図表 13-2** 参照）。その影響力の大きさは図らずも 2011 年の東日本大震災を通しても証明された。すなわち，同年 3 月 11 日に発生した東北関東大地震と大津波によって日本の部材メーカーの工場の多くが被災してしまい，国内のみならず世界の自動車メーカーやエレクトロニクス・メーカーが操業を一時ストップし，また減産を強いられるという事態を招いた。これは東北や北関東にあるハイテク部品，ハイテク材料の工場がグローバル・サプライチェーンの中で非常に大きな役割を果たしているからである。それらの部材の一部の供給が一時止まったり，滞ったりしただけでグローバル・サプライチェーンを遮断してしまったわけである。

　例えば，エレクトロニクス産業の場合，日本で部材（水晶部品，タッチパネルなど）が生産されて，それらが韓国や台湾に輸出されて，そこで中間財

（例えば液晶パネル）が生産されて，それらが中国に輸出されて液晶 TV，パソコン，携帯電話などの完成品に組み立てられるというようなことが行われている。韓国や台湾の中間財のメーカーのグローバル SCM ではハイテク部材の在庫も極力抑えているので，日本からの部材提供の滞りがすぐに大きな影響を与えてしまったのである。携帯電話関連の部材ではフィンランドのノキアにまで影響を及ぼしたと言われている。自動車産業でも半導体やリチウムイオン電池用部材などの工場が被災して，日本の自動車メーカーのみならず，米国 GM の一部工場も操業停止に追い込まれたという。

4 グローバル SCM の課題

　国境を越えるグローバル SCM は，国による政治・経済システム，情報通信システム，法規，税制の相違，労働者や消費者の社会，文化的差異，そして時差の存在という難しさに直面することになる。また，輸送コストも重要な考慮事項になる。もし，これらの問題への対応が経営的に許容できないほどのコスト増につながるようであれば，グローバル SCM は編成が困難となる。しかし，幸いにも今日の ICT 技術の発展とシステムの国際的標準化は，ビジネスの国際展開のコストを劇的に低下させている。また，国際交通手段，特に航空貨物運賃の大幅な低下が，時間を競う俊敏なグローバル SCM をより採算の取りやすいものにしている。

　なお，時差は日中韓などの近隣諸国との間ではほとんど問題にならない。ただ，政治体制の相違は，時として大きな問題になることがある。近年の例でいえば，中国政府による 2010 年 9 月から 11 月にかけてのレア・アース（希土類元素）の事実上の対日輸出停止処置（尖閣諸島問題を背景とすると考えられている）などがそれにあたるであろう。

　個別のグローバル SCM の編成は当該企業のグローバル戦略を基本として構成される。したがって，具体的にどのようなグローバル SCM が編成されるかは，個別の企業や連携企業群の戦略によって決まるのである。グローバル経営戦略の研究分野では，1980 年代後半より今日まで，さまざまな戦略分類やビジネスモデルが提唱されてきたが，それらの議論においてほぼ共通

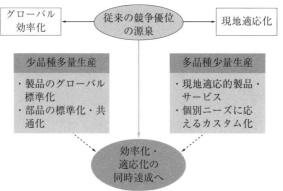

図表 13-3　グローバル効率化と現地適応化の同時達成

出所：明治大学商学部編［2012］前掲書，191 頁。

する主張は，「企業はビジネスのグローバル効率化と現地適応化を同時に追求することで，競争的な優位性を獲得できる」というものである（**図表 13-3 参照**）。

　ビジネスのグローバル効率化のためには国境を越えた少品種多量生産体制が 1 つの理想である。そのためには製品や部品のグローバルな標準化，共通化が指向されることになる。しかし，それでは現地市場の独自のニーズに十分に応えることができないかもしれない。そこで，製品やサービスの現地適応化が必要となる。

　一般的には，現地の文化的要因にあまり影響を受けない製品（多くの工作機械やハイテク製品などのいわゆる culture free 製品）の場合にはグローバル標準化による効率追求がより容易となり，それらに重要な影響を受ける製品（衣食住製品などのいわゆる culture bound 製品）の場合には現地適応化が不可欠となる。しかし，グローバル競争が激化した今日では，カルチャー・フリー製品でも，できる限り顧客の個別ニーズに応えるよう「カスタム化」が求められ，また，カルチャー・バウンド製品でも，可能な限りの「標準化」による規模の経済を活用することが必要となっている。

5 効率化と適応化の同時追求のための マス・カスタマイゼーション

　グローバル SCM は上述のようなグローバル効率化と現地適応化の同時追求という難しいビジネス要請に応えなければならないことが少なくない。そうしたビジネスの代表的モデルの 1 つが「マス・カスタマイゼーション」である。マス・カスタマイゼーションはマス・プロダクション（大量生産）とカスタマイゼーション（個別対応生産，テーラーメイド）の合成から造語されたもので，顧客ごとにカスタム化した製品やサービスを，大量生産と同じくらい低コストで提供することを意味する[4]。顧客ごとにカスタム化して提供すると大量生産できないのでコストが嵩むが，さまざまな最終製品の間で共有できる部品を量産できる仕組みを作っておけばコストを抑えられる。また，通常，カスタム化製品は受注後に組立にかかり，配送されるので原理的には不良在庫になることがない（顧客からの注文を受けるまでそれ以降の付加価値活動を先送りさせるので，「延期（ないし先送り）の戦略」と言われる）。

　このように，マス・カスタマイゼーションは，延期の戦略を巧みに使いながら，部品やモジュール（複数の部品が埋め込まれたユニット）の標準化をベースとする量産効果と最終製品のカスタム化による顧客満足提供を同時に達成しようとするものである。現代の経営では，このようなマス・カスタマイゼーションのアイデアを企業のグローバルな拠点配置とそれらの拠点間の戦略調整を活かして実現することが可能となる[5]。

6 グローバル SCM における空間的・時間的制約の克服

　前述のようなマス・カスタマイゼーション・モデルは，部材のサプライヤーや物流業者は別として，ほとんどが自社および自社グループ内の SCM を前提としているが，実際には，通常，より多くの企業群が関わっている。例えば，近年のパソコンや携帯電話，スマートフォンなどの製造では，他社の製造受託企業（特に台湾系の EMS：Electronics Manufacturing Service[6]）が

グローバル SCM の中核的な役割を果たしていることが少なくない。このような場合，国境を越えてメーカー本社，内外の部材サプライヤー，外国系の製造受託企業，自社の販売子会社，現地の流通企業などがサプライチェーンを構成していることになる。

　グローバル SCM では，こうした連携企業間で情報の共有化，活動の同期化を図り，グローバルなサプライチェーン全体としての最適化を目指そうとするものである。それには国内完結型の SCM と比べ，より複雑で高度な企業間調整が必要となる。従来はこうした調整には大きなコストがかかった。しかし，近年では，情報通信技術（特に，インターネットや企業の壁を越えて使用しうるソフトやシステムなど）が飛躍的に発展・普及しており，また，貨物航空機での輸送を含めて，輸送コストがかなり低下しており，輸送スピードの速さ・正確さも期待できる。企業がそれらを有効に活用すれば，グローバル SCM において存在する空間的，時間的制約をより小さくすることが可能となっている。

　しかし，残された今後の大きな課題としては，リスク軽減装置の構築がある。平時を前提に構築された効率的グローバル・サプライチェーンは，天災，政変，テロなどの突発的な出来事に対して脆弱なので，今後は中核部材を中心に複数のサプライチェーンをパラレルに構築するなどのリスク軽減装置を作っておくべきであろう。重要製造拠点を国内でも東西両方の地域に設置しておくとか，近隣諸国に分散しておくことも必要となろう。その場合，緊急時に生産をすぐに移せるように重要な生産システムを完全複製しておくことも検討されなければならないであろう。もちろん物流業者との有事の際の対応策も事前に合意しておく必要がある。

　また，各国の法律，税制，社会文化的背景の相違から生じる不都合をいかに軽減し，また，通貨・為替の変動要因，景気要因などをいかに吸収するかについても十分な検討が必要である。より積極的にいえば，それらの諸要因をむしろ活用できるような，効率的でかつ柔軟性のあるグローバル調達・生産・配送システムの構築が望まれるところである。その際には，SCM において欠かすことのできない部門間，組織間の信頼関係を多文化の環境下でどう構築，強化するかについても多くの努力が払われなければならないであろ

う。

　最後に，企業は既存製品の効率的なサプライチェーンの構築だけで成功するわけではない。SCM は基本的には既存製品の効率的な調達と生産および流通に関わるものであり，新製品や新市場の開発プロセスと直接的なつながりを持っていないこともあり，当該事業全体の成功を保証するものではない。例えば，かつてシャープは液晶 TV で世界のテレビ業界を牽引していたが，その後苦境に陥り台湾系のホンハイに買収された。しかし，当時のシャープは国際的な SCM 構築においては他の多くの企業からベンチマーキングされるような先端的な優等生であった。SCM の有効性は国際競争力のある製品や事業モデルがあっての話である。企業は常に変化する技術や市場に創造的に適応していかねばならず，特に変革が遅いとされる日本企業は，新しいビジネスモデルや新製品，新サービスの開発と普及のスピードを上げていくことが求められるであろう。

7 地政学的リスクの緊迫化とグローバル SCM

　上述のような多国籍企業による国境を越える SCM 構築の多くは暗黙のうちに世界がますますグローバルな統合化や一体化の方向へと進むことを前提としていたように見える。しかし，今日ではそうしたグローバル SCM は地政学的リスクの緊迫化から自由主義国家圏と全体主義国家圏との間でのデカップリングと再構築を迫られている。今日の地政学的問題は，戦争や紛争によるエネルギー価格，食糧価格，国際輸送コストなどの急騰，貿易摩擦や経済安全保障問題に伴う高関税賦課の応酬や輸出入制限，投資制限などの他，突発的な大規模自然災害，疫病発生とパンデミックおよびロックダウンなどを含んでいる。

　従来の SCM では効率性を最優先してきたが，地政学的リスクへの対応には国の安全保障をめぐる政治的力学が強く作用するので従来の SCM の考え方や仕組みでは到底対処しきれないことが予測される。日本や日本企業にとっての当面の最大の関心事は米中対立の行方であろう。すでに米国の中国に対する国家的戦略は中国の通信機器・設備や半導体のメーカーの排除という

段階を大きく越えて，両国の政治・経済的な長期的覇権争いにおいて米国に悪影響を及ぼす可能性のある中国の人，もの，金のすべての慎重な吟味と排除の準備段階に入っているようにさえ見える。中国もそれへの対抗措置を辞さない構えである。まさにかつての東西冷戦時代のような状況が再来する可能性が高まっているように思われる。そのような中でとりわけ注目されるのは，両国の今後の経済力，軍事力に決定的な影響を与える半導体とソフトウェア産業の行方であろう。現在までのところ，半導体の設計は米国がほぼ独占し，台湾と韓国が主にそこからの委託生産を請け負っており，中国はそれらを調達して最終製品の組立加工に強みを発揮するという国際分業体制が出来上がっている。最先端のロジック半導体の約50％は台湾企業のTSMCが製造している。その製造を可能にするのが最先端の半導体製造装置であるが，それはオランダ企業のASMLの技術なしには作れないのである。日本企業も半導体製造装置や原材料などで強みを持っており国際分業体制の一端を担っている。米国はこの様な国際分業体制から中国を排除しようと動いているのである。今後の自動運転車，AIなどの開発には，主として米国企業が設計する先端的なソフトウェアと台湾のTSMCが製造する半導体が必要不可欠である。すでにTSMCは米国の圧力もありリスクヘッジのために製造拠点の米国，日本，欧州への分散化を始めている。米国は日本，オランダ，韓国などにも半導体の対中取引の制限への協力を取りつけている。こうした中国外しは，先端の半導体とソフトウェアが容易に軍事転用することが可能であり，無人戦闘機，無人戦車，無人潜水艦などの基礎技術となり，それらが今後の国際紛争や戦争の勝敗，ひいては長期的覇権の行方を決めると推測されるからであろう[7]。

　以上のような米中の対立，長期的覇権争いから生じている地政学的リスクからのグローバルSCMへの影響は甚大である。すでに自由主義圏と専制主義国の本格的なデカップリングが始まっており，長く続くことが予想される。日本企業がこれまでのような両陣営から得られるそれぞれのアドバンテージを活用することは非常に困難となるであろう。日本企業のグローバルSCMは両陣営のデカップリングの進展を前提とした自由主義圏内でのSCMの再構築を進めざるを得ないであろう。そのためには従来のビジネス

モデルの抜本的な見直しが必要となる。世界の工場と呼ばれる製造拠点であり，同時に巨大市場である中国からの撤退は容易なことではないが，日本企業の撤退は確実に増加している。帝国データバンクの調査（2022年）[8]によると，中国進出の日本企業数はコロナ禍によるロックダウンの影響もあって，2020年2月の1万3,646社から2022年6月の1万2,706社へと2年余りの間に940社減少（内訳：撤退・所在不明2,176社，倒産廃業116社，新規開設1,352社）している。減少傾向はコロナ以前から続いている。今後，日本政府は自国への生産拠点の回帰や東南アジア諸国への移管を支援すると共に，広くアフリカ，中南米を含むいわゆるグローバルサウス諸国への関与をより強めていくことになろう。これまで中国での製造，調達，販売に大きく集中的に依存していた日本企業にとっては，日本への拠点回帰が1つの方法であろうが，グローバルな観点から，それがコスト面や調達面，その他の経営効率の観点から現実的ではない場合，製造・調達拠点の国際的分散化を軸とするグローバルSCMの再構築が必要となる。それには多大な投資と時間を要する。しかし，米国との長期的覇権争いや，台湾問題の緊迫化だけではなく，地球環境問題や深刻な人権問題を抱えている中国でのビジネス展開のサステナビリティは高くないと考えなければならないであろう。日本政府も米中対立の激化や不安定化している世界情勢の中での日中関係のあり方についてより明確な政策の方向性を示さなければならない。それが曖昧なままであれば民間企業は覚悟を持って動きづらいであろう。ちなみに，一般財団法人アジア・パシフィック・イニシアティブ（API）による調査（2021年）[9]によると，経済安全保障の上での「政府への期待」では，「政策の方向性の明示」（47.4％）が最も大きく，「企業利益確保を念頭においた政策決定」（18.6％）「補助金による国内生産回帰の支援」（9.3％）「補助金による中国以外（東南アジア等）への生産移転の支援」（5.2％）なども挙げられている。いずれにせよ，日本企業は速やかに高すぎる対中国依存度を下げる方向での戦略的ロードマップを描かなければならないであろう。これこそが日本が直面している地政学的リスク問題の最大の課題であると考えられる。

　他方，上述のような大きな国際政治力学が働く地政学的リスクへの備えや対応が必要であることは言うまでもないことであるが，それ以外の地政学的

リスク，つまり予測し難い大規模自然災害や疫病発生によるパンデミックやロックダウン，そして局地的，突発的なテロ，暴動，紛争などによるグローバルSCMの混乱や寸断の影響からの回復（レジリエンス）の方策を検討しておくことも必要不可欠である。

　橋本雅隆は，広い意味での地政学リスクの最大の特徴は「予測困難性」と「波及的影響の対応困難性」にあるとする[10]。そうしたリスクに備えるためには生産や調達の拠点を特定国・地域に集中し，そこからグローバルに出荷するという規模の経済を活かすことを意図した「グローバル広域集中・規模化インテグラル戦略」では対応できず，どうしても拠点の分散化や複線化等が必要となると指摘する。しかし，そうすれば当然のことながらトータルコストが上昇して利益を圧迫することになる。そこで「リスク低減とコスト抑制の二律背反の課題」への有効な対応策が必要となる。そのためには通常のSCMの範疇に収まらないビジネスモデルの見直しも含めた多層的，複合的な対策が必要になると指摘している。その上で，特にグローバルSCMを支えるグローバル・ロジスティック・ネットワーク（GLN）へのダメージがあった場合，そこからの速やかな回復とサステナビリティの確保を可能とするための機動的運用が可能なシステム構築について詳細に考察している。そして，最新のデジタル技術をフル活用し，製品・部品・業務の標準化と情報・拠点・プロセス・インフラの共有化を推進することで，拠点分散化に伴う冗長化リスクを抑制し，かつ効率的で機動性を持つロジスティック・ネットワークの構築を目指し，さらにその先に業界をまたぐGLNのシェアリング（オープン化）を進めるという方向性を推奨している。すなわち，拠点の分散化や複線化に伴う二律背反性を抑制し，「リスク低減と効率性の向上」の同時達成を図るための具体的なシステム設計の方向性の検討を行っているのである（**図表13-4**を参照されたい）。同論考は，現在喫緊の課題とされているグローバルSCMの再構築にあたっての有益なヒントを与えている。

図表 13-4　リスク低減と効率性の向上施策と推進ステップ

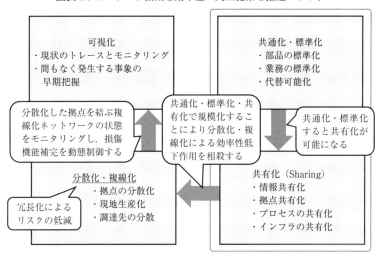

出所：橋本雅隆［2023］「地政学リスクとグローバル SCM の方向性について」『世界経済評論』64（7），35 頁，図 2 より引用。

第13章のまとめ

① SCM の仕組み

　サプライチェーンとは供給連鎖のことであり，「原材料の段階から最終消費者に至るモノの流れおよびこれに付随する情報の流れに関わるあらゆる活動」を意味する。サプライチェーン・マネジメントとは，「持続的競争優位を確保するために，サプライチェーンの連携関係を通じて川上から川下にかけての一連の活動を統合していくこと」を指す。

　SCM においては，原材料のサプライヤーから最終製品の販売までのサプライチェーンに関わる各組織間において最大限の情報共有化と活動の同期化を行うことで，トータル在庫を最少化し，トータル・リードタイムを最短化することが企図される。そうした SCM 構築は，参加企業のキャッシュフロー経営の改善につながるだけでなく，顧客へのデリバリーをより速く正確にし，顧客ニーズの変化への対応スピードが速くなり，顧客満足

の向上につながると期待される。

②　SCM 対 SCM の競争

　1990 年代に入ってからのグローバル競争の激化によって，企業はコスト，クオリティ，スピードの過酷なまでの競争に勝ち残らなければならなくなった。こうした厳しい多次元競争においては自社単独あるいは自社グループだけの努力には大きな限界があった。そこで，原材料のサプライヤーから最終製品の販売までのサプライチェーンに関わる各組織間における全体最適化を行うことによりコスト削減，トータル・リードタイムの最短化が必要となった。サプライチェーンに関わる各組織間の全体最適化が達成できれば，当該の企業群にとって大きな競争優位の源泉になる。現代の企業間競争は企業対企業の競争というより，SCM 対 SCM の競争というのが実態となった。

③　グローバル SCM の課題

　グローバル SCM は，国による政治・経済システム，情報通信システム，法規，税制の相違，労働者や消費者の社会，文化的差異，そして時差の存在という難しさに直面する。多くの国境をまたいで構築される SCM では当然のことながら輸送コスト，コミュニケーションコスト，組織間の調整コストなどが嵩むことになる。しかも，今日における地政学的リスクの緊迫化によって自由主義諸国と専制主義国家との政治経済的なデカップリングが進みつつある中で，生産や調達拠点の分散化が避けられない状況にある。サプライチェーンの切り離しや拠点の分散化は，リスク低減にはなるが企業利益の大きな圧迫要因ともなる。そこで「リスク低減とコスト抑制の二律背反の課題」への有効な対応策が必要となる。まずは，カントリーリスクの高い国への過度な依存を極力低減することが必要となる。それと同時に，グローバル SCM の再構築には，リスク低減と効率性の向上の同時達成を図り，ビジネスの中長期的なサステナビリティを確保する方策の検討が急がれる。

【注】

1　Handfield, R.B. and E.L. Nichols, Jr.［1999］*Introduction to Supply Chain Management*, Prentice-Hall, Inc.（新日本製鐵 EI 事業部訳［1999］『サプライチェーン・マネジメント概論』ピアソン・エデュケーション。）

2　山下洋史［2012］「SCM における同期化と情報共有化」明治大学商学部編『ビジネス研究の最前線』同文舘出版，第 6 章第 5 話所収，182-183 頁を要約。

3　山下洋史・諸上茂登［2012］「グローバルビジネスの最前線を学ぼう」明治大学商学部編前掲書，第 6 章所収，184-197 頁を要約。

4　Pine, B.J.［1993］*Mass Customization*, Harvard Business School Press.（江夏健一・坂野友昭監訳［1994］『マス・カスタマイゼーション革命』日本能率協会マネジメントセンター。）

5　より詳しくは，山下洋史・諸上茂登・村田潔編著［2003］『グローバル SCM』有斐閣，諸上茂登・Masaaki Kotabe・大石芳裕・小林一編著［2007］『戦略的 SCM ケイパビリティ』同文舘出版を参照されたい。

6　主に電子機器類の製造を受託するサービス，またはそれを請け負うメーカーのこと。

7　安室憲一［2023］「米中摩擦の構造と国際ビジネスの地政学的分析」『世界経済評論』64（7）。

8　帝国データバンク［2022］「日本企業の『中国進出』動向調査（2022 年）」https://www.tdb.co.jp/report/watching/press/pdf/p220705.pdf（最終アクセス 2023 年 7 月 28 日）

9　一般財団法人アジア・パシフィック・イニシアティブ［2021］「日本の主要 100 社が答えた『経済安全保障』の本音」（富樫真理子）https://apinitiative.org/2021/12/24/30738/（最終アクセス 2023 年 7 月 28 日）

10　橋本雅隆［2023］「地政学リスクとグローバル SCM の方向性について」『世界経済評論』64（7）。

第14章

新興国市場開拓

① 新興国市場および BOP 市場の開拓

　今世紀に入ってからの国際マーケティングの1つの大きな流れをなしているのが新興国市場の開拓である。これは先進国市場の飽和化，成長の限界がはっきり見えてきたことに由来するといっていい。第6章で見たように，これまでの日本企業は世界の経済ピラミッドの最上層（TOP：Top of the economic Pyramid）である世帯所得が年2万ドル以上の層をもっぱらのターゲットにしてきた。

　先進国市場の成長の限界から，世界のより低い所得層（ピラミッドの第2層～3層，MOP：Middle of the Pyramid），さらには貧困層（BOP：Bottom〈or Base〉of the Pyramid）の第4層，第5層を開拓しようとする動きが活発化したのである。

　このような世界の経済ピラミッドを第4章で見たビジネスの基本的タイポロジー（第4章，**図表4-3**）と重ねてみると，**図表6-4**（第6章）のようになる。この図表から日本企業がいかに限られた層だけをメインの対象としてビジネスを行って来たかがわかる。これまでの日本企業は国内市場と先進国市場向けに開発された製品のもの作りとマーケティングに励んできたのである。

　したがって，新興国市場および BOP 市場開拓は新しいチャレンジである。これまでのもの作りとマーケティングはそのままでは市場適合的でないと考えた方がよいのである。もちろん，新興国の富裕層はこれまでにも日本製品を購入してきたが，現在の問題は新興国の中間所得層をいかに開拓する

かである。おそらく国内で売られている製品の半値かそれ以下の値段でない
と受け入れられないであろう。ましてや，BOP市場となると販売価格を日
本国内の20分の1か30分の1にしないと広く普及しないであろう。コスト
を劇的に下げるイノベーションやビジネスの仕組みを作り出さなければ新興
国市場やBOP市場の開拓は困難であろう。

　新興国市場開拓については，従来の日本企業による自前主義にこだわる，
品質は良いがコストが高すぎるもの作りとマーケティングの組み合わせには
大きな限界があり，製品，部品，工程のモジュラー化による国際分業の促進
や新興国企業のOEM（製造受託企業）やODM（開発・製造受託企業）の
積極活用による大幅なコストダウンが必要であろう。

　BOP市場開拓においては，安全な水さえないような衛生状態である場合
が少なくなく，物流や金融などの基本的な社会インフラがほとんど整ってい
ない現地での雇用創出や経済活動に取り組まなくてはならず，1企業レベル
での活動には大きな限界がある。国連その他の国際機関による援助や各国
NPOの支援活動と結びつけた新しいビジネスモデルの開発が必要となるで
あろう[1]。

2 ダウングレード化は難しい仕事

　これまでの大半の日本企業のビジネス・プラットフォームは，世界の経済
ピラミッドのTOP（最上層）向けに開発されたものである。もちろん，先
進国市場においてもグレードの違う市場セグメントが多数存在しており，第
二次世界大戦後の日本企業の多くは後発企業としてグレードのより低い市場
セグメントからスタートして次第に上位市場に移行することで市場を拡張す
る戦略をとってきた[2]。乗用車の米国市場進出の例でいえば，サブコンパク
ト・カー市場からスタートして，ついにはSUV（スポーツユーティリティ
車）市場や最高級車市場をカバーするまでの拡張をみている。

　だが，家電製品や乗用車を典型例とするような日本企業のTOP市場での
成功体験は，新興国市場開拓においては制約要因ともなりうる。ハーバード
大学のクリステンセン教授[3]が指摘しているように，企業行動は実績のある

バリューネットワーク（市場競争空間）[4]から非常に大きな影響を受けているからである。すなわち，「企業はあるバリューネットワークの中で経験を積むと，そのネットワークに際立って見られる需要に合わせて，能力，組織構造，企業文化を形成することが多い。生産量，量産に至るまでの生産量増加の勾配，製品開発サイクルの周期，顧客とそのニーズを見極める組織的コンセンサスなどはバリューネットワークによって大きく異なる[5]」。しかも，特定のバリューネットワークで身につけた組織能力（プロセスと価値基準）はそれほどの柔軟性を持たないと考えられている[6]。

　クリステンセンは，とりわけ，会社を上位市場から下位市場に導くことは容易ではないことを指摘し，今日の日本企業の成長の限界をそこに見出している。すなわち，「優れた経営者は，市場の中でも高品質，高収益率の分野へ会社を導くことができる。しかし，会社を下位市場へ導くことはできない。日本の大企業は，世界中の大企業と同様，市場の最上層部まで登りつめて行き場をなくしている[7]」。

　以上のようなことから，先進国市場で大きな成果を上げてきた日本企業が新興国市場開発で苦戦をしているのは，1つには新興国への本格参入が遅れているという要因があるが，もう1つの大きな要因としてはコスト構造，収益構造が大きく異なる下位市場への移行の難しさがあることが理解される。多くの日本企業がこれまで鍛えてきた先進国向けのもの作りとマーケティングの共通ビジネス基盤，特にインテグラル型，擦り合わせ型の製品デザイン・アプローチのもの作りは新興国市場ボリュームゾーン向けには適合しにくいと考えなければならないであろう。ましてや BOP 市場となると，それらの適用可能性はほとんどないと考えられる。だが，新興国市場のボリュームゾーンの獲得は多くの日本企業にとってその存続と成長がかかる必要不可欠なビジネスである。ここを取りこぼすと，従来の先進国市場も失ってしまう可能性が大きいからである。いずれにせよ，新興国市場開拓には既存の組織能力，組織構造，企業文化の抜本的な見直しが必要となり，また，これまで蓄積してきたビジネス・プラットフォームの大きな転換や再構築が不可欠となることが多い[8]。

3 破壊的イノベーション

　クリステンセンは，コンピュータ産業を例に挙げながら，一般に，①市場のハイエンドで求められる性能とローエンドで求められる性能の水準に違いがあること，②技術進歩による性能向上のスピードの方が，顧客が求める性能（利用または吸収可能な性能）の向上スピードを上回ること，③企業はさまざまな生産方式で供給が可能であること―相互依存的（擦り合わせ型）アーキテクチャでもモジュラー型（組み合わせ型）のアーキテクチャでも製品供給することができる―などに着目して，**図表 14-1** のような概念図を描いている[9]。

　図表中では生産方式として，相互依存的アーキテクチャとモジュラー式アーキテクチャの 2 本の平行線が描かれているが，それぞれの方式において持続的な技術進歩が見られることを表している。クリステンセンは生産方式の

図表 14-1　破壊的イノベーションとオーバー・シューティングの関係図

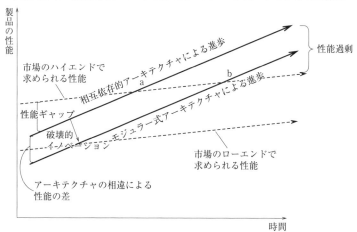

出所：クリステンセン，クレイトン（玉田俊平太監修，伊豆原弓訳）[2001]『イノベーションのジレンマ』翔泳社，10 頁，クリステンセン，クレイトン／マイケル・レイナー（玉田俊平太監修，櫻井裕子訳）[2003]『イノベーションへの解』翔泳社，156 頁。

246

上方のラインから下方のラインにシフトが起こるときに，それを「破壊的イノベーション」と呼んでいる。

　大型のメインフレームコンピュータの時代にも，ミニコンピュータの時代にも，そしてパーソナルコンピュータの時代にも製品の導入期から成長前期にかけては，相互依存的（インテグラル）な生産方式が採用されることが一般的であるが，市場のハイエンドの顧客が満足していない製品性能水準であり，そこには性能ギャップ（性能過少）が存在する。この段階での企業は，製品の機能性と信頼性で競合企業と対抗することが有効な競争手段となる。ここではまだモジュラー方式アーキテクチャによる生産方式は確立されていないか，それが可能であっても顧客が求める性能を満たすことができない。

　しかし，一般に，持続的な技術進歩による性能向上のスピードの方が，顧客が求める性能の向上スピードを上回るので，a点を越えると，顧客が求める性能（利用または吸収できる性能）以上の製品が供給されることになり，性能過剰という性能ギャップが生じることになる。製品の機能性と信頼性が余りにも良くなりすぎることをオーバー・シューティング（行き過ぎ）という。

　ところで，1990年代のパーソナルコンピュータ産業に見られたようなオープン・モジュラー化が起こった結果，HPやデルのようなメーカーがマイクロソフトのOS，インテルのCPUを採用して，独立系の部品サプライヤー，製造受託企業などとの協業によって新しいビジネス基盤を生み出した。

　モジュラー式アーキテクチャによる製品は当初は市場のハイエンドで求められる性能を満たしていなかったが，次第にそれに近づいて，b点を越えると，顧客が求める以上の機能性と信頼性を確保する。この段階では，モジュラー式アーキテクチャによっても，企業は十分な製品の機能性と信頼性を提供できることになるから，新しい競争次元として，製品の開発や提供のスピード，応答性，利便性で競合企業と対抗することになる。これらの新しい競争次元については，モジュラー式アーキテクチャを採用した企業の方が資源のフレキシビリティが高く，効率が良い。モジュラー・デザインの採用によって，企業の境界は国境を越えて大きく広がり，低コストで製品バリエーションを迅速に増加させることが可能となることが多いからである[10]。

これまで多くの日本企業は，ノートPCや携帯電話などの分野において国内市場をはじめとする市場のハイエンドで求められる性能を提供することで競争してきた。しかし，技術指向性の強い日本企業は，a点を越えてもなお機能性と信頼性の向上に努めることが多く，オーバー・シューティング状態になっていることが少なくなく，数多くの優れた技術を有しながらも事業的には次第に勢いを失っていった。しかも，1990年代以降，世界ではそれと同時並行的に相互依存的アーキテクチャによる生産からモジュラー式アーキテクチャによる生産へのシフトという「破壊的イノベーション」が起こったので，日本企業にはもはやノートPCや携帯電話の単体では世界で戦える力がなくなってきたのである。ただ，希望的には，ネットワーク化したデジタル家電の一部としての競争力の再生の可能性は残っているかもしれない。その場合，これまでとは次元の異なる機能性と信頼性，例えば，家族や仲間（家事ロボット等も含めて）との情報共有性とユーザビリティ（使い勝手）の向上，さまざまなデジタル家電間の機能の連携や同期化（シンクロナイズ化）などが強く求められるであろう。また，その場合でも，新興国市場の中間層を含めた世界市場への普及を視野に入れた大幅な低コスト化を実現する必要があろう。

４ 低エネルギー化へのギアチェンジ

　日本企業にとっての新興国市場開拓については，なるべく高水準の品質を維持しつつ，かなり劇的な低エネルギー化ないし効率化を行う経営の実現が喫緊の課題となっている。これまで国際マーケティングの分野では製品の標準化に基づく効率化と，現地の固有ニーズへの適応化の同時達成が理想とされてきた。しかし，今日の日本企業にとっての新興国市場開拓の最大の課題は，経営コストの劇的な低減であり，従来の同時達成論では到底解決できないと思われる。

　ここでは，情報エントロピー的研究視座にエネルギー（仕事・仕事量）の視点を導入した考えから導かれる，企業活動における低エネルギーと高エントロピーの分析に課題解決の方向性を求めたい[11]。

　情報エントロピーは本来，情報通信における無秩序さ・多様性を表すものであるが，ここでは情報エントロピー概念を拡張して，社会というマクロ的なシステム（情報通信を含む）における無秩序さ・多様性を表している。この拡張エントロピーを高エントロピーないし多様エントロピーと呼んでいる。単位は情報エントロピーと同じ bit である。他方，社会現象の無秩序さ・多様性を吸収するために費やされるエネルギー（＝多様性吸収エネルギー）として仕事・仕事量ジュール（J）を導入している。多様性吸収エネルギーが多様性エントロピーに対してどれだけ効率的な吸収効果を発揮するかは，技術力係数でありその単位はビット／ジュール（bit/J）で表される。すなわち，より高い技術力を有している（技術係数が大きい）ほど，相対的に小さいエネルギー（低エネルギー）で仕事に介在する多くの多様性を吸収することができると考えられている[12]。

　国際マーケティングの主な関連分野について，低エネルギー源となる要素と多様性を生み出す高エントロピー源となる要素をそれぞれ列挙してみると，次の如くである。

- 自社の経営資源やケイパビリティのうち当該の進出国への移転および活用のできる部分が多い場合には，それは低エネルギー源となる。それらが少ない場合には，現地での資源の探索や開発が多様性を生み出す高エントロピー源となる。
- 採用される生産方式が少品種多量生産であれば，それは低エネルギー源となり，多品種少量生産の方式は高エントロピー源となる。
- モジュラー型の製品デザイン・アプローチにおいては，部品開発プロセスが完全に特定化され標準化された部品インターフェースの情報構造の中で実行される。また，インテグラル型ないし最適化型の製品デザイン・アプローチでは部品デザインは反復的な最適化プロセスの中で進化する[13]。したがって，前者は低エネルギー源となり，後者は高エントロピー源となる。
- 製品アーキテクチャのオープン化が進んだ分野においては，モジュラー部品の外部調達ができる場合，それは低エネルギー源であり，部品の内製・自前主義が強い場合には高エントロピー源となる。

- 修正やグレードアップが可能なモジュラー型の部品を多く使用した製品は，顧客自身による製品修正が容易であり，アフターサービスやメンテナンスの容易さの面において低エネルギー化の源泉となる。製品の顧客自身による修正が容易でない場合には，それは高エントロピー源となる。
- 国際拠点間生産調整が国や地域の景気や為替の変動に対してフレキシブルな場合，それは低エネルギー源となる。フレキシビリティが小さい場合には，それらの変動が高エントロピー源となる。
- 国際的な R&D 体制において，本社による統制（コントロール）が強い場合は低エネルギー源となり，本社統制が弱く，在外子会社・研究施設への権限移譲度・自律化度が高い場合は高エントロピー源となる。
- オープン・エコノミー化が進んだ分野においては，他社の経営資源やケイパビリティを取り込みやすいオープン・イノベーションである場合，それは低エネルギー源となる。自社内に閉じたクローズド・イノベーションは高エントロピー源となる。
- 現地のターゲット市場セグメントの特性が本国や主要市場のそれと類似しており共通セグメントがターゲットとされる場合には，それは低エネルギー源となり，その類似度が低く国別に多様なセグメントが選定される場合には高エントロピー源となる。
- ターゲット市場の地理的範囲が本国との類似性（CAGE＝文化，制度，地理，経済の側面）の高い比較的に小範囲の地域に絞り込まれている場合，それは低エネルギー源となる。本国とターゲット市場との類似性が低く，また広範囲の地域に広がっている場合には，高エントロピー源となる。
- 製品のポジショニングが国際的に見て均一的である場合にはそれは低エネルギー源となり，それが国ごとに異なる場合には高エントロピー源となる。
- 製品の仕様・品質が各国や地域で共通化，標準化される場合には低エネルギー源となり，それが多様化すなわち現地市場適応化されると高エントロピー源となる。
- 製品の絞り込みの程度が大きい場合，それは低エネルギー源となる。絞り込みの程度が小さい場合には高エントロピー源となる。（製品の絞り込み

の程度は，上述のような生産管理の側面にも大きな影響を与えるが，ここでは価値連鎖の全体に与える影響を指している。）

- 各国でのマーケティング意思決定プロセスがグローバルに標準化される場合には，トータルなマーケティング管理の低エネルギー源となり，それが現地適応化されると高エントロピー源となる。
- グローバルな人的資源管理において，本社による統制（コントロール）が強い場合は低エネルギー源となり，本社統制が弱く，在外子会社・研究施設への権限移譲度・自律化度が高い場合は高エントロピー源となる。

以上のような低エネルギー源および高エントロピー源の諸要素は，それぞれ他の条件を一定とした場合の各要素のベクトルの方向性を示しているだけである点に注意されたい（**図表14-2**）。もちろん，新興国市場開拓のために低エネルギー化を目指すからといって，やみくもに多くの低エネルギー源を取り込めばよいということではない。実際のビジネス戦略においてはそれらの中から，競争環境，自社の目標や経営資源およびケイパビリティに適合しており，競争に勝てる組み合わせの事業戦略を選択することになる。

〈コマツの事例[14]〉

例えば，建設機械メーカーのコマツはライバルが追いつけない「ダントツ商品」の開発を目指して大きな成功を収めている。ダントツ商品とは「いくつかの重要な性能やスペックで，競合メーカーが数年かかっても追いつけないような際立った特徴を持つ」ということである。もう1つの条件が「これまでの製品に比べて，原価を10%以上引き下げ，そのコスト余力をダントツの実現に振り分ける」である。ダントツ商品開発のために，まずは機種数を大幅に（およそ半分に）絞り込んでいる。製品や機種の絞り込みは重要な低エネルギー源である。そしてダントツ商品の認定は社長の専権事項とした。すなわち，本社統制度の強い開発体制であり，それも大きな低エネルギー源として作用した。

その成果の1つとして，2008年に世界初のハイブリッド建機（ディーゼルエンジンと作業時に蓄電した電気エネルギーを併用することで燃料消費量を平均25%低減）が発売されたが，日本と中国でよく売れているという。

図表14-2　国際マーケティングの低エネルギー源と高エントロピー源

グローバルマーケティング関連分野	低エネルギー源	高エントロピー源
経営資源の移転・活用	多い	少ない
生産方式	少品種多量生産	多品種少量生産
製品デザインのアプローチ	モジュラー型	インテグラル（最適化）型
部品調達	モジュラー部品の外部調達	部品の内製・自前主義
顧客自身による製品修正の容易さ	容易	困難
国際拠点間生産調整の程度	フレキシビリティ大	フレキシビリティ小
国際的研究開発の統制	本社統制強い	子会社自律化（本社統制が弱い）
ターゲット市場セグメント	標準化（共通セグメント選定）	適応化（多様セグメント選定）
ターゲット市場の地理的範囲	小範囲への絞込み	広範囲への拡張
製品ポジショニング	標準化	適応化
製品仕様・品質	標準化（均一化）	適応化（差別化・個性化）
製品の絞込みの程度	大	小
マーケティング意思決定プロセス	標準化	適応化
国際人的資源管理	本社の統制強い	子会社の自律化

出所：筆者作成。

　ハイブリッド建機の価格は既存機種の1.5倍と高いのであるが，建機の稼働時間の長い中国では年間の燃料費節約分で十分ペイするのだという。もちろん，ターゲット市場セグメントは両国とも燃料節約志向セグメントであり，製品仕様と製品ポジショニングは基本的に両国において同様である。さらに，コマツのさまざまな建機の現地生産化も進んできているが，トランスミッションなどの主要部品は日本国内で集中生産されている。研究開発と主要部品生産の国内集約のメリットは非常に大きいという。以上のようなことから，主要部品の内製という高エントロピー源を持ちながらも（それ故に模倣困難性が高い），さまざまな低エネルギー源がうまく取り込まれているビジネスモデルであると考えられる。

5 リバース・イノベーションという発想

　GE では，医療分野を中心として，新興国向けのイノベーション成果を先進国市場でも活用することをリバース・イノベーション[15]と呼んでいる。従来のほとんどのイノベーションが先進国で開発されて，新興国を含む全世界に販売されてきた。新興国の地域特性に合わせて一部改良が加えられることはあったが，新興国向けの開発はほとんどなかった。しかも，新興国向けの製品を先進国でも活用するという発想すらなかった。リバース・イノベーションは，これまでのイノベーションの世界への普及の逆パターンである。こうしたことが考え出され，実行されるようになった最大の要因は，先進国市場の成長の限界が顕著となる中，新興国市場の大きな成長が見込まれるからである。

　GE は 2009 年 5 月，今後 6 年間で 30 億ドルをリバース・イノベーションに投じると発表した。その際に同社のリバース・イノベーションの成功例としてインドの農村部向けの 1,000 ドルの携帯用心電図（ECG）と，中国の農村部向けの 1 万 5,000 ドルという低価格のコンパクト超音波診断装置が紹介された。ここでは，後者の事例をもう少し詳しく見てみよう[16]。

　1990 年代，GE は米国と日本で開発された超音波診断装置を中国市場にも売り込んだが，10 万ドル超の高価であり売れ行きは悪かった。主な顧客は先端病院の画像診断センターであった。2002 年，GE の中国ローカル・グロース・チーム（LGT）は，農村部の診療所向けに，ノート PC に超音波探触子と先端ソフトウェアを搭載した低価格のポータブル型の超音波診断装置を開発した。価格は当初は 3 〜 4 万ドルしたが，2007 年には 1 万 5,000 ドルにまで下げたことから売上が急増した。むろん高性能ではないが，中国の診療所では肝臓肥大や胆石の発見に使用された。面白いことに，ポータブル型超音波診断装置が米国に持ち込まれると，救急隊や緊急救命センターにおいて新しい用途が発見された。事故現場における心囊水（心臓の周りにある囊（のう）に溜まった液）の測定や手術室における麻酔用カテーテルの挿入位置の確認などに使用されたのである。ポータブル型超音波診断装置でも高性

能，高価格帯のものはかつて据置型に限られていた放射線科や産科の用途にも使用できるようになっている。2002年におけるポータブル型超音波診断装置の売上高は400万ドルに過ぎなかったが，2008年には2億7800万ドルと急成長したという。

GEのCEOのイメルトらが指摘するように，われわれは先進国から新興国へというイノベーションの普及というこれまでの経験にまつわる次の2つの思い込みに懐疑的でなければならないであろう[17]。その1つは，「新興国市場も先進国と同じように発展していくという思い込み」である。しかし，現実には，新興国は同じ過程をたどることはなく，画期的イノベーションを進んで導入するので，一足飛びの発展をすることも少なくないのである。新興国には先進国が長い時間をかけて築いてきたインフラ，例えば電話時代の通信システムがなく，一足飛びにユビキタス無線技術を使用することになるであろう。2つ目の思い込みは，「新興国固有のニーズに対応した製品は競争力に乏しく，先進国では販売できない」というものである。これは前述のGEのポータブル型の超音波診断装置の事例でも，経営的に危険な思い込みであることが示唆されているところである。

リバース・イノベーションが有望視されている分野は，低コストの医療機器の他にも，炭素隔離（二酸化炭素の排出を抑制），太陽光および風力発電，バイオ燃料，分散型発電，電池，海水の淡水化，電気自動車などが挙げられる。これらの分野では新興国に巨大かつ喫緊のソーシャル・ニーズが存在し，そこがイノベーションの中心になりつつあるのだ。

第14章のまとめ

① 日本企業の新しいチャレンジ領域

新興国市場およびBOP市場の開拓は日本企業の新しいチャレンジ領域である。これまでの日本企業は国内市場と先進国市場向けに開発された製品のもの作りとマーケティングに励んできたが，そのままでは新興国市場の中間所得層やBOP市場に対しては適合的でない。製品やサービスの価格を劇的に下げなければ受け入れられない。そのためにはトータルコスト

を劇的に下げるイノベーションやビジネスの仕組みを作り出さなければならない。従来の日本企業は自前主義にこだわり，過剰品質で受け入れ難い高価格となってしまうので，市場適合的な品質水準の製品や部材の現地調達率の大幅な引き上げ，OEMやODMの積極的活用などによる新しい国際分業体制の構築などによるコストダウンが必要である。他方，BOP市場開拓については，基本的なライフラインが貧弱であるばかりか，金融，物流などの社会インフラも整っておらず，国際機関による援助や各国NPOの支援活動と結びつけた新しいビジネスモデルの開発が不可欠であろう。

②　ダウングレード化の難しさ

　ハーバード大学のクリステンセン教授が指摘するように，企業行動は実績のあるバリューネットワーク（市場競争空間）から非常に大きな影響を受けている。企業はそこでの需要構造やコスト構造，競争構造などの業界特性に合致するように，能力，組織構造，企業文化を形成する。それらは当然のことながら会社の価値基準や投資判断にも大きな影響を及ぼす。しかし，特定のバリューネットワークで身につけた組織能力はそれほどの柔軟性を持たない。したがって，慣れ親しんだ市場空間とは大きく異なるネットワークへの参入は容易ではない。とりわけ，会社を上位市場から下位市場に導くことは容易ではない。日本企業は従来の国内市場や先進国市場における当該バリューネットワークと比べて異質性が大きい新興国市場やBOP市場において苦戦することになる。

　加えて，従来とは異なるローコスト生産方式（例えば，モジュラー方式）によって作り出された製品が既存の生産方式（例えば，インテグラル方式）のそれと同等の性能を持つようになる，いわゆる破壊的イノベーションが起こり世界の多くの市場のニーズを満たすようになると，先進国のハイエンド市場のニーズを満たしてきた会社はなす術もなく苦戦を強いられる可能性がある。

③　国際経営の低エネルギー化

　日本企業にとっての新興国市場開拓について必要なことは，なるべく高

水準の品質を維持しつつ，かなり劇的な低エネルギー化ないし効率化を実現することである。これまで国際マーケティングの分野では製品の標準化に基づく効率化と，現地の固有ニーズへの適応化の同時達成が理想とされてきた。しかし，経営コストの劇的な低減のためには，現地適応化にかけるエネルギーをできるだけ吸収，低減する組織作りが不可欠であろう。

　国際マーケティングの主な関連分野について，低エネルギー源となる要素には次のようなものがある。本社経営資源の移転と活用，少品種多量生産方式，モジュラー型製品デザイン，モジュラー部品の外部調達，国際拠点間の生産調整度の引き上げ，ターゲット市場セグメントの標準化と範囲の絞り込み，製品の絞り込みとポジショニングの標準化，マーケティング意思決定プロセスの標準化などである。

【注】

1　より詳しくは，大石芳裕・桑名義晴・田畑昌平・安室憲一監修，多国籍企業学会著［2012］『多国籍企業と新興国市場』文眞堂を参照されたい。

2　Kotler, P. and L. Fahey［1985］The New Competition.（増岡信男訳［1991］『ニューコンペティション』東急エージェンシー出版事業部。）

3　クリステンセン，クレイトン（玉田俊平太監修，伊豆原弓訳）［2001］『イノベーションのジレンマ』翔泳社。

4　ここでいう「バリューネットワーク」は，もちろんポーター流の「バリューチェーン」（企業のある事業の川上活動から川下活動までの価値連鎖）とは異なる，より広い市場競争空間の均衡概念である。詳しくは，クリステンセン，クレイトン／マイケル・レイナー（玉田俊平太監修，櫻井裕子訳）［2003］『イノベーションへの解』翔泳社，56頁。

5　クリステンセン［2001］前掲訳書，68頁。

6　クリステンセン／レイナー［2003］前掲訳書，8頁。

7　クリステンセン／レイナー［2003］前掲訳書，日本語版序文。

8　より詳しくは，諸上茂登［2012］『国際マーケティング論の系譜と新展開』同文舘出版，第10章。

9　クリステンセン／レイナー［2003］前掲訳書，156頁。

10　より詳しくは，諸上［2012］前掲書，208-214頁参照。

11　山下洋史［2011］「企業活動における経営品質の科学」明治大学経営品質研究所

編『経営品質科学の研究』中央経済社，第1章所収。

12　山下［2011］前掲書。

13　Sanchez, R.［1999］Modular architectures in the marketing process, *Journal of Markting*, 63.

14　坂根正弘［2011］『ダントツ経営―日本国籍グローバル企業』日本経済新聞社。ちなみに，コマツの最新の中期計画（2022〜2024年度）でもダントツ経営の基本方針は堅持されているようであり，次の100年に向けて新たな価値創造を目指し「DANTOTSU Value - Together, to "The next" for sustainable growth」をスタートさせている。ここでもダントツ商品（製品の高度化［自動化，自立化，電動化，遠隔操作化]），ダントツサービス（稼働の高度化［稼働の見える化，予知保全]），ダントツソリューション（現場の高度化［最適化プラットフォーム，先進ソリューション]）を軸に業界トップレベルの成長性，収益性，効率性，財務健全性を継続することを目標としている。https://www.komatsu.jp/ja/newsroom/2022/20220428_4（最終アクセス2023年8月4日）

15　イメルト，ジェフリー，ビジャイ・ゴビンダラジャン，クリス・トリンブル［2010］「GEリバースイノベーション」『DIAMONDハーバード・ビジネス・レビュー』ダイヤモンド社，1月号。

16　イメルト他［2010］前掲書。

17　イメルト他［2010］前掲書。

第15章

近未来の日本の競争力の源泉

■1 求められる新たな戦略的志向

(1)「市場志向」が必要な理由

　大学生活でのクラブ活動や委員会活動，ゼミ活動などの集団行動におい
て，それらの組織が目指す目標やビジョンなどをメンバー間で共有すること
は大事なことである。企業の打ち出す戦略においても基本的には同じであ
る。

　企業がビジネスに取り組む姿勢（それを戦略的志向と呼ぶ）は掲げている
戦略の方向性のみならず，組織メンバーの日々の活動計画にまで影響を及ぼ
すという意味で，企業の進むべき全方向性を示している。いくつもの外洋を
航海する航海船にも例えられる多国籍企業にとって，戦略的志向性は，羅針
盤の役割に相当する行動指標である。戦略的志向には，これまでの日本企業
に多くその傾向が見て取れる技術志向や近年注目度が増している環境志向，
企業家志向などさまざまあるが，本節で取り扱うのは今後の日本企業にとっ
てさらに重要となるであろう「市場志向」である。「市場志向」に関する定
義はこれまでにも数多く提唱されてきたが，代表的な定義としては，「市場
志向とは，顧客の行動やニーズに注意を向け，革新性を生み出すことによ
り，顧客にとっての価値を高めていこうとする志向であり，顧客を見据える
ことをビジネス活動の基本姿勢にしようとする志向，のこと」がある[1]。こ
の定義を前提として，実社会において企業の「市場志向」が言語化されてい
る例を挙げるならば，ジョンソン＆ジョンソンの基本理念「我が信条」に記

されている「我々の第一の責任は，我々の製品およびサービスを使用してくれる患者，医師，看護師，そして母親，父親をはじめとする，すべての顧客に対するものであると確信する。」[2]や，ホンダの社是「わたしたちは，地球的視野に立ち，世界中の顧客の満足のために，質の高い商品を適正な価格で供給することに全力を尽くす」[3]，などがあるだろう。これらの基本理念や社是に加えて，近年では，市場を構成する顧客が強く関心を示す，多様性や環境・人権配慮を含んだパーパス（事業活動の目的や社会的な存在意義など）の公表といった広報活動も「市場志向」が拡張され，具現化された企業側の対応であると捉えることができよう。今や日本企業に限らず，現代企業にとってこの「市場志向」抜きでの事業活動はありえないものとなっている。

(2) 新たな「市場志向」の領域へ

　現在の企業を取り巻く市場環境は，国家，地域間での国際政治経済関係上の軋轢や地球環境の変動などの市場外部からの影響に晒されながら刻一刻と大きく変化しており，その様態はVolatility（変動制・不安定さ），Uncertainty（不確実性・不確定さ），Complexity（複雑性），Ambiguity（曖昧性・不明確さ）で特徴付けられるとして「VUCA」[4]と表現されている。単純に市場のみに主にフォーカスを当てることを強調した伝統的な「市場志向」の定義では，このVUCA時代と呼ばれる現在の市場環境の変化を正確に捉えるにはいささか不十分な狭義の定義となってしまうことだろう。その意味で，古くて新しいこの「市場志向」のコンセプトを現代的市場環境のフィルターを介して捉え，改めて吟味する必要性がある。これまでのように市場を単一的に捉える「市場志向」の下では，企業は事業環境の変化の本質を見誤る可能性が高まっている。例えば，短期的な視野で市場の変化を捉える「市場志向」と長期的な視野でその変化を捉える「市場志向」とでは，それぞれの志向性の下で構築される戦略の中身も大きく異なってくることだろう。また，国内の市場の変化を特に重視する「市場志向」と，海外市場を含む世界市場の変化を重視する「市場志向」とでも，同じことがいえるだろう。混迷を極める今のVUCA時代においては，まずは市場を多角的に捉える必要性があり，その観点からいえば，現代企業は短期的志向や国内市場志

図表 15-1　VUCA 時代に求められる新たな「市場志向」の領域

出所：筆者作成。

向から，中・長期的志向や国際市場志向へのシフトが最重要事項であること
を共通認識として持たなければならない（**図表 15-1** 参照）。東芝やシャー
プなどの中核的な事業の海外企業への売却[5] などを誘引した国際競争力の喪
失は，目先の利益や国内市場でのポジショニングの確保が優先されるあまり
に，この重要な戦略的志向のシフトが柔軟になされてこなかったことなども
一因なのではないだろうか。一方でソニーや富士フイルムなど現在も国際的
な競争力を維持している日系の企業群は柔軟にシフトしてきているとも捉え
られよう。また，このような時間軸と市場軸に基づいて分類される志向性に
加えて，今後さらなる重要な視点への配慮が一層求められることだろう。そ
れはミクロ環境とマクロ環境という視点である。すなわち，これまでの市場
や顧客などの次元を含むミクロ環境のみに偏ってフォーカスする戦略的志向
だけでなく，マクロ環境をも含めたグローバルな規模でのマクロ・ミクロ環
境双方にフォーカスする戦略的志向が今後ますます重要になるということで
ある。その観点から，中・長期的志向，国際市場志向にマクロ・ミクロ環境
志向を加えることも重要となってくることであろう。これはまさに前述した
国家，地域間の国際政治経済関係上の軋轢や地球環境の変動への配慮と戦略
計画への反映の必要性につながる議論である。それでは，日本企業はこの新
たな「市場志向」の領域に移行するためにまず何から着手するべきなのか，

次節ではこの問いに対する解の考察を試みる。

２ 日本企業のものづくり先進国幻想

(1) 日本企業に突きつけられている現実

　現在，世界の多くの消費者を魅了している商品やサービス全体の中に占める，日本発の商品やサービスの割合ははたしてどれほどであろうか。かつて，ジャパン・アズ・ナンバーワン[6]と謳われた 1980 年代以降では，トヨタのプリウスをはじめ，ソニーのウォークマンやパナソニック，シャープの液晶テレビなどの製品群が，原産国が日本であることを知らずにそれらの製品に対して熱狂する海外の消費者もいるほどグローバルなブランドとして認知され，国内外でその大きな存在感を放つようになっていった。この時代より，日本の国際的な競争力の源泉は "ものづくり" と言われるようになっていったのである。しかし，われわれは今，産業によってはその日本企業の国際的な競争力における栄枯盛衰を認めざるを得ないだろう。今日では，Apple の Apple Vision Pro などのハードウェア・プラットフォーム事業やテスラ，BMW などのモビリティ事業に代表される欧米諸国企業の先進的な製品が消費者を魅了し，加えて，先進国のエレクトロニクス関連製品群や EV 製品群に対しても見劣りしないサムスン，ファーウェイ，エイサー，ヒョンデ（旧ヒュンダイ），BYD，などの韓国，中国，台湾を含む途上国企業製品の台頭が日系製造企業の製品群の存在感を一層薄めてしまっているのが現状であろう。そのような日本企業の劣勢的状況は，外的評価機関が定期的に公表している企業の格付けデータの結果にも顕著に表れている。Global Innovation Index 2021 によれば，スイス（1 位），スウェーデン（2 位），米国（3 位）が上位を占め，韓国（5 位）やシンガポール（8 位），中国（12 位）が台頭する中で，日本は 13 位にとどまっており，ここ数年にわたって伸び悩んでいる状況である[7]。ジャパン・アズ・ナンバーワンと呼ばれた過去の時代の栄光に執着することなく，日本は国を挙げて，ものづくり先進国の復権に向けた変革に舵を切り，国際競争力の再構築を目指していかなけれ

ばならない。

(2) 日本企業の処方箋としてのマインドセット

　多くの読者にとって関心が高いことの1つに,「今後期待される日本の国際競争力の源泉はいずれの産業にあるのだろうか」というものがあるだろう。**図表15-2** は,主要19産業における日米欧アジア企業の売上高世界シェア（2015年度）を示した図であるが,日本企業は事務機械・工作機械の産業においてシェア1位の座に位置しており,また自動車・自動車部品においても欧州企業に次いで高いシェアを誇っている。しかしながら,現状を楽観視してはならない。これまで上記の産業とともに日本経済を牽引してきた家電や半導体,コンピュータなどの産業においては北米企業やアジア企業に

図表15-2　主要19産業における日米欧アジア企業の売上高世界シェア（2015年度）

単位：%	日本企業	北米企業	欧州企業	アジア企業
事務機械	56.7	43.0	0.2	0.0
工作機械	42.6	6.4	31.9	19.1
半導体製造装置	32.8	50.1	13.3	3.5
家電	32.7	16.3	13.2	37.7
サービス・ソフト	30.5	36.6	28.4	3.5
重電・産業機械	29.4	36.7	24.6	9.3
自動車	26.7	16.5	34.9	22.0
自動車部品	24.3	21.6	38.6	15.4
鉄鋼	21.9	8.5	32.8	36.7
建設・農業機械	19.1	46.4	25.9	8.6
化学	17.3	25.5	30.9	26.4
船舶	16.8	1.5	15.5	66.2
電子部品	16.8	34.7	6.2	42.4
プラント・エンジニアリング	12.2	41.8	29.3	16.8
コンピューター	11.4	53.2	0.6	34.8
医療機器	10.5	58.5	29.4	1.5
鉄道・交通	6.2	25.9	22.1	45.8
航空宇宙	4.2	57.5	35.5	2.8
情報・通信機器	4.0	37.7	4.6	53.8
上記19業種のうち,シェア1位の業種数	2	8	3	6

注：各産業の世界市場における売上金額シェアを示す。網掛けは産業ごとのシェア1位を示す。
出所：諸上茂登編著［2019］『国際マーケティング・ケイパビリティ―戦略計画から実行能力へ』同文舘出版, 21頁。

大きな差をつけられている。加えて，サービス・ソフトや情報通信機器などの先端産業においても劣勢を強いられている。他産業に比べて競争力が維持されている自動車産業においても現状に甘んじてはいられない。時代は変化の最中にあり，欧州を起点とした脱炭素社会の実現に向けて加熱する EV シフトの動向や 3D プリンター技術の発展，自動車構成部品のモジュラー化の加速などによる異業種企業が自動車産業に参入する際の参入障壁の低下，など産業内外における機会と脅威が同時に渦巻く先の読めない不透明な事業環境となっている。そのような中で日本の製造業には，自動車産業に限らず，再度競争力の源泉であった“ものづくり”のあり方を現代の事業環境の特性や将来の産業展望と照らし合わせて見直す一方で，新たな領域における競争力の源泉の探索と育成に危機感を持って取り組むことが求められているのである。第 1 節でその重要性を確認した，中・長期的かつ国際市場志向性においてマクロ環境の視点も加えた新たな戦略的志向の方角に歩を進めるためにも，まずはその中心的課題となる“ものづくり”のあり方の再考は最優先課題であろう。そのために取りかかるべきなのは，日本企業のものづくり先進国幻想からの脱却，すなわちマインドセットが喫緊の課題であろう。その上で，日本には，世界が評価し，期待する優れた環境技術や心の通った手厚い人的サービスなどが数多く存在しており，今もなお進化し続けているため，このような，値段が高くても消費者が買いたくなるような「高品質かつ高付加価値の製品やサービスの創出」へのさらなる投資が日本企業の勝機につながっていくものと思われる。読者も期待する今後の日本企業のその勝機につながりうる領域には，世界の難問を解決に導く製品やサービス領域，目立たないが世界の至るところで必要とされ重宝される製品やサービス領域，世界の人々の暮らしやライフスタイルを支え豊かにする製品やサービス領域，経済の発展状況に関わりなく人々が人間らしく生きるために必要な安全・快適・愉快を届けられる製品やサービス領域，などがあるだろう[8]。具体的な産業や企業の例示については次章に譲ることとするが，それらに共通することとして，国内では常識とされる日本のライフスタイルを反映した製品やサービスが海外にとっては新鮮に，そして画期的に捉えられ，発展してきた領域であるということだろう。このように常識や通説を鵜呑みにせず，さまざ

まな観点から日本の競争力を捉え，吟味し，再考するという思考や姿勢をわれわれ一人ひとりが怠ることなく磨いていくことが肝要であるだろう。

③ 新しい国際産業構造に備えよ

(1) マクロ環境の激変と「メタナショナル経営」再考

　昨今，われわれの日常生活の中で，穀物製品（小麦粉）や乳・卵製品（バター・チーズ）を始めとする食品や，灯油や自動車のガソリンなどのエネルギー製品の価格が高騰していることに気づいているだろうか。また，EV化が急速に進む中において EV やハイブリッド車の車載電池に使用するコバルト，ニッケル，マンガンなどの原材料の国際的な確保競争も激化している。このような現象の背景にはロシアによるウクライナ侵攻や中国の覇権主義的行動を始めとする「地政学リスク」[9]も絡んでいる。さらに，コロナ禍において Zoom や Teams，SNS などの多様な IT プラットフォーム上のコミュニティ空間を介して業務の遂行や交流が図られ，そして，当該コミュニティにリンクしている Amazon や楽天などのさまざまなウェブサイトや関連のインターネット広告などに対して同じ空間上でアクセスすることで，日用品や家電，アパレル，コスメなど身の回りの生活必需品を自宅で発注し，その後まったく外出することなく注文製品が届けられ，電子決済が完了するというようにインターネット上においてすべての購買行動を完結できるという消費のライフスタイルが一層定着化したことだろう。このような便宜的な日常生活の背景には「デジタル社会経済」[10]の到来がある。まさに，われわれは「地政学リスク」に関わる脅威と「デジタル社会経済」から得られる機会のはざまで日々暮らしているのである。

　事業をグローバルに展開する企業にとって，国際産業を取り巻くマクロ・ミクロ環境レベルの新たな変化を即座に察知し，自社内外の経営資源の効果的な再配置や再構築を図り，それを自社の競争優位の獲得へとつなげていくためには，その競争優位の源泉としての優れたイノベーションの持続的な創出が重要な目標となる。学術的な世界では，そのような目標に適した理想の

国際経営のモデルとして永らく「メタナショナル経営[11]」が注目されてきた。「メタナショナル経営」とは，国際経営分野の学問における古典的な理論的概念[12]であり，ナレッジ・エコノミー（知的経済）時代における，自国優位に立脚した戦略を越えたグローバル規模での優位性を確保する戦略，すなわち，本国のみでなく，世界中で価値創造を行い，競争優位を構築する企業戦略経営のことである[13]。学術的な概念は現実社会の変化とともに進化していかなければならない。現代の国際産業構造に疑いようもなく甚大な影響を与えている「地政学的リスク」「デジタル社会経済」というマクロ環境レベルの変化を捉え，ミクロ環境レベルの観点から自社の戦略経営の計画にその変化の要素を落とし込むというようなマクロとミクロの環境適合への強い配慮が従来の「メタナショナル経営」の概念にも当然一層求められることだろう。もちろん，従来の「メタナショナル経営」もそのようなマクロ環境の変化への配慮を前提としているが，現代の国際産業構造下ではその種の変化への配慮の強度を上げざるを得ないであろう。そのことは逆の言い方をすれば，学術的にも実務的にも，これまでは，「地政学リスク」や「デジタル社会経済」の要素を戦略経営計画に具体的に取り入れてこなかったということでもある。これまで，「メタナショナル経営」の観点では，R&D活動の自国主義，自前主義，先進国中心主義からの脱却の必要性が強調されてきた[14]。上述したようなマクロ環境の変化の下では，「地政学的リスク」の観点からは，本国本社と友好な国家間関係にあり，かつ強固な信頼関係が構築されている海外拠点，そして「デジタル社会経済」の観点からは，デジタルインフラが確立されており，かつそれらのインフラを活用できるデジタル人材が豊富に確保されている海外拠点，という条件群を満たすグローバルなR&Dネットワークの構築とそのネットワーク下でのメタナショナル経営が重要となるであろう。

(2) 日本企業がとるべき備え

現代の国際産業構造を捉え直し，その上で適切な戦略的志向や国際経営モデルの選定という対応を行ったところで，はたして日本企業は長年沁みついたものづくり先進国幻想から脱却することができるのだろうか。それらの対

図表 15-3　顧客価値主導の R&D とマーケティングの国際機能統合組織モデル

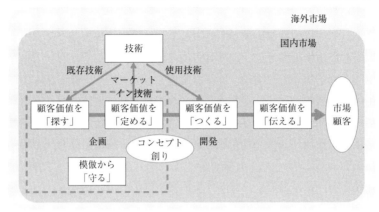

出所：谷地広安［2017］「MOV フレーム」『技術者のためのマーケティング』千倉書房，
　　　13 頁に修正を加えて筆者が作成。

応はたしかに必要要件ではあるが，十分要件ではない。次なる課題は，自社
の戦略的志向に基づき，国際産業構造の変化を感知し，そしてその変化を識
別した上で自社の国際競争力を再構築しえる事業領域への投資戦略を検討
し，実行していくための仕組みづくり，すなわち，日本企業にとっての適切
な組織設計が必要となるであろう。本項では，日本企業の典型的な組織設計
モデルに新たな方向性を加えた興味深い組織モデルを紹介する。

　日本企業が採用するべき有望な組織モデルとして「顧客価値主導の R&D
とマーケティングの機能統合組織モデル」への期待が高まっている。具体的
には，「日本企業が有する優れた技術的経営資源をいかに顧客価値と結びつ
けて，市場成果を導き出せるか」という問題意識の下に，技術者視点に立っ
た効果的なマーケティング視点の組織的な取り入れ方が**図表 15-3** のように
体系化されており，技術者目線での顧客価値主導の姿勢を有する技術者とマ
ーケティング担当者間の機能統合組織モデルとなっている[15]。このモデルを
国際経営に拡張すれば，日本の競争力の源泉であった“ものづくり”の主体
である R&D 部門（研究開発）および製造部門と，世界各地の顧客の潜在
的・顕在的ニーズを把握した上で自社製品やサービスが売れる仕組みづくり
を検討し実行するマーケティング部門が，新製品開発プロセスにおいて互い

に能力を発揮し，融合し合う状況を組織的に醸成・管理する国際的な組織モデルとなる。現場レベルでその状況を捉えるならば，然るべきビジネスドメインにおいて，日本企業の R&D 部門が主体となって優れた「技術」を開発する活動を遂行する一方で，国内外市場に精通したマーケティング部門が中心となり，顧客価値を「探す」，顧客価値を「定める」，模倣から「守る」[16]という一連の活動を，互いに連動させて新製品・サービス・ビジネスのコンセプトを立ち上げ，その後，引き続き「技術」との擦り合わせを継続しつつ，顧客価値を「作る」，顧客価値を「伝える」活動を実践し，市場や顧客の満足を生み出していくことを可能にしていく，ということである[17]。近年，官民を挙げて大規模な投資の下に開発が進められた国産ジェット機の開発において，当初より注目を集めてきた三菱スペースジェット（MSJ）の事業撤退と小型ジェット機で成功したホンダジェットとの 2 つの例がある[18]。両社とも優れた技術基盤を持つ会社であったが，その事業成果の成否を分けたのは開発組織体制の仕組みの違いにあったとも言われている。MSJ は，航空分野において米欧主導で認可される製品の安全性を証明する「型式証明」の取得手続きへの対応が遅れた。MSJ は事業化段階でようやく海外の専門家を招聘して取り組んだが，度重なる再設計や申請を余儀なくされ，膨らむコストに耐えられなくなっていった。それに対して，ホンダジェットは，開発当初より欧米市場への販売を見据えた開発組織体制を整える一方で，経営陣が刷新される中でも 30 年にわたって同じリーダーの下に開発現場が支えられて大きな成功を収めたと言われている。実際には，両社の事業の成否には複雑な要素が絡まっていたはずであるが，ホンダジェットの成功の KSF（Key Success Factor：重要成功要因）の 1 つが「顧客価値主導のR&D とマーケティングの機能統合組織モデル」の採用と一貫した運用体制であったことは間違いないであろう。

(3) 日本の産業政策と日本企業の国際マーケティングのあり方

　20 世紀以降，「優れた企業はいかなる企業か」という本質的な問いが実務世界においても学術世界においても関心を呼ぶようになり，その解の導出に向けて優良企業に共通した条件の抽出などが試みられるようになった。コリ

ンズとポラスは，その条件を研究により明らかにして『ビジョナリー・カンパニー』として書籍化し，話題を集め，今もなお世界的に拡販されており，そこでは，①基本理念，②進歩への意欲，③基本理念を維持し，進歩を促すための一貫性，が優れた企業の条件であると論じられている[19]。つまり，企業が何のために存在し，その目的のために変化し続け，その変化の活動を継続させるために必要な存在意義の組織内への浸透を徹底して行う，ということと解釈できる。当時は，3M やアメリカンエキスプレス，ボーイングなど欧米の名だたる企業が例示されており，日本企業からはソニーが紹介されていた[20]。優れた企業の条件には普遍的な要素と時代の流れに合わせて変化する要素があるべきだろう。現代の VUCA 時代において，それらの条件を的確に見極めていく作業は企業単独では困難である。すなわち，国の競争力にも関わる，官民一体となって取り組むべき重要な作業なのである。現代の日本のビジョナリー・カンパニーの国を挙げての選出と育成が待たれる。

　昨今の日本の産業政策を見ると押しなべてどの産業領域を日本の競争力の源泉として選定し，育成していくのかが，不透明であり，まさに先の見えない暗い霧の中を日本の多国籍企業は航海しているようである。これまで日本はグローバリゼーションの大波に流される傾向が強かったが，国民経済の発展とのバランスをより重視する明確な産業政策を打ち立てる必要があろう。そこでは中・長期的な視点から真に自国の競争優位を導出しうるイノベーションが見極められ，それらの産業や企業への国を挙げた強力な開発・保護・育成体制の構築を図らなければならないであろう。もしも国の産業政策がこのまま不透明であれば，日本企業はもっぱらグローバル経営効率を追求するだけとなるであろう。しかし，それが結果として日本の国民経済を大きく毀損する恐れもあることが大きな懸念材料となる。

　日本企業としては，中・長期的な企業の利益と国益との調和に留意しながら，先述のように国際競争力の基礎となるイノベーションのさらなる創出と国際マーケティング活動との両立を可能にする組織設計の構築を急がなければならないだろう。

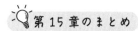
第 15 章のまとめ

① 中・長期的・国際市場志向へのシフト

　企業にとっての戦略的志向性は，進むべき方向性を指し示す羅針盤の役割に相当する行動指標である。戦略的志向の中でもとりわけ日本企業にとっても今後さらに重視されるべき志向の1つに「市場志向」がある。「市場志向とは，顧客の行動やニーズに注意を向け，革新性を生み出すことにより，顧客にとっての価値を高めていこうとする志向であり，顧客を見据えることをビジネス活動の基本姿勢にしようとする志向」のことである[21]。このように定義される「市場志向」を現代の事業環境の文脈に当てはめて考える場合，若干の修正が必要となるだろう。現代の不透明で競争や変化の激しい事業環境においては，市場を構成する顧客の動向を単次元的に捉えるのではなく，多次元的に捉える必要性がある。すなわち，それは中・長期的な視野かつ国際市場を見据えることをビジネス活動の基本姿勢にしようとする志向に他ならない。

② 日系多国籍企業の国際競争力の現在地

　1980年代，海外の人々に「日本といえば何を思い浮かべるか？」という質問をした際には自動車を筆頭にエレクトロニクス製品などが次々と答えに挙がってくるほど，日本の製造業は盛時を迎えていた。しかし，近年では欧米の多国籍企業による新たなビジネスモデルの創出や途上国出身の多国籍企業の台頭と活躍によって日本企業の栄華は若干薄らいでいるのが現実である。この現実は，世界的経済機関による主要国の国際競争力の格付けにも表れており，欧米諸国が順当に上位に位置付けられ，それらの国々に途上国群が追随する中で，日本は13位にとどまり，ここ数年伸び悩んでいる状況である。日系多国籍企業の国際競争力の向上に向け，過去の栄光に対する執着からの脱却が必須であるだろう。

③ VUCA時代の日本の進路とは

　現代の事業環境の不確実で不透明な様態を表した「VUCA」の時代にお

いて，日本が進むべき道筋ははたして明確に示されているだろうか。一国経済は主に「政府」「企業」「国民」それぞれの活動と相互作用で成り立っており，その国の進むべき方向性は三者間で統一していなければその方角へ歩を進めることはできないだろう。とりわけ，「政府」の政策と「企業」のマーケティング戦略の連動は必須である。まず，日本の多国籍企業には，国益を重んじ，巧妙かつ戦略的に練られた具体性のある政府政策の下に，近年，国際社会経済に大きな影響を与えているマクロ環境の変化を含む事業を取り巻く環境に配慮した国際経営の再構築を期待する。そのような全社戦略経営の下，海外からの視点を活用した日本の知られざる優位性を持った産業や分野でのイノベーションのさらなる創出と精緻な国際マーケティング戦略の両立が効率・効果的に実現されていく組織設計が今後重要な鍵となってくるだろう。

【注】

1　Narver, John and Stanly Slater ［1990］The Effect of a Market Orientation on Business Profitability, *Journal of Marketing*, 54（4），pp.20-35.
2　ジョンソン・エンド・ジョンソン HP「我が信条（Our Credo）」https://www.jnj.co.jp/jnj-group/our-credo（最終アクセス 2023 年 8 月 5 日）
3　本田技研工業 HP「Honda フィロソフィー」https://global.honda/jp/brand/philosophy/（最終アクセス 2023 年 8 月 5 日）
4　Mack, Oliver ［2015］Managing in a VUCA world, *Springer*, pp.3-11.
5　日本経済新聞「東芝，中国・美的に白物家電売却へ，アジアで再編加速」（2016年 3 月 15 日）https://www.nikkei.com/article/DGXLASDZ14I7B_U6A310C1MM8000/（最終アクセス 2023 年 8 月 5 日）
6　詳しくは，ヴォーゲル，エズラ・F（広中和歌子・木本彰子訳）［2004］『ジャパン・アズ・ナンバーワン』CCC メディアハウスを参考。
7　WIPO ［2021］『グローバル・イノベーション・インデックス 2021 年 第 14 版 エグゼクティブ・サマリー』6 頁。
8　日経ビジネス「世界に誇るニッポンの商品 100」2012 年 10 月 15 日号，22-23頁。
9　Flint は「地政学リスク」を次のように定義付けている。「地政学リスク」とは，国民国家，企業，非政府組織，反政府組織，政治政党を含めた多様な主体が関

係する権力闘争が，地理的に隣接，あるいは関連する地域間において生じている状態である。Flint, C.［2016］*Introduction to geopolitics*, Routledge.

10 「デジタル社会経済」とは，社会経済システム全体にわたり，生産性の向上と効率化を図る為，情報技術の普及を1つの社会経済的プロセスとして受け止めている新たな経済のことである。Hanna, N., S. Boyson and S. Gunaratne［1996］*The East Asian Miracle and information Technology: Strategic Management of Technological Learning*, The World Bank.

11 その他4つの経営モデルが論説されてきた。「グローバル経営」は世界市場を単一市場と見なし，グローバルな規模で効率性を追求する戦略に適した経営であり，「マルチナショナル経営」は現地のニーズへの柔軟な対応を追求する戦略に適した経営である。また，「インターナショナル経営」は本国「本社」で作られた技術・知識・製品を「子会社」に移転，共有，活用する戦略に適した経営であり，「トランスナショナル経営」は「効率の追求」「柔軟性の確保」「組織学習の徹底」を目指す戦略に適した経営である。浅川和宏［2022］『グローバル経営入門（新装版）』日経 BP，137-142頁。

12 Doz, Y., J. Santos and P. Williamson［2001］*From Global to Metanational. Boston*, Harvard Business school press.

13 浅川［2022］前掲書，166頁。

14 浅川［2022］前掲書，166-168頁。

15 谷地広安［2017］「MOVフレーム」『技術者のためのマーケティング』千倉書房，13，19頁。

16 世界市場を主戦場としている現在の日系多国籍企業は，当該モデルを国際市場文脈に適応させたモデルへと拡張させる必要があるだろう。その際，日本企業はこれまでに中国や韓国などの途上国出身企業に警戒心なく多くの優れた経営資源や知識，ノウハウを漏洩してきた苦い経験を活かし，模倣から「守る」という活動を強化することへの高い意識が新たに求められる。

17 谷地［2017］前掲書，13頁。

18 日本経済新聞「三菱航空機，スペースジェット量産に着手，型式証明が焦点に」（2019年7月6日），日経産業新聞「産業界の夢託し1兆円投入，三菱ジェット，しぼむ翼，人事迷走，『神』宿らず」（2020年10月30日），日本経済新聞「国産ジェット，迷走の末撤退　三菱重工の開発費1兆円　経験不足，設計相次ぎ変更」（2023年2月8日）。

19 Collins, J.C. and J.I. Porras［1994］*Built to Last: Successful Habits of Visionary*, Harper Business.（山岡洋一訳［1995］『ビジョナリー・カンパニー──時代を超える生存の原則』日経 BP。）

20 Collins and Porras［1994］前掲書.

21 Narver, John and Stanly Slater［1990］The Effect of a Market Orientation on Business Profitability, *Journal of Marketing*, 54（4），pp.20-35.

Column 15-1

ダイキン工業のグローバルなイノベーション創出×マーケティング活動の両立を可能にする組織設計が日本のベストプラクティスモデルになりうるか？

　市場や顧客を含むミクロ環境のみならず，「地政学リスク」や「デジタル社会経済」などを包含したマクロ環境への配慮も含めた「中・長期的な国際市場志向」という新たな戦略的志向の下で設計される「顧客価値主導の R&D とマーケティングの国際機能統合組織モデル」は，日本の多国籍企業にとって今後目指すべき理想郷の 1 つであろう。例えば，ダイキン工業（以下，ダイキン）などは「地政学リスク」の脅威と「デジタル社会経済」の機会にいち早く対応している企業の 1 つであろう。ダイキンはアジアでの有事に備え，中国からの部材調達に大きく依存しないサプライチェーンの再構築に着手し始め，また，日本政府も注目する魅力的な市場として注目度が高まるアフリカ市場において，IT インフラの普及が加速するタンザニアにおけるエアコンのサブスクリプションという新サービスを開始している。このダイキンの事例は，マクロ環境の変化，すなわち，上述の脅威と機会にうまく対応している事例の 1 つと捉えることが可能であり，その対応の背景には「中・長期的な国際市場志向」が羅針盤として組織内で効果的に機能していることがうかがえよう。そこで次に，ダイキンによる国際経営文脈に拡張された「顧客価値主導の R&D とマーケティングの国際機能統合組織モデル」の具体的な設計構造の内容についてより詳しく見ていこう。

　ダイキンは，「環境と空気の新たな価値を提供し，サステナブル社会への貢献とグループの成長を実現する」というビジョンの下に構築された戦略経営計画（短期・長期両面での成長性の実現や国内外の自社・他社との連携の促進）を実行に移し，製品開発から販売に至るまでの一連の事業活動を世界規模で行っている日本が世界に誇れる優れた多国籍企業の 1 つである。ダイキンは，各国・地域の人々の暮らしに合わせた魅力ある製品やサービスの提供を通じて，世界の人々に快適を届けるため，市場ニーズがある場所で生産する「市場最寄り化戦略」を進めている。このダイキンのグローバル戦略の根底には，世界市場の顧客のニーズが起点となっているのは明白であり，その観点からダイキンは「顧客価

値主導」を重視しているといえよう。次に，「R&D とマーケティングの国際機能統合組織」についてである。ダイキンは，とりわけ製品開発体制において自社の事業特性に配慮した独自の仕組みを採用している。ダイキンは，温度・湿度・空気清浄・気流をそれぞれコントロールする技術のプラットフォームを強みとして，空調事業を世界の 170 を超える国々で展開させている。空調は世界各地のさまざまな気候・文化から影響を受ける。日本を含めたアジアでは停電対応や適性温度設定，暖房冷房の自動切換えなどの機能を備えることで，国々によって異なる寒暖差への対応を行っている。欧州では景観や直風への配慮から埋め込み式のエアコンが好まれており，アフリカ・中東地域では朝昼と夜の寒暖差が 40℃も異なる砂漠地帯に対応するため，強力な風力と耐久性が備わったエアコンが求められる。さらに，北米・南米では建物内のフロアや部屋を一括して冷暖房するセントラル方式と部屋ごとの空調を管理する個別空調方式の両ニーズへの対応が求められている。これらのローカルな気候・文化特性に配慮し，かつ自社の独自の技術力を駆使した商品開発を実現するべく，ダイキンは「四位一体での商品開発」体制を重要視しているという。具体的には，グローバルに配置された主要な「生産拠点」に構えられた「研究開発拠点」と各地域の「販売機能」・「調達機能」が連携し合うことで，地域の特性に合わせた製品の開発と生産を実現させている，という。ダイキンのこのような国境を越えた部門・機能間の連携は，まさに世界規模の「R&D とマーケティングの国際機能統合組織モデル」に相当するものといえるだろう。ダイキンのグローバルなイノベーション創出とマーケティング活動の両立を可能にしているこの組織設計が日本のベストプラクティスモデルになりうる日も近いかもしれない。

【コラム 15-1　参考文献】

ダイキン工業株式会社 HP「省エネエアコンのサブスクリプション」https://www.daikin.co.jp/air/activity/subscription（最終アクセス 2022 年 12 月 14 日）

ダイキン工業株式会社 HP「サステナビリティの全体像」https://www.daikin.co.jp/csr/report（最終アクセス 2023 年 6 月 21 日）

ダイキン工業株式会社 HP「空調部門」https://www.daikin.co.jp/corporate/overview/business/ac/aircon（最終アクセス 2023 年 6 月 21 日）

ダイキン工業株式会社 HP「世界 170 ヵ国で空気で答えを出す会社」https://www.daikin.co.jp/air/technology/global（最終アクセス 2023 年 6 月 21 日）

ダイキン工業株式会社「統合報告書 2022　2022 年 3 月期」https://www.daikin.co.jp/-/
　　media/Project/Daikin/daikin_co_jp/investor/data/report/daikin2022_viewing-pdf.
　　pdf?rev=077d720992384282b8f1b6eb66fd09b1&hash=A3DE711AB051989BA07
　　A735845AC8B68（最終アクセス 2023 年 6 月 21 日）
ダイヤモンド・オンライン「ダイキンが『中国調達』を減らせる理由，真似したい企業がはまり
　　がちな罠とは」（2022 年 9 月 29 日）https://diamond.jp/articles/-/310419（最終アク
　　セス 2023 年 8 月 3 日）
日経クロステック（2019 年 12 月 2 日）「LG の弱点も丸裸に，韓国メーカーを『駆逐』したダ
　　イキン　開発設計の 3 つの戦略と 4 つの戦術」https://xtech.nikkei.com/atcl/nxt/
　　column/18/00001/03287/（最終アクセス 2023 年 6 月 21 日）
日本経済新聞（2001 年 11 月 19 日朝刊）3 頁。

第 16 章

世界から敬愛される人と企業へ

■1 21 世紀の経営思想

　日本企業には 1990 年代の初めにおけるバブル崩壊後の大不況，そして長引くデフレ経済の中で，世界の産業構造の変化にも機敏に対応できず，失われた 20 年以上の年月を経験してきた企業が少なくない。他方，世界に目をやると，1990 年代以降のグローバリゼーションの進展とともに生じている下記のような諸問題にうまく対応できていないことが改めて強く認識されるようになっている。

- 地球自然環境の加速度的破壊
- 世界人口の爆発的増加
- 世界的に見られる失業増大，貧富の格差
- 新興国における自然破壊，公害，人権問題，児童労働
- グローバル企業による文化的影響の増大による各国・地域の独自文化の衰退化
- 世界の経済ピラミッド底辺の貧困層の激増
- 反グローバリズム，テロリズム

　今，まさに地球の自然環境と社会は危機に瀕しているといっても過言ではないのである。ハート[1]によれば，これまでのグローバル資本主義は「自然環境や貧困層の犠牲の上に立った企業の拡大」であった。これらの諸問題に対して国家エゴや企業エゴを排して全世界的に対応しなければ資本主義の明るい未来はないといっていいであろう。

　こうした諸問題をこのまま放置していいはずはなく，1990 年代末葉から

今日に至るまでの間，地球環境問題と貧困問題に対する世界中の識者や企業人の危機感の一層の高まりが見られた。今日では，以上のような諸問題に対して，資本主義的な経済システムを活かしながら，「持続可能な地球の環境／社会」と「企業利益」の両立を目指すというマネジメント思想が出現し，次第に定着してきている。

そもそも持続可能な開発とは，1987 年の U.N. Brundtland Commission によると「次の世代が自らの需要を満たす能力を損なわずに現在の需要を満たす開発」[2] と理解されるものであり，気候変動に関する国際連合枠組条約の京都議定書，国連ミレニアム宣言，SDGs（持続可能な開発目標），「気候変動に関するパリ協定」もそうした共通の目標についての合意，遂行を目指すものである。近年，より新しいマネジメント思想として，ビジネスを通して貧困問題や環境問題を解決できるという主張が広く受け入れられるようになっていることは注目に値する[3]。

上述のような「地球の危機」を効果的，効率的に回避するためには，行政，民間，および市民による諸活動の統合化が必要であろう。統合化のためにはそれらの間に揺るぎのない共有理念がなければならない。ここでの中核となりうるのは，「危機に瀕している地球の持続可能性を確保しなければならないという理念」と切迫した危機感に他ならない。そうした強力な理念が共有されない限り，さまざまな立場や価値観からの部分最適化は目指せるにせよ，地球全体としての全体最適化は困難なことであろう。従来の行政主導の環境問題，貧困問題への対応（環境保全の法的規制や ODA 等）は，民間主導の対応（CSR，環境ビジネス，雇用創出，従業員教育等）とうまく統合され，また，市民主導の監視や助言・参加活動とも適切に連携する必要があろう[4]。

ここでは企業が地球の持続可能性について，これまで以上に強く意識しなければならないことを強調しておきたい。言うまでもなく，企業（特に多国籍企業）は地球上のメジャーな経済的プレイヤーである。それだけに彼らは経済的な利益を生み出すだけではなく，地球の自然環境と社会的環境の保全や改善についても責任を持たなければならないというのがトリプル・ボトムラインという新しいマネジメント思想である。真の持続可能なグローバル企

業と呼ばれるには，世界全体の経済，社会，環境に同時に利益をもたらす競争力のある企業戦略を追求し，実践しなければならないのである[5]。

　近年では，自然環境や社会環境への貢献が企業利益にも貢献しうるものであることがより積極的に主張されるようになっている[6]。もちろん，企業の国際マーケティング活動は明確な市場志向性，顧客志向性をベースとするものであり，上述のような世界的視点からのトリプル・ボトムラインのマネジメント思想を支援・実行するものに進化しなければならないのである。

　日本企業は一方においてグローバル競争の激化に直面しており，他方においてトリプル・ボトムラインの責任遂行を負っている。こうした環境下で日本企業が生き残り，また世界をリードしていくためにはどうすればよいのだろうか。それは世界の人々から敬愛される経営理念を持ちながら，したたかな，そして，しなやかな国際事業戦略，国際マーケティング活動を遂行することであろう。日本には真面目で，規律正しく，礼儀を重んじ，他人の気持ちを思いやり，自然と共生する文化が深く根付いている。こうした文化は日本の大きなソーシャル・キャピタルであり，模倣が困難な国際競争力の源泉になりうるものである。これまで製造業においてこうした日本人の利点が大いに活かされてきたが，実はこれらの文化的な規範や行動様式はサービス業においてもっと直接的に力を発揮するはずである。

2 世界から称賛される経営

　米ビジネス誌『フォーチュン』は，国際的に事業を展開する組織コンサルティング企業のコーン・フェリー（NYSE：KFY—コーン・フェリー・ジャパン　東京都千代田区　日本代表：滝波純一）と共同で実施した調査結果をもとに，『世界で最も賞賛される企業（World's Most Admired Companies）2023』を発表した（**図表 16-1**）。この調査は，フォーチュン誌が優良大企業として選定した 1,000 社（米国企業対象）とフォーチュン・グローバル500 企業，および米国以外の主要企業（売上高およそ 100 億ドル以上，業界内のトップクラスであることが基準）に従事する約 1 万 5,000 人の企業経営幹部，社外取締役，業界アナリストを対象とし，同業他社および業界を超え

図表 16-1　世界で最も賞賛される企業 2023

順位	企業名	業界（国籍）	順位	企業名	業界（国籍）
1	Apple	コンピュータ（米）	28	BMW	自動車（独）
2	Microsoft	ソフトウェア（米）	29	Netflix	動画配信（米）
3	Amazon.com	インターネット（米）	30	3M	化学（米）
4	Berkshire Hathaway	投資（米）	31	Singapore Airlines	航空（シンガポール）
5	JPMorgan Chase	金融（米）	32	Accenture	コンサルティング（アイルランド）
6	Walt Disney	娯楽（米）			
7	Costco Wholesale	小売（米）	33	CVS Health	ヘルスケア（米）
8	Pfizer	製薬（米）	34	PepsiCo	飲料（米）
9	Alphabet	インターネット（米）	35	UPS	物流（米）
10	American Express	クレジットカード（米）	36	Toyota Motor	自動車（日）
			37	Bank of America	金融（米）
11	Salesforce	クラウドサービス（米）	38	McDonald's	外食（米）
			39	IBM	コンピュータ（米）
12	Delta Air Lines	航空（米）	40	Morgan Stanley	金融（米）
13	Walmart	小売（米）	41	Nestlé	食品（スイス）
14	Starbucks	外食（米）	42	Samsung Electronics	家電・電子部品（韓）
15	Coca-Cola	飲料（米）			
16	Nike	スポーツ用品（米）	43	Danaher	ライフサイエンス・医療専門器具（米）
17	Marriott International	ホテル（米）			
			44	Publix Super Markets	小売（米）
18	FedEx	物流（米）	45	Nvidia	半導体（米）
19	Goldman Sachs Group	金融（米）	46	Unilever	食品・生活用品（英）
20	Home Depot	小売（米）	47	Visa	クレジットカード（米）
21	Target	小売（米）			
22	Johnson & Johnson	医薬（米）	48	Lockheed Martin	航空機・宇宙船（米）
23	Southwest Airlines	航空（米）			
24	Procter & Gamble	生活用品（米）	49	Lowe's	住宅リフォーム・生活家電（米）
25	BlackRock	投資（米）			
26	USAA	金融（米）	50	Charles Schwab	証券（米）
27	Nordstrom	小売（米）			

出所：Focus「コーン・フェリーと FORTUNE 誌『世界で最も賞賛される企業 2023』を発表」https://focus.kornferry.com/ja/fortune-wmac2023/（最終アクセス 2023 年 7 月 16 日）

て称賛しうる企業の評価を依頼したものである。コーン・フェリーはフォーチュン誌と共同で 1997 年以降，毎年『世界で最も賞賛される企業』の選定とランク付けを行っており，企業人が同業企業の経営手腕を評価する点が最大の特色である。トップ 50 のうち，特に注目されるのは 16 年連続で 1 位をキープしている Apple，そして 2 位には Microsoft，3 位には Amazon が続

いている点である。やはり世界の経営者の目から見ても米国 ICT 企業が輝いているようである。また，パンデミック以降，頭角を現してきたクラウド型の顧客管理システムサービスを事業とする Salesforce や主に動画配信サービスを事業とする Netflix などの米国出身の新興テック企業がそれぞれ 11位，29 位にランクインしている点も注目に値する。日本企業は，トヨタが36 位（前年 34 位）にランクインしている。

この調査での企業の評価項目は次の 9 項目である。

①才能のある人材を引きつけ，維持する能力

②経営幹部の質

③コミュニティと環境に対する社会的責任

④革新性

⑤製品またはサービスの品質

⑥有益な企業資産の活用

⑦財務健全性

⑧長期投資価値

⑨グローバルにビジネスを行う上での効果

この企業ランキングは世界的に注目されるものであるが，主たる評価者が大企業のエグゼクティブと有力投資家であり，企業の収益性（特に投下資本利益率）と成長性に重点が置かれたものと推察される。個々には一般市民や消費者の評価は入っておらず，また，ランクインした企業に対する異なった視点からの厳しい批判がないわけではないことにも留意しておく必要があろう。

❸ 消費者による企業の評判と評価の世界ランキング

多国籍企業のみならず，企業には社会的責任を伴った行動が要請されている。企業が不祥事を起こした際には，直接的な顧客だけではなく，取引業者，株主といったステークホルダーからの信頼を失うことで企業はその評判を落とし，業績に大きな影響を受けることも珍しくない。もちろん不祥事を起こさないことは当然であるが，昨今は企業の評判は製品やサービスへの信

頼だけによらず，企業が社会貢献をしているか，顧客志向の企業であるか，財務的に安定的かなどさまざまな側面で企業の取り組みが注目されている。したがって，企業においては自社への評判をうまくコントロールするためのマネジメントが重要になる。こうしたことを取り扱ったのが，コーポレート・レピュテーション研究である。櫻井によれば，コーポレート・レピュテーションとは，「経営者および従業員による過去の行為の結果，および現在と将来の予測情報をもとに，企業を取り巻くさまざまなステークホルダーから導かれる持続可能な競争優位」と定義されている[7]。それでは，評判をうまくコントロールするとはどのような行動から構成されるのであろうか。例えば，ウォルシュとビーティは，①顧客志向，②良い経営者，③信頼でき財務的に強い企業，④製品とサービスの品質，⑤社会環境への責任，の5つの要素を挙げ，これが企業の投資活動や顧客のロイヤルティに正の影響を及ぼすことを検証している[8]。これらの要素はいずれも現代において企業が活動していく上では重要な要素である。

　例えば，コンサルティング企業の米国レピュテーション・インスティテュートは，顧客の目線から評価された企業の評判ランキング100社（Global RepTrak 100）[9]を1997年より発表しているが，2023年のランキングでランクインした日本企業は，キヤノン（5位），ソニー（8位），任天堂（9位），トヨタ（29位），ホンダ（49位），富士フイルム（68位）である。このランキング調査には，7つの評価項目（①製品・サービス，②業績，③リーダーシップ，④イノベーション，⑤事業活動（例えば，公正で倫理的な活動），⑥職場，⑦社会貢献）がある。調査レポートによれば，これらの評価項目が高いと，顧客自身の積極的な購買意思だけでなく，他人にその企業の製品をすすめたり，投資意思を高めるといった成果も高まることが報告されている。顧客への直接調査なので，ランクインしている企業はB to C企業が多いが，顧客に対して自社の取り組みをわかりやすく上手にコミュニケーションすることの重要性を示しているといえよう。ランクインしている日本企業はいずれも世界に名を馳せる大企業である。環境と性能を両立したハイブリッド車を世界に先駆けて開発したトヨタ，そのユニークな商品で世界をワクワクさせ続けている任天堂，世界中の観光客が首からかけているカメラを製

造するキヤノンなど，日本企業には世界に誇れる製品やサービスがたくさんある。次節では，こうした世界で評価されている日本企業の商品やサービスについて見てみたい。

4 世界に誇る日本の商品とサービス

　若干古い記事となるが，日経ビジネスにおいて，「世界に誇るニッポンの商品100」という記事がある[10]。この記事では，世界で活躍する日本企業の商品やサービスが4つのカテゴリー，すなわち①「日本発」が難問を解決する（世界を救う商品・サービス），②シェアトップをつかむ秘密（世界で売れる商品・サービス），③日常に入り込む「ニッポン」（世界の暮らしを変える商品・サービス），④安全・快適・愉快を売り込め（日本の未来を創る商品・サービス）に分けられて紹介されている。本節では，この4つの分類に沿って，最近の日本企業の事例を探ってみたい。

(1)「日本発」が難問を解決する（世界を救う商品・サービス）

　日本の大手製薬会社であるエーザイは，患者視点での新薬開発に力を入れており，2023年現在，国内外で新薬の承認申請を行っている。例えば，今後承認が期待される認知機能の低下を抑える世界初のアルツハイマー病治療薬「レカネマブ」は，世界の認知症患者とその家族にとってこれ以上ない朗報となることだろう[11]。

　次に食品分野では，例えば，フリーズドライ製品のアマノフーズや，ヤクルトを取り上げたい。フリーズドライ製品の商品開発・販売を行っているアマノフーズは，国内の当該市場を牽引しており，製品ラインナップの充実化とグローバル展開にも注力している。フリーズドライ製品は，もともとの栄養価を損なうことなく冷凍・乾燥されスポンジ状態になった具材がお湯を注ぐことで復元される長期保存が可能な食品であり，災害時の備蓄食としてのポテンシャルも秘めている[12]。私たちにとってはなじみ深い「ヤクルト」も海を渡っている。「ヤクルト」は「予防医学」や「健腸長寿」をコンセプトにリーズナブルな価格帯で，免疫力向上に効果があり，その飲みやすさに定

評がある大ヒット商品である。国内では，ヤクルトレディと呼ばれる訪問販売員が消費者に商品の機能性や魅力をしっかりと伝えることで確固たる信頼とブランドを築いてきた[13]。今では台湾を皮切りにメキシコ・中南米・東南アジアへと事業展開し，さらには中国やシンガポールなど健康への意識の高まりが顕著な国々にも事業が拡大されつつある[14]。

　また，日本をはじめとする世界各国では，自然災害に対応した「減災」の取り組みに加え，老朽化した社会インフラの維持管理が喫緊の課題となっている。こうしたニーズに応える幅広い事業を展開しているのが日本のインフラ設備検査事業のパイオニアであるジオ・サーチ[15]である。同社はマイクロ波を活用してインフラの異常箇所を発見する独自の「スケルカー®技術」に，AIを駆使した画像解析技術を組み合わせ，増え続ける解析ニーズへの対応力を大幅に向上させている。1997年に開発された地雷探知機などはタイ，カンボジアでの遺跡において実績を残しており，今後は紛争地域の復興などに向けても大いに役に立つことだろう[16]。

(2) シェアトップをつかむ秘密（世界で売れる商品・サービス）

　読者の皆さんのお気に入りのジーンズやバッグにはファスナーがついているものも多いだろう。粗悪なファスナーは慎重に扱わなければ布を食い込んでしまったり，使用頻度が少ないにもかかわらず破損してしまい，ファスナー故障によりその商品が使えなくなるという残念な思いをした方は少なくないはずである。しかし優良なファスナーであるとするならば，それは日本が世界に誇るYKK製品であるかもしれない。YKKとは，吉田工業株式会社（Yoshida Kogyo Kabushikikaisha）の頭文字をとったものであり，その技術力を活かし，アパレル向けのファスナーだけではなくかばんや紙おむつなどの汎用資材分野や，新しいファスナーを精力的に開発し続けている日本のファスナーメーカーである。現在は，72の国と地域で事業展開を行い世界中に高品質なファスナーを届けており，国内市場の実に95%，世界でも45%のシェアを誇っている[17]。

　また，われわれの胃袋を満足させてくれるラーメンやナポリタンなど，そのルーツをたどれば，中国やイタリアなどに還流されていくことだろう。そ

の昔，海外からそれらの食文化が伝来し，少しずつ日本人の嗜好にあった形へと変化してきた料理である。そしてそれらが今や日本のソウルフードとして海外旅行客の胃袋をつかんでおり，海外展開も行われている。中でも，ルーツであった中国やイタリアに逆輸入という形で日本版の料理が海を渡り，現地の人々に楽しまれていることは一驚を喫する。例えば，近年，ココイチカレーがカレーの本場であるインドに渡り，現地の人々に受け入れられている[18]。本場で認められた日本のカレー文化が世界のカレー文化となる日が来るかもしれない。この他にも，牛丼の吉野家，豚骨ラーメンの一風堂など，世界には日本で見慣れた外食チェーンも多数出店しており，現地にはない味を展開している[19]。

(3) 日常に入り込む「ニッポン」（世界の暮らしを変える商品・サービス）

　私たちがキャッシュレス決済を行うときによくスマホ画面に表示されるのがQRコードであろう。このQRコードは1994年に，トヨタのサプライヤーとしても有名なデンソーグループが開発したものである。デンソーのQRコードは，あらゆるデータを扱うことができる2次元コードのことで，1つのQRコードに大量のデータを格納できることから，最近では，SNSアカウントのログイン，ライブチケットのスキャン，入国審査時のワクチン接種証明，買い物時の決済など至るところで活用されている。デンソーは，2023年度，米国電気電子学会（IEEE）が選ぶ電気電子産業に大きく貢献した企業に贈られる「IEEE コーポレートイノベーション賞」を受賞し，日本企業としては6社目の受賞となり，まさに世界の暮らしを変える技術として多方面から期待されている[20]。

　「SK-Ⅱ」は外資系企業のP&Gが世界12カ国・地域で販売するスキンケア化粧品である。意外と知られていないが，実はそのルーツは日本の伝統的なもの作り手法にある。日本酒の高齢の造り手（杜氏）の手がつややかで若々しいことに着目し，その要因の1つであった「酵母」を発酵する過程で発生する成分「ピテラ」が使われているのである。そのような日本のもの作りの要素をたっぷりと含んだ「SK-Ⅱ」の全製品は日本の滋賀工場のみで生産されており，その後，世界に流通され，人々の肌を美しくしているのであ

る[21]。このように，表立っては見えないが SK-Ⅱの事例や，日本で大きなシェアを誇る iPhone を構成する部品にも多くの日本企業の技術が結集されており，それらの製品には欠かせない要素を日本が担っているわけである。

(4) 安全・快適・愉快を売り込め（日本の未来を創る商品・サービス）

コロナ禍で減収減益となった電気機器や機械メーカーが多い中で，環境性能の高い空調事業において国内外で好業績を収めているのが日本のエアコンメーカーのダイキン工業である。ダイキン工業は製品品質の高さもさることながら，北米では M&A，中国では国内同様の自前の専売店の展開，インドではディーラー網の拡充というように，ターゲット国市場ごとにチャネル戦略を変化させ，事業拡大を図ってきた功績がある[22]。近年では，アフリカ・タンザニアにおいて省エネエアコンのサブスクリプションサービスを実施するなど革新的なチャネル戦略による事業拡大は多くの日本企業にとってお手本となるだろう[23]。

また近年は，世界的な脱炭素の潮流の中でも再生エネルギーが注目されており，炭素依存社会からの脱却に向けて水素の活用が重要視されている。日本政府は，水素ステーションを 2025 年までに 320 カ所，2030 年までに 900 カ所整備することを目標としており[24]，このことからも期待値の大きさがわかる。トヨタは欧州を起点とする EV 化の波を冷静に捉え，ハイブリッド車，EV 車，そして水素エンジンを動力源とする FCV（燃料電池車）車「ミライ」の販売やさらなる水素エンジン開発に力を入れており[25]，「水素」は今後，日本の競争力を左右する 1 つの技術となりうるだろう。

さて，日本に来る海外観光客に人気の日本商品を見ることでも世界に羽ばたける企業の可能性を見出すことができよう。例えば，日本の"おもてなし"サービスを受けられる旅館やホテルを旅行の目的に来日する外国人が多いことは読者の皆さんも容易に予想できるだろう。"おもてなし"は日本の観光産業を支える競争力となっており国内外で高い評価を得ている。中でも，星野リゾートは，長野県軽井沢で最初の旅館を開業して 109 年目を迎える老舗企業でありながら，国内だけでなく海外展開を加速させており，競争の激しい業界の中で，独自の仕組みを構築し，世界で通用するホテル運営会

社を目指している企業である。現在までにインドネシア・バリ島，台湾，米ハワイ，中国の 4 カ所に事業を展開させており，今後はさらに北米への展開を予定している[26]。"おもてなし"サービスを味わえる日本の星野リゾートが世界の星野リゾートになる日も遠くはないだろう。また，日本を訪れる海外の人たちが目を丸くして驚き，海外を訪れる日本人の多くが恋しさを覚える製品が思い浮かぶだろうか。TOTO の「ウォシュレット」がそれだろう。衛生陶器などトイレタリー製品の国内最大手の TOTO が温水洗浄便座「ウォシュレット」を 1980 年に発売してから今年で 43 年目を迎える。斬新なイノベーションの数々は 1986 年に米国から始まった海外展開でも活かされ，今では世界のプレミアムブランドとして欧州，中国，米国の 5 つ星ホテルなどへの普及が進んでいる。安全で清潔，かつ快適なトイレ空間が日本の競争力の 1 つとなる日も近いだろう[27]。最後にカルチャー分野で面白い事例を紹介したい。近年，日本のエンターテイメント企業であるバンダイナムコアミューズメントが運営する国内の「ガシャポン」の専門店が多くの訪日外国人観光客に受けている。日本のカプセルトイ商品群の品質の高さと購入の仕組みのワクワク感が多くの外国人の心をつかんでいるのだろう。日本以外にも，香港を起点として東南アジアの市場や，インド，欧州においては英国市場にも事業を展開させており[28]，日本のエンターテイメント文化の魅力が詰まった「ガシャポン」が世界の人々の笑顔を創っている[29]。

　以上の事例を見て皆さんはどのように思われるだろうか。なんだ，日本にも世界に誇れる，世界に貢献できている，そして世界で評価されている製品やサービスがたくさんあるんじゃないかと希望を持っていただけたのならば本望である。顧客が抱える問題を解決するのがマーケティングの本質である。森岡は，他者への思いやりが自身のモチベーションになる日本人だからこそ，消費者を喜ばせることを愚直に追求するのに向いているはずであると指摘する。そしてそれを実現する科学的ノウハウがマーケティングであると述べ，日本は今後「消費者の幸せとは何か」についてフォーカスすべき重要性を説いている[30]。次節では，この日本人の持つ特性について考えてみたい。

5 新しいライフスタイルの提案

　前節では，日本企業にはまだ将来性が大いにあることを見てきた。筆者は日本人が世界から敬愛される，憧れのライフスタイルを提案できるのであれば，日本発のビジネスは健在であり続けると信じている。

　先述のように，日本には真面目で，規律正しく，礼儀を重んじ，他人の気持ちを思いやり，自然と共生する文化が深く根付いている。これが日本の重要なソーシャル・キャピタルの一部である。ただし，そのことは日本人や日本企業がこの先も考え方や行動を変化しなくていいということを意味していない。日本人が共有する基礎的なエートス（道徳的慣習・行動規範）を活かしながらも，時代や競争環境に合わせたイノベーションが常に必要である。

　本節では，時代の変化に合わせた人々の価値観やライフスタイル，幸福観について考察することで，新しいマーケティングの方向性について探ることにしよう。

　飽戸・松田は，時代を前工業社会，工業社会，脱工業社会に区分して，時代ごとの人々の生理的欲求，物的欲求，自己開発欲求の推移を**図表 16-2** のように表している[31]。

　ステージ 1 の前工業社会すなわち農業社会では食料・飲料が不足しているので，生理的欲求（生物的，生存欲求）が最も高く，満たされていない物的欲求がそれに次いでいる。この時代では創造や自己啓発を意味する自己開発欲求は最も低い。ステージ 2 の工業社会に入ると，基本的には生理的欲求が満たされるようになり，また，より高い生産性を持つ経営と生産様式の普及によって物的欲求が満たされやすくなり，ますます社会全体としての欲求水準が高まって第一義的な欲求となる。ステージ 3 では，工業化社会の後半以降，急速に高まる自己開発欲求が物的欲求よりも強くなる。生理的欲求水準は工業社会のときとそれほど変わらない。現在のわれわれはステージ 3 の脱工業社会に入っていると考えられている。

　飽戸・松田の指摘によれば，前工業社会の時代で皆が共有している価値観（ハビタス・メンタリス）は，勤勉―節約の価値観であり，工業社会の時代

図表16-2　時代と価値観の変遷

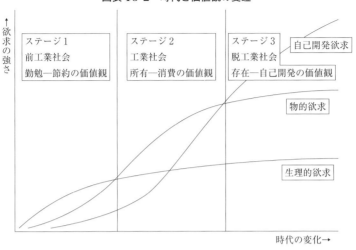

出所：飽戸弘・松田義幸編著［1989］『ゆとり時代のライフスタイル』日本経済新聞
社。

では所有―消費の価値観であり，脱工業社会の時代では存在―自己開発の価
値観であるという。こうした時代区分はそれほど厳密なものではなく，ま
た，当然のことながら個人差も少なくない。さらに，工業社会と脱工業社会
を識別することは必ずしも容易なことではない。しかし，各時代の人々の価
値観や行動様式を俯瞰することで，マーケティング上の多くのヒントが得ら
れる。

　特に興味深いのは，彼らが表した次のような幸福観の方程式である。すな
わち，

$$幸福 = \frac{所得消費}{物的欲求}$$

前工業社会では分母の物的欲求を抑制することが不可欠であったが，工業
社会では分母の物的欲求と分子の所得消費の両方を大きくするという経済成
長政策がとられ，それがマーケティング理論のベースともされた。これが脱
工業社会になると，次のような幸福観の方程式が成立するのではないかと指
摘された。すなわち，

$$幸福 = \frac{所得消費 + 時間消費}{物的欲求 + 自己開発欲求}$$

分母に自己開発欲求が，そして分子に時間消費が加えられたわけである。これは自己開発欲求が物的欲求以上に重要性を帯びてくる脱工業社会の特徴を反映したものである。モノがあふれている先進国社会においても，物的欲求と共に自己開発欲求やその他の心理的欲求（マズロー流[32]にいうと，集団所属や同調の欲求などの「社会的欲求」，自尊心や自信，自治，優越感といった「自我の欲求」，そして「自己実現の欲求」）が満たされなければ，人々は幸福を感じないと考えられるのである。

また，飽戸・松田のもう1つの大きな問題意識は，人生80年の時代となった現在，60歳定年後の20年間をどう豊かに過ごすかについて向けられた[33]。そこに，分子に時間消費を加えた意味がある。所得消費だけでは得難い幸福感を時間消費で得ようとするものである。物的欲求を適度に抑制しながら，むしろ自己開発欲求の充足にウェイトを置いた幸福感の達成である。時間消費で満たす自己開発欲求には，読書，エッセイ・自伝など執筆活動，音楽，芸術，俳句・短歌などの創作活動，ボランティア活動，料理，スポーツ，何らかの知的なテーマを持った旅や海外ロングステイ，農業体験のカントリーライフ，生涯学習などさまざまなものが考えられる。

自由な時間を謳歌できるのはシニアばかりではない。普通の大学生（特に日本の大学生）は，お金持ちではないが，時間持ちである。アルバイトをして学費を納め，自活している学生は大変立派であるが，自分の小遣い稼ぎのために必要以上に多くの時間をアルバイトに費やしているのは，無駄な時間消費であることが多く，幸福感ともほど遠いことであろう。自己開発欲求をより高めて，それを時間消費で満たすことをもう少し考えた方がよいであろう。脱工業社会の価値を見つけて提案できる人こそ，今の企業が求める人材でもあろう。

6 スマートなライフスタイルを目指そう

筆者は，前述の飽戸・松田の研究を参考にして，ライフスタイル幸福論を

試論として提示したい[34]。

　ここでは幸福の方程式の分母に「個人のライフスタイル欲求」を置いている。これは個人の価値観やライフスタイルに見合った物的欲求と心理的欲求から構成される。分子には所得消費と時間消費に空間消費を加えている。これらがベストマッチングしたときに幸福感が最高になるものと仮定しているわけである。これらの配分を律する最も大事なものは個人の価値観（すなわち持続的信念）であると考えている。個人の価値観はその上位概念である社会の価値観や規範によって大きな影響を受けているので，国や地域によって典型的な，あるいは理想とされるライフスタイルは異なるであろう。また，国ごとの社会経済的な背景の違いも重要な影響を与えている。したがって，人々のライススタイルを他国に移転，定着させることは容易ではないはずである。国際マーケティングでは各国，各地域に存在する自民族中心主義（エスノセントリズム）もそれを難しくする要因である。

$$\text{幸福} = \frac{\text{所得消費} + \text{時間消費} + \text{空間消費}}{\text{個人のライフスタイル欲求}}$$

　しかし，それにもかかわらず，世界の人々から憧れられるライフスタイルはさまざまな国や地域に存在し，たとえその一部であるとしても，時間をかければ他国に移転も可能であることが少なくない。かつて日本ではハリウッド映画に出てくるような大きな家，自家用車，電化製品の数々といった近代的で便利な米国人のライフスタイルへの強い憧れが存在した。その多くが日本でも実現されると，もはや米国の典型的なライフスタイルがモデルではなくなってきた。そして，いつの間にか日本のライフスタイルの一部が世界の先端モデルの1つになっているのである。例えば，進化し続ける日本のトイレの素晴らしさは世界の憧れの的になっており，欧米のみならずアジアや世界の富裕層が好んで自分のライフスタイルに取り入れている。また，日本のハイブリッド車やEVも，環境への思慮深さを表現する1つの行動として選好されてきている。日本で大きく進化したコンビニエンス・ストア，個別貨物の宅配便も海外展開の大きな可能性を見せている。

　さらに，モノやサービスだけではなく，禅，茶道，華道などに見られるよ

うな日本人が持つ精神性や自然との共生文化に魅了される外国人も少なくない。また，日本人のホスピタリティも外国人を魅了しており，加えて，日本食や日本庭園に対する称賛の声はすでに世界中で聞かれるところである。これらを融合して生まれる旅行業，旅館・ホテル経営などは国際的に通用するビジネスモデルになる可能性が高い。さらに，日本のアニメやゲームが広く世界で受け入れられていることも周知の事実である。

　日本的なライフスタイルに憧れを持ってもらうことは，日本製のものやサービスの海外での販売の大きな助力となることは間違いないであろう。そして憧れをブランド化することが必要である。そのためには優れた日本製品やサービスを単体で見せるのではなく，それが日本人のライフスタイルの中でどのように位置付けられているかを紹介することが効果的であろう。そのためには，日本文化のより積極的な紹介，とりわけ映画，テレビドラマ，アニメを通した紹介が効果的であるだろう。隣国の中にはいまだに日本が軍国主義で危険な国であることを喧伝する国もあるのだからなおさらである。もちろん，文化が埋め込まれた製品やサービスの優位性は模倣しにくいために，持続的な競争優位の源泉になる。

　ところで，日本人のありのままのライフスタイルを見てもらうことも重要であるが，企業活動としては伝統的なものを製品・サービスの開発・普及に活かすことだけではなく，そこにイノベーションを導入することも忘れてはならないであろう。日本のトイレ，宅配便，コンビニエンス・ストアなどが世界最先端であるのは，常にそれらの事業にイノベーションが付加されているからに他ならない。他方，ソニーのウォークマンは1980年代，1990年代のポータブル・オーディオの世界を支配していたが，今世紀に入ってApple が機器とサービス（特にiTunesミュージック・ストアの開設）に画期的なイノベーションを持ち込んだことにより一気に首位から滑り落ちた。また，スターバックスは日本の喫茶文化を大きく変容させて（特に禁煙を徹したことで，それまでの喫煙男性の居場所というイメージから大きく変わった），伝統的な喫茶店を駆逐するきっかけの1つになった。

　製品やサービスについての欲求水準の高い消費者がいるところで，レベルの高い企業活動が生み出される。過去20年間の長い不況の中で育った日本

の若者が少し心配ではあるが，日本人は伝統を重んじ，かつ進取の気性にも富んでいる。繰り返しになるが，筆者はこれからも日本人が世界から敬愛される，憧れのライフスタイルを提案できるのであれば，日本のビジネスは健在であり続けると信じている。

7 これからの日本を創る才知ある若者へ

最後に，読者（主に学生）に3つのアドバイスを送りたい。

(1) 世界に行ってみよう

今の時代，企業では，上司や同僚，部下が外国人であったり，女性がリーダーである課に配属されたりする状況は決して珍しくないだろう。むしろ，その傾向は今後さらに進んでいくだろう。このような状況に直面した際，国際的な予備知識や経験なくしてすぐに順応できるのであろうか。世界にはさまざまな制度や慣習，文化があり，それを基盤として育まれた世界各国の人々の価値観やライフスタイルが多様にある。そのような人々との協働作業は自分自身にとっては当たり前の常識が通じなかったり真意が伝わらないといったことで難しいものであるが，一方で多くの可能性も秘めている。自国のメンバーだけでは思いつかなかったようなユニークな発想が発見できることも少なくない。ただしそうしたことを引き出すには，単純に語学力が備わっているだけでは十分ではない。大事なことは「異文化を理解する力」であり，この力の使い方やアプローチ次第で，ビジネス上のリスクにもなりうるしチャンスにもなりうる[35]。例えば，各国の地域社会の典型的な特徴でいえば，日本での「世間体」を気にする傾向，中国での「面子」の重視，韓国での人と人との「絆」の重視，欧米では「個性」を大事にするといった通説があるが，これは必ずしも違いを表すだけでない。多くの類似点も存在しているのである。ああ，私たちのこうしたことは，海外の人たちと同じだなあと感じることも多い。こうした類似点や相違点を知るためには，まず異なる文化に触れることそのものが重要であり，具体的には海外旅行に出向くということが一番良い。海外に行くと，いかに日本の電車やバスが時刻表通りに来

るか，お店の接客が良いか，そこら中に自販機があって手軽にドリンクが買えるか，治安が良いかに気づくだろう。一方で日本に来る海外旅行者は日本の公衆 Wi-Fi の不備を指摘することが多い。日本にいながらも海外の人たちの意見を耳にすることもできる。もちろん海外に行けばそれを肌で感じることができるが決してそれだけが異文化に触れる手段ではない。今の時代はインターネットで世界の様子を容易に知ることができるし，海外にいる同世代がどのような考え方を持っているのかを各種ウェブサイトや SNS などで垣間見ることも容易である[36]。つまり，その気持ちさえあれば，国内にいようとも海外のことについて知ることは大いに可能なのである。まずは，文献や書籍，メディアで世界のさまざまな文化について調べることから始めてみてはどうだろうか。本書で取り上げているケースは紙面の都合もありごくわずかに限られる。「面白い！」と思ったテーマの他の事例を皆さん自身で見つけてみてほしい。そしてそれが本当に正しいかどうかは，現地に行って自らの目と耳で確かめてみてほしい。日本とは異なる世界にこそあなたの成長の機会があふれていることだろう。留学生の皆さんは今すでに海外である日本に来ているわけで，そうしたことにすでにお気づきのことだと思う。ぜひそうした感想を日本にいる学生と共有して議論を盛り上げていただきたい。

(2) 日本という国をもっと知ろう

　海外に行って現地の人々と話したり，日本に訪れている外国人の人々（皆さんであれば最も身近なのは留学生）と話したりするときに，改めて日本という国の特徴に気づかされる経験をした読者がいるかもしれない。このような場面，すなわち異なる国籍や文化を持つ人々との対話の場面において，われわれは日本という国を客観的に強く意識できることが多い。人間レベルで見ても，われわれは他人に言われて自分の長所に気づくことがあるのと同じである。日本の良さ，そして日本がこれから伸ばしていくべきところに気づくためには，まず日本という国（自分自身）をもっと知る必要があるのである。その意味でそうした海外の人との交流から得られる知見は大きなチャンスなのである。それだけではなく，自分自身でも日本という国を知ろうとする行動が必要である。

　われわれは日本という国を異なる国や地域の人々に自信を持って語れるほ
ど詳細に知っているだろうか。本書では，日本企業が国際的な競争力を構築
するための方向性について論じてきたが，それだけでは不十分である。ビジ
ネスを取り巻くマクロ要因は，政治，経済，文化，社会，技術と多い。これ
らのマクロ要因の理解なくしてビジネスの議論を行うことは難しい。例え
ば，今日本政府がどのように海外と対峙しているのか，日本という国をどの
ように舵取りしようとしているのか（特に皆さんのような若者がこの国に自
信を持ち，金銭的にも心理的にも幸福に暮らせるような舵取りをしているの
か）にもう少し目を向けてほしい。また，先に海外への渡航をおすすめした
が，学生時代の時間があるうちに日本の各地にも積極的に行ってほしい。北
は北海道から南は沖縄まで，その土地土地に特色があって面白い。将来皆さ
んが社会人になって地方への出張や転勤があった際にはそんな機会に恵まれ
たとポジティブに考えて大いに楽しんでほしい。

　一般社会においても，ビジネス，アカデミックの世界においても，欧米発
の文化や概念を本質の理解なくしてオープンに受け入れる傾向が日本にはあ
る。まずは，自分（たち）の個性を確立することが重要である。日本という
国に生まれて，日本という国そして日本人である皆さん一人ひとりの個性を
確立してもらいたい（留学生の皆さんは出身国に置き換えて考えてみてくだ
さい）。世界に日本の良さや特徴を発信し，海外から謙虚に学ぶ姿勢こそ重
要であり，その意味で「日本をもっと知ること」が重要なのである[37]。

(3)　自分のやりたいことを見つけよう

　学生時代は長いようで短い。そして短いようで長い。大学時代，講義を受
けて，期末試験で点数をとって単位を修得することも重要なことではあるが
それだけが本質ではない。大学時代は，自身で好きなことを勉強し，研究す
るための恵まれた期間なのである。そして，日本の優れた教育システムであ
るゼミナールでは，専門的なテーマで深く研究を行うことができる。ぜひ，
自身と対話して自分のやりたいこと，好きなこと，興味関心があることを探
り当ててほしい。残された大学時代の期間は各人で異なるかもしれないが，
それが多かれ少なかれそうした意識を持てた瞬間，残された大学で過ごす時

間の意味合いが変わっていくことだろう。先に述べた海外に出向くことのすすめ，日本各地を訪れることのすすめがその1つのきっかけになることもあるだろう。皆さんの小学生時代の夏休みに自由研究・自由課題というものがあったと思うが，それを思い出してほしい。幼心ながらにワクワクとした創意工夫が施されていたことだろう。自由にテーマを設定し，自由に研究するということは，当たり前のことではない。例えば，ニュースでも報じられているように，アフガニスタンではタリバン政権により，女性の自由な権利が大いに抑圧されている。おしゃれをして好きな音楽を聴いて，自身の思いを発言することすらままならない状況が続いている。そして，BOP諸国では，生きていくために労働せざるを得ず，教育を受けたくても受けられない子供や若者が多数いるのである。皆さんには今ある学問の自由のありがたみを今一度再認識して楽しんで研究してほしい。また，大学時代で得られる財産としては一生の付き合いになるかもしれない友人との出会い，そして大学院に進学すれば同門の学徒（指導教官，諸先輩や後輩）との出会いがあるかもしれない。もしこうした出会いに巡り会えればそれはとても幸運なことである。これも大学だからこそ巡り会える縁である。

　さて，本書では，国際マーケティングというテーマで世界の構造，日本企業のポジション，そして企業の国際マーケティング活動について論じてきた。先に述べたように，皆さんには自由なテーマで好きなことを研究してほしい。筆者らの願いを最後に伝えるとするならば，いかなる研究に取り組んだとしても，皆さんには①単純なグローバリズム信仰を脱して（本章の第1節参照），自国と自国企業の強み（弱み）の冷静な再発見・再評価ができること，それを通じて，②地球社会のサステナビリティ確保に留意しながら，企業益と国益の適切なバランスを考えることのできる人材になってほしい。そして，皆さん自身，そしてこれから生まれてくる子供たちが将来長きにわたって日本で幸福に暮らしていくためにも，日本の経済成長や安全保障を本気で考えるための素養を身につけてほしいと願っている。本書がそのきっかけの1つになったのならばこれ以上の喜びはない。

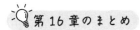第16章のまとめ

① 現代に求められる経営思想

　もはや目指すべき方向性を利益の追求のみに設定している企業が競争優位を獲得できるような時代は終わった。ハートによれば，これまでの時代を支えてきたグローバル資本主義は「自然環境や貧困層の犠牲の上に立った企業の拡大」であったという。これらの諸問題に対して国家のエゴや企業のエゴを排して全世界的に対応しなければ資本主義の明るい未来はないといっていいであろう。本質的な問題の解決に向けてまず必要なこととして「危機に瀕している地球の持続可能性を確保しなければならないという理念」と切迫した危機感の行政・民間・市民間での共有が挙げられるだろう。とりわけ，企業（特に多国籍企業）は経済的な利益の追求にとどまらず，地球の自然環境と社会的環境の保全や改善についても責任を持たなければならない。これがトリプル・ボトムラインという新しいマネジメント思想であり，国際社会において日本企業にも例外なくその経営思想は求められている。

② 多角的な視点で優良企業を見極める

　現代においては，多くの世界的な格付け機関が世界の優良企業をそれぞれの評価軸で格付けした結果を定期的に公表している。米ビジネス誌『フォーチュン』は，国際的に事業を展開する組織コンサルティング企業のコーン・フェリーと共同で実施した調査結果をもとに，『世界で最も賞賛される企業2023』を発表しており，フォーチュン誌が優良大企業として選定した特定の主要企業に従事する企業経営幹部，社外取締役，業界アナリストによって優良企業の候補となった企業群に対する評価が下されている。一方で，企業の競争優位を左右する消費者による企業への評価（レピュテーション）も忘れてはならない。例えば，コンリルティング企業の米国レピュテーション・インスティテュートは，顧客の目線から評価された企業の評判ランキング100社（Global RepTrak 100）を1997年より発表しているが，多くの日本企業も上位に格付けされている。求められる経営思

想が変化する現代において，1つの情報に固執することなく，多様な視点に基づいた企業に対する評価情報の収集・分析を経て，総体的に優良企業を見極めることが肝要となっている。

③　世界に誇れる日本企業と若手人材の育成

　より多様な視点を持つことで，世界に誇れる日本企業や製品が身近に多くあることに気づくだろう。これらの世界から高い評価を受けている企業や製品に共通している点は，日本人特有の真面目さや規律・礼儀の遵守，他人への思いやり，自然と共生する文化，基礎的なエートス（道徳的慣習・行動規範）が根底で深く反映されているということだろう。そして，このような企業や製品に宿る日本的特徴を重んじつつ，時代や競争環境に合わせたイノベーションの創出と，日本的特徴との融合が必要であり，時代の変化に伴って両者も変化していくことだろう。そして，消費者の需要の変化に伴い，上述したような従来の日本人の価値観や文化（日本的特徴）などをライフスタイルへと置き換えると，日本企業にとって大きく視界が開けることだろう。すなわち，日本的なライフスタイルと新たなイノベーションの創出という，その2つの融合がより大事になってくるということである。そして，日本企業の国際マーケティング活動に関する議論にこの重要性を当てはめて考えると，世界の消費者に対して，日本のライフスタイルに憧れを持ってもらうことで，革新的な日本製品やサービスの拡販につなげることが重要であるということだろう。このような日本企業の行うべき活動の駆動源となるのが人材である。いかに優れたライフスタイルやイノベーションを創出しようとも，異なる文化圏に適用できなければ無価値なものへと成り下がるだろう。これからの日本を創る才能豊かな若者には，異なる文化を知るために世界に目を向け，一方で客観的に日本のさまざまな側面に目を配り，その過程の中で自らの為すべきことの輪郭をつかみ，臆さずその道を進んでいってくれることを願っている。

【注】

1　ハート，スチュアート・L（石原薫訳）［2008］『未来をつくる資本主義』英治出版。

2　詳しくは，国連の該当ページを参照のこと。UN, "Sustainability," https://www.un.org/en/academic-impact/sustainability（最終アクセス 2023 年 8 月 3 日）

3　プラハラード，C・K（スカイライト・コンサルティング訳）［2005］『ネクスト・マーケット』英治出版。ハート［2008］前掲書もあわせて参照されたい。

4　より詳しくは，諸上茂登［2011］「21 世紀のマネジメント思想と新興国市場開発」『第 10 回貿易研究報告書』財団法人貿易奨励会（現・公益法人三井物産貿易奨励会）。

5　ハート［2008］前掲書。

6　Porter, M.E. and M.R. Kramer［2006］Strategy and Society: The Link Between Competitive Advantage and Corporate Social Responsibility, *Harvard Business Review*, December.

7　櫻井通晴［2005］『コーポレート・レピュテーション─「会社の評判」をマネジメントする』中央経済社。

8　Walsh, G. and S. E. Beatty［2007］"Customer-Based Corporate Reputation of a Service Firm: Scale Development and Validation," *Journal of the Academy of Marketing Science*, Vol.35, No.1, pp.127-143.

9　RepTrak HP, "Rankings: 2023 Global RepTrak® 100," https://www.reptrak.com/rankings/（最終アクセス 2023 年 8 月 3 日）

10　日経ビジネス，2012 年 10 月 15 日号，22-23 頁。

11　日経産業新聞「エーザイ認知症薬　普及探る　米国で承認，日本は今秋に判断　費用や検査体制が焦点」（2023 年 8 月 1 日）（最終アクセス 2023 年 8 月 4 日）

12　日経クロストレンド「フリーズドライ味噌汁を極める　アマノフーズ，一人勝ちの理由」（2020 年 9 月 8 日）https://xtrend.nikkei.com/atcl/contents/18/00316/00027/（最終アクセス 2023 年 8 月 3 日）

13　大石芳裕著［2017］「第 1 章　私たちを必要とする顧客は海外にいるだろうか　ケース 1　ヤクルト本社の事例　シンプルなコンセプトで予防医学・健康ニーズに応える」『実践的グローバル・マーケティング』ミネルヴァ書房，15-28 頁。

14　ヤクルト HP「国際事業展開」https://www.yakult.co.jp/company/global/（最終アクセス 2023 年 8 月 4 日）

15　ジオ・サーチ HP「サービスと技術　陥没予防調査」https://www.geosearch.co.jp/service/01.php（最終アクセス 2023 年 8 月 2 日）

16　日経産業新聞「ジオ・サーチ，インフラ非破壊検査─道路下の空洞見つけ減災，地雷除去事業通じ精度向上」（2018 年 2 月 20 日）（最終アクセス 2023 年 8 月 3 日）

17　NTT コムウェア HP『COMZINE』2004 年 6 月号「ニッポン・ロングセラー考　YKK ファスナー」https://www.nttcom.co.jp/comzine/backnumber/index2004.html（最終アクセス 2023 年 8 月 4 日）

18　日経 MJ（流通新聞）「『ココイチ』インド開拓再加速」（2022 年 10 月 26 日）https://www.nikkei.com/article/DGKKZO65423660V21C22A0HE6A00/（最終アクセス 2023 年 8 月 4 日）

19　外食の国際化については，川端基夫［2016］『外食国際化のダイナミズム』新評論が詳しく紹介されているので参照のこと。

20　日本経済新聞「デンソー，QR コード開発で国際学会賞　日本企業 6 社目」（2022 年 12 月 2 日）https://www.nikkei.com/article/DGXZQOFD026UJ0S2A201C2000000/（最終アクセス 2023 年 8 月 2 日）

21　日経 MJ（流通新聞）「P&G のスキンケア化粧品『SK-2』日本生まれ，サステナを徹底（ブランド VIEWS）」（2022 年 9 月 23 日）（最終アクセス 2023 年 8 月 3 日）

22　ダイキン工業 HP「空気の技術　世界へ広がるダイキン」https://www.daikin.co.jp/air/technology/global（最終アクセス 2023 年 8 月 4 日）

23　大石芳裕著［2017］「第 5 章　販売ルートの確保，流通チャネルの開拓　ケース 7　ダイキン工業の事例　国ごとにターゲットを合わせ，チャネル戦略も変えて進出」『実践的グローバル・マーケティング』ミネルヴァ書房，119-132 頁。

24　経済産業省　資源エネルギー庁 省エネルギー・新エネルギー部［2016］「水素・燃料電池戦略ロードマップ改訂のポイント」1 頁。

25　日経産業新聞「クルマで語るトヨタ章男社長の 13 年（下）トヨタ，ミライで脱炭素「全方位」佐藤新社長に宿題」（2023 年 4 月 3 日）https://www.nikkei.com/article/DGKKZO69775070R30C23A3X65000/（最終アクセス 2023 年 8 月 4 日）

26　東洋経済 online「星野リゾートが『温泉旅館』で海外進出する真意『30 年で激変』日本文化に対する世界の理解」（2022 年 12 月 27 日）https://toyokeizai.net/articles/-/636395（最終アクセス 2023 年 8 月 4 日）

27　日経ビジネス「TOTO ウォシュレットを世界の高級ホテルに普及させた『秘策』TOTO『ウォシュレット』後編」（2022 年 1 月 21 日）https://business.nikkei.com/atcl/gen/19/00379/011300006/（最終アクセス 2023 年 8 月 4 日）

28　PRTIMES，バンダイナムコアミューズメント（プレスリリース）「バンダイ公式の『ガシャポン®』専門店がイギリスにオープン『GASHAPON BANDAI Official Shop』イギリスでの展開を開始　カプセルトイの海外市場開拓を目指す」（2023 年 3 月 23 日）https://prtimes.jp/main/html/rd/p/000000952.000033062.html（最終アクセス 2023 年 8 月 3 日）

29　日経 MJ（流通新聞）「インドに売り込め日本キャラ　バンナム，催事でカプセル玩具　講談社はジェンダー啓発に活用」（2023 年 3 月 24 日）（最終アクセス 2023 年 8 月 3 日）

30　日本経済新聞「刀代表取締役CEO　森岡毅氏『マーケティングで元気に』」
　　（2022年12月16日夕刊）。

31　飽戸弘・松田義幸編著［1989］『ゆとり時代のライフスタイル』日本経済新聞
　　社。

32　マズロー，A・H（小口忠彦訳）［1987］『人間性の心理学（改訂新版）』産能大
　　出版部。

33　飽戸弘・松田義幸編著［1989］前掲書。

34　飽戸弘・松田義幸編著［1989］前掲書。

35　メイヤー，エリン（田岡恵監訳，樋口武志訳）［2019］『異文化理解力─相手と
　　自分の真意がわかるビジネスパーソン必須の教養』英治出版株式会社，5頁。

36　例えば，『TED』（https://www.ted.com/）をおすすめしたい。このサイトでは，
　　世界の研究者，学生，実務家，活動家といったさまざまな立場で，ビジネスの
　　みならず自然科学，人文科学などの幅広いテーマでのスピーチを無料で視聴で
　　きる。

37　『ジェトロ　グローバルアイ』（https://www.jetro.go.jp/tv/）をおすすめしたい。グ
　　ローバルな視点で日本の良さを紹介するコンテンツに富む。また，『テレ東ビ
　　ズ』（https://txbiz.tv-tokyo.co.jp/）は有料だが，日本の情勢や企業活動について
　　有益なコンテンツが多数あり，就活をしている学生にとっては企業分析などで
　　も大いに活用できる。また，『日経MJ』（https://www.nikkei.com/special/nikkei
　　mj）にもわれわれの身近なテーマでビジネスのヒントになる記事が多数あるの
　　でおすすめである。

和文事項索引

欧文事項索引

企業名・ブランド名索引

313

人名索引

【著者紹介】［執筆担当］

諸上　茂登（もろかみ・しげと）

[担当：第1章〜第11章，第13章，第14章，第16章1節・5節・6節／コラム 1-1, 3-1, 4-1, 5-1]

明治大学名誉教授，博士（商学）明治大学

明治大学大学院商学研究科博士課程修了。米・ペンシルバニア大学ウォートンスクール客員研究員を経て，1988年に明治大学商学部教授となり，2019年に名誉教授となる。

多国籍企業学会会長，国際ビジネス研究学会常任理事などを歴任。

〈主な著書〉

『アジア NIES 製品イン・ジャパン』同文舘出版，1989年

『国際市場細分化の研究』同文舘出版，1993年

『国際マーケティング論の系譜と新展開』同文舘出版，2012年

（2014年度多国籍企業学会賞（学術研究奨励賞）受賞）

『グローバル・マーケティング』（共著），中央経済社，1997年

『グローバル経営の調整メカニズム』（編著），文眞堂，1997年

（平成9年度日本経営協会「経営科学文献賞」受賞）

『グローバル SCM』（編著），有斐閣，2003年

『戦略的 SCM ケイパビリティ』（編著），同文舘出版，2007年

『国際ビジネスの新機軸―セミ・グローバリゼーションの現実の下で―』（編著），同文舘出版，2015年

『企業のサステナビリティ戦略とビジネス・クオリティ』（編著），同文舘出版，2017年

『国際マーケティング・ケイパビリティ』（編著），同文舘出版，2019年　ほか

深澤　琢也（ふかざわ・たくや）

[担当：第12章，第16章3節・4節・7節／コラム 8-1, 9-1, 10-1, 11-1]

東京富士大学経営学部准教授

明治大学大学院商学研究科博士後期課程単位取得中退。

〈主な著書〉

『流通と小売経営』（共著），創成社，2020年

『国際マーケティング・ケイパビリティ』（共著），同文舘出版，2019年

『企業のサステナビリティ戦略と経営品質科学』（共著），同文舘出版，2016年　ほか

鈴木　仁里（すずき・にさと）

[担当：第15章，第16章2節・4節・7節／コラム 5-2, 8-1, 9-1, 10-2, 11-2, 15-1]

明治大学商学部専任講師，博士（商学）明治大学

明治大学大学院商学研究科博士後期課程修了。

〈主な著書〉

「オープン化された新製品開発プロジェクトにおける「両利きのリーダーシップ」の有効性についての理論的考察―日本企業の組織的知識創造プロセスとの親和性―」『明大　商學論叢 105巻，1号，p.47-66』2023年

『未来の多国籍企業―市場の変化から戦略の革新，そして理論の進化―』（共訳），文眞堂，2020年

『国際マーケティング・ケイパビリティ』（分担執筆），同文舘出版，2019年　ほか

2024年1月15日　　初版発行　　　　　　　　　　略称：諸上マーケ（新）

新版　国際マーケティング講義

	諸	上	茂	登
著　者ⓒ	深	澤	琢	也
	鈴	木	仁	里
発行者	中	島	豊	彦

発行所　同 文 舘 出 版 株 式 会 社

東京都千代田区神田神保町1-41　　　　　　　〒101-0051
電話　営業(03)3294-1801　　　　　　編集(03)3294-1803
振替 00100-8-42935　　　　　　　　https://www.dobunkan.co.jp

Printed in Japan 2024　　　　　　　　　　印刷・製本：萩原印刷
製版：萩原印刷
装丁：オセロ

ISBN 978-4-495-64612-7

本書と ともに

A5判　270頁
税込 3,080円（本体2,800円）

同文舘出版株式会社